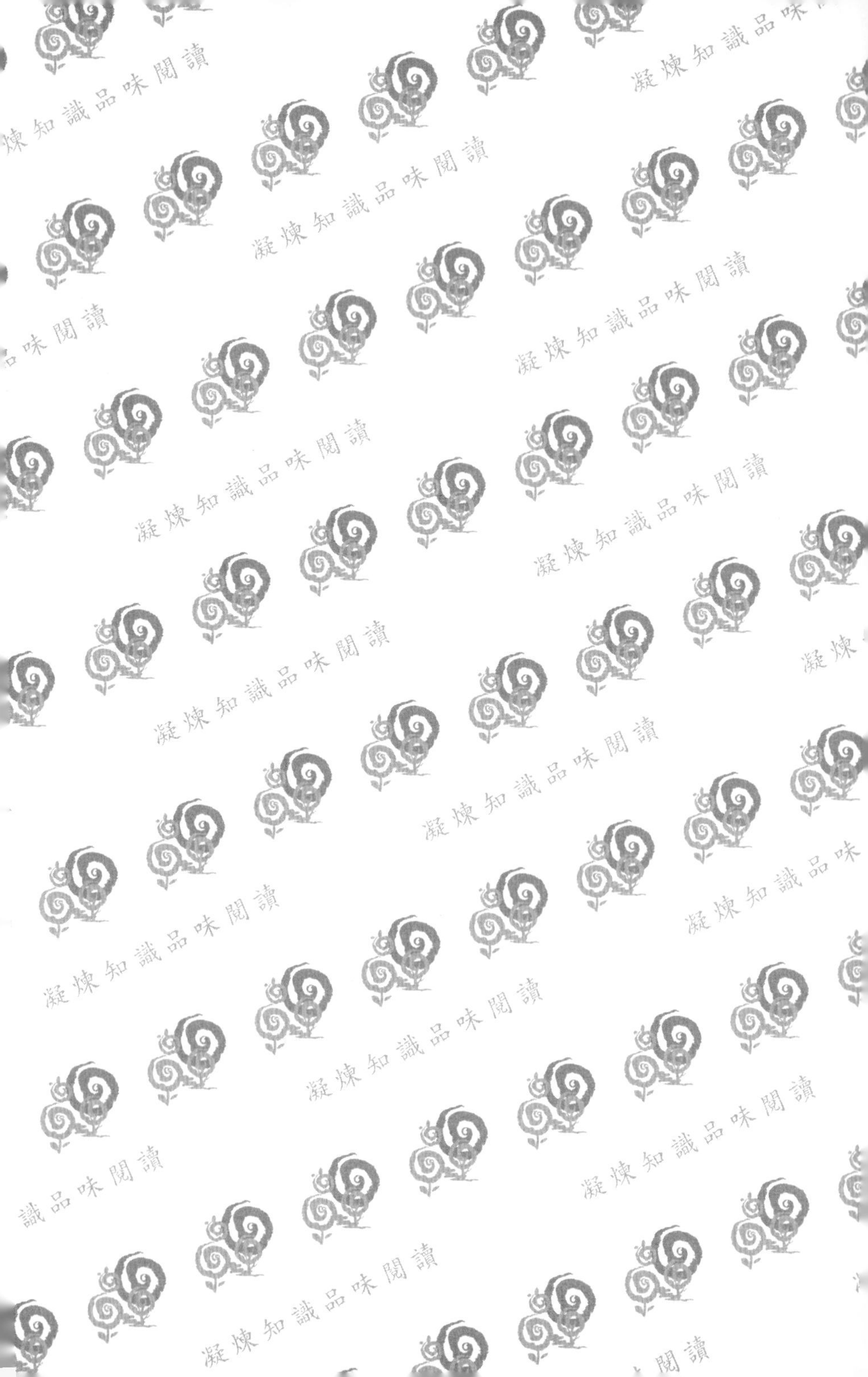

凝煉知識品味閱讀

臺北大學智庫叢書 02

外交與國際談判的藝術與智慧

Art and Wisdom of Diplomacy and International Negotiation

徐慧怡、申佩璜、張銘忠、王樂生、王冠雄、河凡植、洪德欽、陳在方、王震宇、劉大年、黃兆揚、麥瑞禮、羅至美、李俊毅、陳彥豪——著

五南圖書出版公司 印行

編輯委員會序

孫子兵法有云：「不戰而屈人之兵，善之善者也。故上兵伐謀，其次伐交，其次伐兵，其下攻城」。在處理外交與國際事務的場域中，以謀略使得雙方利益（或多方利益）達到一致是最理想的狀況，但各方對於立場的堅持，往往會事與願違。「談判與諮商」（negotiation and consultation）便成為處理國際衝突與糾紛常見的問題解決模式。1971年聯合國大會第2758號決議通過後，中華民國就已退出國際事務舞台的核心位置，外交上不但受到前所未有的嚴峻挑戰，更不時出現斷交孤立的警訊。然而，1970年代以前所考量的「大國外交」思維，不啻是落日黃花、力不從心；以目前台灣的外交處境，應改採輕盈靈活的談判藝術，來保障生存安全、經濟繁榮、自由民主與多元文化，這也是未來我國在國際社會中應有的智慧。換句話說，台灣如能發揮位處於國際政治權力邊陲而產生的平滑空間及位移動能，猶如歐洲的瑞士、東協的新加坡、北非的摩洛哥或南亞的不丹，以小事大作為長期發展的方向，將開啓一番不同的新局。從國際外交實踐經驗可知，小國必須運用談判的藝術，「以智取勝，非以力取勝」。因此，我國對外事務應展現彈性、務實、柔軟、游牧，才能在列強環伺競爭狀態中，保持與各方若即若離的關係，謀求生存久安。

從聯合國的舞台謝幕後，世界貿易組織（WTO）堪稱目前我國以正式會員所參與的重要國際組織。多邊貿易體系之基本理念係在創造一個「自由、公平、開放」的國際貿易環境，使資源依照永續發展之原則作最佳利用、提升人類生活水準、確保人民充分就業，並擴大生產效能，最終促進國際間開放、平等、互惠，透過自由貿易以提升各國經濟發展，與台灣的長期外貿政策相符。我國自2002年加入WTO後，無論是多邊談判或爭端解決，都藉由積極參與而與國際社會進行對話。另外，我國於2013年簽署「臺紐經濟合作協定」（ANZTEC）與「臺星經濟夥伴協定」（ASTEP），政府更將參加區域經貿整合，如：跨太平洋夥伴全面進步協定（CPTPP），以及洽簽雙邊自由貿易協定等，列爲貿易政策藍圖，使得我國對於國際談判與訴訟人才之需求與日俱增。尤其面對國際間可敬之對手，如：香港、新加坡、南韓等皆從教育面做起，持續培育投身國際事務的談判專才，我們更應亟思因應對策。

國立臺北大學智庫中心於2018年成立後，藉由跨域合作之契機，順利籌組「外交與國際事務研究群」，成立的理念是爲了在不受學校行政束縛與框架之下，自主性的進行前瞻性的議題研究、出版專書、發表評論，以及辦理論壇等學術活動，在沒有任何績效壓力與義務下，純粹追求在大學學術自由環境中對外交與國際事務議題之研究。同時，我們也深信國際談判教育應向下紮根，讓大專院校學生能及早接觸基礎談判理論與實務，將有志於從事外交及國際事務的學生，透過正式或非正式的培訓課程奠定紮實基礎，以利未來畢業後順利銜接與國際事務相關的生涯規劃。因此，國立臺北大學法律學院亦於2018年起，整合本研究群成員，以及國內學術與實務界志同道合的先進與專家，持續辦理教育部補助「國際經貿談判人才培育跨校學分學程」，以完整的外交與國際事務專業課程，培訓全國各大專院校有志於從事外交暨國際事務的年輕學子。

在上述背景下，智庫中心外交與國際事務研究群邀請國內外共計十五位外交實務、國際法及國際關係領域之講座擔任主筆，構思撰寫《外交與國際談判的藝術與智慧》（Art and Wisdom of Diplomacy and International Negotiation）專書，藉此將我國的外交談判實務案例推廣於社會各界。本書之內容兼顧理論與實務，以「個案研究」方式探討台灣在面臨詭譎多變的國際情勢中，所經歷的困境與挑戰。本書所納入的國際談判及訴訟案例，包括：徐慧怡教授撰寫的「全書導論」、申佩璜教授所撰「我國漁船廣大興28號遭菲律賓海巡署槍擊案談判交涉經過」、張銘忠大使的「九〇年代設立冠國號代表機構得失之探討」、王樂生大使分享「From Mission Impossible to Mission Complete」、王冠雄教授所著「國際漁業環境變遷與談判」、河凡植教授談論「南韓在北韓核武戰略威脅下之外交應對」、洪德欽教授分析「韓國禁止進口日本核輻射漁產品爭端之研究」、陳在方教授探討「我國以第三方身分參與WTO爭端解決的過程與成果」、王震宇教授分析「越南排華案之跨國投資爭端之政府談判與求償機制」、劉大年主任探討「台灣區域經濟整合之路」、黃兆揚檢察官分享「洽簽臺星／臺紐雙邊經貿協定的經驗與省思」、Michael Reilly博士、羅至美教授及李俊毅教授共同撰稿並翻譯之「英國脫歐後的台英自貿協定談判」，以及陳彥豪教授以國際談判技巧與理論書寫「全書結論」等十三個章節。

本書作爲教學研究參考用書，適合涉外事務公部門人員、有志於從事涉外領域之青年學子、學術界同道等閱讀。目前台灣並沒有相關外交與國際談判書籍之出版係以「實務案例導向」、「理論分析」、搭配「個案研究」之方式呈現，本書作爲開創性引導之風，以科普方式撰寫，務求「接地氣」及「專業化」，期能兼顧「政策重要性」與「學術參考性」。希望藉由本書的出版，讓外交與國際談判之經驗，得以推廣至社會大眾。

外交與國際事務研究群編輯委員會

陳彥豪、徐慧怡、申佩璜、洪德欽

王冠雄、河凡植、羅至美、王震宇

2020年6月

作者簡歷

徐慧怡

現為國立臺北大學法律學院專任教授、世界國際法學會（ILA）女性主義與國際法委員會研究委員、中華民國國際法學會理事。研究專長為國際私法、身分法、英美法。曾任國立臺北大學法律學院院長、法律學系系主任、國際法中心主任、美國夏威夷大學法學院（William S. Richardson School of Law）兼任教授、美國加州律師。因長期關注國內婦女權益，積極促進婦女權益與國際公約接軌，擔任政府多起國內相關法律修法委員會委員，並為第一屆司法院人權與兒少保護及性別友善委員會委員。此外，為落實婦女權益保護，曾任財團法人婦女政策推動發展文教基金會執行長與社團法人台灣防暴聯盟第六屆理事長。

申佩璜

現為國立海洋大學海洋法律研究所兼任教授、國立政治大學外交系兼任教授。研究專長為國際公法、海洋法、外交法、國際條約法、涉外法律問題及國際談判。曾任外交部條約法律司司長、駐芬蘭代表處大使級代表及駐芝加哥辦事處處長。在外交部服務35年期間，曾多次參與我國對外締結條約協定，包括2013年台日漁業協定及2013年台美代表機構及人員特權、免稅暨豁免協定。亦曾多次參加重大外交事件之交涉處理，包括1996年福明輪案、釣魚台列嶼爭端、2016年南海仲裁案及2013年廣大興28號漁船遭菲律賓海巡人員槍擊事件，另並積極協助推動制定「條約締結法」歷時多年，終於在2015年7月完成立法程序公布生效。

張銘忠

現任外交部外交及國際事務學院大使回部辦事，74年外交領事人員特考及格，近兩年又擔任新進外交領事學員「政策撰述」課程講座。歷任駐法國代表、駐布吉納法索特命全權大使、駐歐盟兼駐比利時代表處副代表、駐海地大使館參事；外交部歐洲司司長、國際組織司專門委員、非洲司科長。外交部以外，亦曾任總統府參議、國家安全會議研究員等職務。1988年10月自法國語訓結業返國後，適逢兩岸外交大戰方興未艾，除奉派開館設處之外，實際經辦過我與塞內加爾、聖多美普林西比、查德三國建復交案，以及我與尼日、中非、幾內亞比索三國斷交案。

王樂生

現任外交部大使，歷任駐葡萄牙大使、駐菲律賓大使與駐檀香山總領事。於國內服務期間，曾任行政院北美事務協調委員會（現爲台灣美國事務委員會）秘書長、外交部國會聯絡室召集人等職。於國內外任職期間，多次參與重要交涉與談判工作，積極維護國家權益與尊嚴。駐菲期間，簽訂我與東協國家首項與唯一官方刑事司法互助協定，並積極參與2013年台菲廣大興28號喋血案之交涉，終使全案在證據保全下，悉依我國堅持之道歉、懲凶、賠償、舉行漁業會談等要求落幕。

駐節葡萄牙期間，親歷葡國百年難見林火災難，經王大使多方洽助，於葡人心中深植中華民國力行國際人道救援之積極形象。

王冠雄

現職爲國立臺灣師範大學政治學研究所教授，英國布里斯托大學（University of Bristol, UK）法學院國際法哲學博士，研究專長爲國際公法、國際海洋法、國際組織、國際關係、南海議題。王博士是中華民國國際法學會理事，亦擔任中華民國海洋事務與政策協會秘書長。在參與國際學術研究方面，王博士是設立於英國倫敦的國際法學會（International Law Association）之Committee on Role of International Law in Sustainable Natural Resource Management for Development研究委員會委員，同時他亦爲該學會Study Group of Asian State Practice of Domestic Implementation of International Law之研究員。王博士亦爲國內外著名學術刊物之編輯委員，如中華國際法與超國界法評論、遠景季刊、Chinese (Taiwan) Yearbook of International Law and Affairs、Korean Journal of International and Comparative Law、Asian Yearbook of International Law與Asia-Pacific Journal of Ocean Law and Policy等。曾獲得2007年加拿大研究獎，於2007年夏季前往加拿大達荷西大學（Dalhousie University）法學院進行研究訪問；以及在2013年夏季前往澳洲臥龍崗大學（University of Wollongong）的澳洲國家海洋資源與安全中心（Australian National Centre for Ocean Resources and Security, ANCORS）擔任客座研究。

河凡植

現職爲國立高雄大學東亞語文學系專任教授、兼任人文社會科學院副院長暨韓國研究中心主任。研究專長爲東北亞國際關係，韓國政府與政治，以及韓半島問題，最近的研究重心主要是探討南韓外交戰略和南韓與周邊國家關係。發表過多篇學術著作於「問題與研究」、「臺灣民主季刊」、「中國大陸研究」等TSSCI學術期刊與有審查制度學術期刊，以及國內外的學術專書章節。

洪德欽

現爲中央研究院歐美研究所研究員兼副所長、世界國際法學會（ILA）國際消費者保護委員會委員、WTO國際經濟法學者、UNESCO國際生物科技法學者、臺灣大學政治系／所、政治大學法學院及商學院國際貿易研究所碩博士班兼任教授，講授WTO專題研究與歐盟經貿法等課程。研究領域主要包括：WTO專題研究、歐盟法、食品安全、英國脫歐、歐盟銀行聯盟等領域。學識背景是國立政治大學法律系法學士、英國倫敦政經學院法學碩士（1986）、倫敦大學學院法學博士（1995）；曾任行政院訴願審議委員會委員（2015）；歐洲大學訪問研究員、倫敦大學高等法律研究院、倫敦政經學院、愛丁堡大學、British Academy、德國Max Planck比較公法與國際法研究所、日本京都大學及東京大學等大學訪問學人。主要著作有：《WTO法律與政策專題研究》、《歐盟銀行聯盟之理論與政策》；另有多篇文章刊登於《臺大法學論叢》、European Law Journal、Journal of World

Trade等著名期刊。

陳在方

現任交通大學科技法律研究所專任副教授，兼任科技法律學院企業法律中心主任。美國威斯康辛大學麥迪遜校區法學院法學博士。研究專長為國際經濟法、世界貿易組織爭端解決法制、國際投資法、國際商務仲裁、專利法及授權。曾任律師、美國Wisconsin Alumni Research Foundation法務長助理、荷蘭馬斯垂克大學（University of Maastricht）法學院智慧財產權法碩士班講座（短期授課）、行政院經貿談判辦公室法律諮詢。

王震宇

現為國立臺北大學法律學院專任教授、兼任研發處智庫中心主任、法律學院副院長暨法律學系系主任，同時亦為中華民國國際法學會秘書長、世界國際法學會國際法Due Diligence研究小組委員。美國美利堅大學華盛頓法學院法學博士。研究專長為國際公法、國際經貿法、世界貿易組織法律、國際法暨外交史等。曾任英國劍橋大學法學院訪問學者、美國哈佛大學法學院訪問研究員、臺北大學法律學院國際法研究中心主任、比較法資料中心主任、人文學院國際談判及同步翻譯中心主任、行政院經貿談判辦公室法律諮詢、外交部條約法律司法律諮詢。曾參與臺星經濟夥伴協定、臺紐經濟合作協定之談判法律諮詢、兩岸經濟合作架構協議（ECFA）後續之爭端解決協議顧問、外交部越南排華事件投保協定求償案諮詢，以及世界貿易組織多邊貿易杜哈回合談判相關議題之法律研析。

劉大年

現任中華經濟研究院區域發展研究中心主任（中華經濟研究院爲目前台灣最重要的經濟智庫），台灣大學經濟系畢業，爲美國康乃爾大學經濟學博士，主要研究領域爲國際貿易投資，區域經濟整合與產業經濟。曾參與協助台灣加入世界貿易組織（WTO）、參與APEC活動以及台灣雙邊自由貿易協定FTA之建構，包括2010年與中國簽署之海峽兩岸經貿架構協議（ECFA）、2013年完成之台灣—紐西蘭FTA及台灣—新加坡FTA，爲政府參與區域經濟整合的重要幕僚。在2014年5月至2016年5月，借調至總統府國家安全會議擔任副秘書長，擔任總統重要幕僚，主要是負責國際經濟及兩岸經貿議題。任內曾擔任2014及2015年APEC領袖會議中華台北領袖代表團的團員，負責協助台灣領袖代表。劉大年博士也曾在2015年參加世界貿易組織第10屆部長會議，促成台灣順利加入資訊科技擴大協定（ITA）。在推動兩岸關係方面，劉大年博士協助規劃並參與2015年11月7日於新加坡舉行之馬習會，爲海峽兩岸領導人自1945年以來的首度會面。由於其對台灣經貿國際參與及兩岸和平發展的貢獻，2016年5月榮獲經濟部一等專業獎章。

黃兆揚

曾任經濟部經貿談判代表辦公室（改制爲行政院經貿談判辦公室）借調檢察官，參與：世界貿易組織（WTO）「貿易便捷化協定」多邊談判、臺灣與新加坡洽簽「臺星經濟夥伴協定」、臺灣與紐西蘭洽簽「臺紐經濟合作協定」、我國控告加拿大違反WTO爭端解決案（DS482）諮商程序。另參與對美國、歐盟、加拿大、越南雙邊經貿諮商。曾任美國耶魯大學訪問學者、法務部行政執行署代理主任行政執行官，主要領域爲國際經貿法、國際爭端解決程序、雙邊投資協定、國際談判與條約締結實務、重大金融案件刑事審判實務、財稅案件行政執行實務。

麥瑞禮（Michael Reilly）

英國利物浦大學經濟歷史博士，於英國外交部從事對亞洲的外交工作三十餘年。現職爲英國諾丁漢大學Taiwan Studies Program研究員，通曉韓語。他曾任英國外交部東亞與東南亞事務部門主管、英國駐臺灣代表，長期從事英國對東亞與東南亞外交的政策制定與實務工作。他於英國外交部退休後獲聘擔任英國跨國企業BAE System駐中國大陸首席代表，管理東北亞業務。他於2015年離任企業後投入學術研究工作，研究領域爲歐盟與臺灣的雙邊關係，並兩度獲得中華民國外交部的Taiwan Fellowship學人獎學金，赴我國中央研究院歐美研究所擔任訪問學人，訪問期間共同主編The Implications of Brexit for East Asia一書，由Palgrave Macmillan於2018年出版。麥瑞禮博士於2005-2009年擔任英國駐臺代表期間，積極推動台英雙邊關係的提升，成功化解外交阻力，促成英國政府於2009年同意給予我國入境英國的免簽證待遇。英國給予我國免簽證之舉創歐美先進國家之先例，間接帶動日後歐盟、加拿大、美國等其他先進國家跟進。2011年我國外交部於倫敦頒贈麥瑞禮博士「睦誼外交獎章」（Friendship Medal of Diplomacy），以表彰與感謝其對提升台英雙邊關係之貢獻。

羅至美

畢業於臺灣大學政治學系國際關係組、英國東英格蘭大學政治學博士，現職爲國立臺北大學公共行政暨政策學系莫內講座教授（Jean Monnet Chair Professor）、英國皇家國際事務機構（The Royal Institute of International Affairs）選任會員（elected member）。專長領域爲政治經濟學、區域經濟整合、歐元治理、英國政治。羅教授於2004年取得博士學位後，曾短期擔任英國東英格蘭大學醫療政策研究中心研究員，自2005年返國後投身國內學術工作迄今，多次獲得國內外教學與研究上的榮譽與肯定。國外獎項包括：歐洲聯盟（European Union）文教總署莫內講座教授（Jean Monnet Chair Professor）獲獎者（2018-2021）、莫內學術模組（Jean Monnet Academic Modules）獲獎者（2015-2018）。國內獎項包括：105年度第51屆中山學術文化基金會中山學術著作獎人文社會類組獲獎者、科技部108、107、106、105、104、103、102等年度獎勵特殊優秀人才獲獎者、臺北大學107學年度外語授課優良教師。

李俊毅

英國東英格蘭大學國際關係博士，現爲國防安全研究院非傳統安全與軍事任務研究所副研究員。曾任政治大學國際關係研究中心博士後研究、中正大學戰略暨國際事務研究所專案助理教授、國家實驗研究院科技政策研究與資訊中心助理研究員。其長期的研究領域包含後結構主義、認同政治、論述分析，與歐洲小國安全與外交政策，探討國家內部關於「自我」與「他者」的論述，如何形塑其對外政策。由此延伸，其在國研院科政中心任職期間聚焦於科技外交的概念，以之分析台灣的新南向政策以及國際科研合作的挑戰。他在現職則關注非傳統安全理論、社會安全、混合威脅與歐洲國家的因應之道，以及韌性的建構。

陳彥豪

美國德州大學（Austin總校區）語意傳播學博士，現任國立臺北大學人文學院應用外語學系兼任教授、國際談判及同步翻譯中心資深顧問及特聘講座、國立臺灣師範大學翻譯研究所兼任教授、美國學術交流基金會（Fulbright Taiwan/Foundation for Scholarly Exchange）特聘講座，台灣傅爾布萊特（Fulbright）校友學會理事會常務監事，中華民國英語教師學會常務理事。學術專長領域為：英語教學、國際談判、衝突管理、跨文化溝通、中英文口筆譯、文學表演劇場、英語演說、英語辯論、國際會議英文、文學表演劇場、口語傳播、人際溝通、中英文修辭學、對外漢語教學等領域。曾任國立臺北大學應用外語學系專任教授兼系主任、國際談判及同步翻譯中心主任及特聘講座、國際事務處特聘顧問及國際大使、國際經貿談判人才培育跨校學分學程特聘講座、國立中興大學法商學院外文組專任副教授兼召集人；

外交部、教育部、經濟部、財政部、法務部、文化部、勞動部、國安中心、農業委員會、農訓協會、台北市政府、國家文官學院特聘講座。美國傅爾布萊特資深學者研究獎助金得主（The United States Senior Fulbright Research Grantees, 1997-1998; 2014-2015）、美國蒙特利國際研究學院訪問學者，研究主題爲「逐步口譯與同步口譯應用於國際談判上之教學法研究」（A Pedagogy Study on Consecutive and Simultaneous Interpretation as applied to International Negotiation, 1997-1998）；美國康乃爾大學訪問學者，研究主題爲「職場中的跨文化溝通與衝突管理」（Cross-Cultural Communication and Conflict Management at Workplaces, 2014-2015）。

目　錄

第一章
導論：外交與國際談判的藝術與智慧

徐慧怡

壹、外交與國際談判的關係

語言是溝通的必要條件，但也是工具之一；「談判」（negotiation）是溝通的一種方式，而談判的技巧則需要高度智慧與藝術。談判不僅在日常的商務活動和一般民事關係中無所不在，在外交和國際關係的實踐中更是經常被採用。知名外交學者Fred Charles Iklé將談判定義爲：「探索和調和相衝突立場，以達成某項可接受結果的嘗試。無論結果如何，談判的目的主要在於確認共同利益領域和衝突領域。」[1]爲實現國家對外政策與目標，發生在國家之間或由國家所授權的組織或個人間的「外交談判」（diplomatic negotiations），則是爲實現各方利益的協調，促成各方都能接受方案的實踐。當然，外交談判也建立在「利益分歧」和「利益共同」的基礎上，倘若各談判方的利益一致，則無需談判；但如果談判方的利益完全不一致，也缺乏談判的基礎。是以外交談判得以發生的前提條件，談判方既要有利益的分歧，也要有利益的競合。

在傳統的外交研究與國際關係理論中，外交與談判密不可分，外交經常透過大使和使節來調整和處理國際關係，是外交官展現智慧與藝術的場域。因此，在當代外交學與國際關係理論的研究中，一般認爲外交包含兩層意義：一是國家領導者針對國際關係理論中各種主義的偏好與運用；另一則是外交官處理國家對外關係的職業化外交機制

---

1 See Generally, Red Charles Iklé, How Nations Negotiate (1976).

和方法[2]。

外交是說服、妥協與使用強制力的綜合表現，當代外交的基本功能和作用常被納入國際公約中，例如1945年聯合國憲章第33條把談判列為和平解決國際爭端的重要手段[3]，1961年的維也納外交關係公約[4]（1961 Vienna Convention on Diplomatic Relations），更進一步在公約第3條中規定，外交代表機構有五種重要功能：1.在接受國中代表派遣國；2.於國際法許可的限度內，在接受國中保護派遣國及其國民的利益；3.與接受國政府辦理交涉；4.以一切合法手段調查接受國的狀況及發展情形，向派遣國政府具報；5.促進派遣國與接受國間的友好關係，及發展兩國間的經濟、文化與科學關係[5]。其中，第三點

---

2 Mauro Galluccio ed., Handbook of International Negotiation: Interpersonal, Intercultural, and Diplomatic Perspectives 3-5 (2014).

3 United Nations, *Charter of the United Nations (U.N. Charter)*, 24 October 1945, 1 U.N.T.S. XVI, available at: https://www.refworld.org/docid/3ae6b3930.html. U.N. Charter Art.33(1): "The parties to any dispute, the continuance of which is likely to endanger the maintenance of international peace and security, shall, first of all, seek a solution by negotiation, enquiry, mediation, conciliation, arbitration, judicial settlement, resort to regional agencies or arrangements, or other peaceful means of their own choice."

4 Vienna Convention on Diplomatic Relations, 500 UNTS 95, 23 UST 3227, 55 AJIL 1064 (1961).

5 Vienna Convention on Diplomatic Relations, Art.3: "The functions of a diplomatic mission consist, inter alia, in: (a) Representing the sending State in the receiving State; (b) Protecting in the receiving State the interests of the sending State and of its nationals, within the limits permitted by international law; (c) Negotiating with the Government of the receiving State; (d) Ascertaining by all lawful means conditions and developments in the receiving State, and reporting thereon to the Government of the sending State; (e) Promoting friendly relations between the sending State and the receiving State, and developing their economic, cultural and

提及的「辦理交涉」，即明確指出國家對外代表機關和外交官的「外交與國際談判」職能。此外，1970年聯合國大會通過「關於各國依聯合國憲章建立友好關係及合作之國際法原則宣言[6]」，重申聯合國憲章的基本原則，強調各國應「以和平的方法解決與其他國家的國際爭端」，其中提出各國應以談判、調查、調停、和解、仲裁、司法解決等手段和平解決國際爭端，亦是強調外交與國際談判的重要性。

無可諱言，外交談判和國家授權以及主談者的風格等有很大關係，但經由過去的國際實踐，透過複雜的國際關係理論，亦逐漸發展出一套解讀與詮釋的方式。在理解外交談判前，若能瞭解國際關係理論的發展，將有助於對於外交實務的瞭解。美國知名學者Karl Deutsch教授曾說：「國際關係理論是一門關於人類生存的藝術與科學。如果人類文明在未來三十年遭到扼殺，那麼兇手不是飢荒與瘟疫，而將是對外政策與國際關係。我們能夠戰勝飢荒與瘟疫，但是我們無法戰勝自己鑄造的武器威力和作爲民族國家所表現出來的行爲。國際關係對人類至關重要，以至於不能忽視它；然而國際關係卻又太過複雜多變，以至於難以快速掌握它。[7]」此段話對外交實務與國際關係理論的重要性闡述，言簡意賅，卻也鏗鏘有力。是以將本書名爲

---

scientific relations."

6 UN General Assembly, *Declaration on Principles of International Law concerning Friendly Relations and Cooperation among States in accordance with the Charter of the United Nations*, 24 October 1970, A/RES/2625(XXV), https://www.refworld.org/docid/3dda1f104.html, last visited 2020/5/23.

7 See Generally, Karl W. Deutsch, The Analysis of International Relations (1988).

《外交與國際談判的藝術與智慧》，以之爲師，除瞭解外交與國際關係的基礎理論外，並將中華民國外交與當代國際談判實踐的歷史脈絡，以案例方式書寫並加以分析，藉以見識外交談判的多變與不變。

貳、外交與國際談判在國際關係理論的發展與應用

國際關係理論，係指全球體系內各主權國家和其他政治實體間多層次、多維度、多面向的談判場域。所謂的「多層次」，指包含以國際法主體爲主的國家、國際組織、區域共同體（如關稅同盟、政治同盟）、跨國公司等的相互關係[8]；「多維度」，包含政治、法律、經濟、軍事、外交、文化等各方面的關係，而「多面向」，則包含多邊談判、區域談判或雙邊談判等單純或複雜關係的協商。透過國際關係理論可以用來描述、解釋、研究、評估及預測外交談判的現狀與發展[9]。國際關係理論的發展經當代歐美學者的歸納，被大量應用於外交談判實務中，但因範圍廣泛[10]，理論眾多，路線亦互有不同，是以

---

8 國際關係理論大師漢斯・摩根索（Hans Morgenthau）曾定義國際政治學的本質，係「政治學的一般原則理論運用於國際關係領域中，並根據國際政治之獨特性質對這些原則重新加以表述、修正和規範。」因此，外交談判與國際政治學的發展密切相關；See Generally, Hans Morgenthau, Politics Among Nations (7th ed., 2005).

9 倪世雄著、包宗和修訂，當代國際關係理論（二版），台北：五南，2010年，頁5-10。

10 此領域學科涵蓋範圍廣泛，包括國際政治學、國際經濟學、國際法與國際組織、國際軍事戰略、外交政策、國際禮儀與道德、國際教育學、國際社會學、國際心理學、國際傳播學等。

將依循各種不同理論的年代發展與對應論戰，簡要介紹如下：

一、理想主義與現實主義的爭辯

在外交與國際談判的實踐上，一直有「理想主義」與「現實主義」的路線爭辯，最早的論戰起始於第一次世界大戰，於60年代結束，不但影響無數各國領導人，並促使全球歷史與國際情勢隨之改變。蓋第一次世界大戰將歐洲百年均勢打破後，國際關係研究領域迅速發展，1918年理想主義起始者美國總統威爾遜（Woodrow Wilson），向國會提出著名的「十四點原則」，以為戰後的「世界和平綱領」，並將理想主義推至外交談判與國際政治的巔峰[11]。理想主義者強調透過外交談判與協商而建立的國際聯盟，將成功發揮作用並阻止戰爭，繼而提倡者基於人性本善，相信國際事務可透過人的理智而不斷改善。戰爭的根源不能歸咎於人的罪惡，國家利益在不斷的善意協商與談判最終可以調和。維持世界和平的必經之路，便是以建立各種國際機構，並透過外交談判而簽署國際公約，且透過國際法的具體實踐，可促進和平對話，有效確保國際和平，與伸張國際正義[12]。雖然威爾遜總統力倡國際聯盟，但美國國會卻拒絕批准美國加入，而歐洲大陸又因過度仰賴外交斡旋與姑息主義，使得德國希特勒納粹主義與義大利法西斯主義相繼萌生，最終導致二次世界大戰。

---

[11] Trygve Hrontveit, *The Fable of the Fourteen Points: Woodrow Wilson and National Self Determination*, 35 Diplomatic History 445, 470-481, 2011.

[12] 前揭註9，頁48-49。

現實主義學派形成於30年代，在國際關係領域持續維持統治地位直到60年代後期，事實上此始為多數美國領導階層奉為圭臬的主義[13]。現實主義學派除批判理想主義忽略國際政治現實與國際關係中國家權利影響要素外[14]，並於國際間強調政治力、軍事力、經濟力等硬實力的展現才是國際關係的發展軌跡，尤其大國與小國間的權力平衡，無法透過超國家或國際組織來完成，因為國際間是無政府狀態，每個國家都是以自身國家利益為出發，而國際法與國際條約均無法約束國家的行為[15]。外交談判常擺盪在理想主義與現實主義兩者之間，政府欲使人民信服並使民意輿論產生共鳴的外交政策，往往是樂觀的理想主義而非悲觀的現實主義，但在實際操作外交實務中，卻又常常不自覺地回到現實主義理論下的叢林法則。

二、科學行為主義的發跡與影響

1950年代末至1960年代初，歐美學術界開始尋求「科學研究方法」來面對「後現代」理論[16]對國際關係的影響，而在外交談判中採取更理性、科學、創新的方式。當「科學行為主義學派」尖銳地向

---

13 See Generally, E.H. Carr, Twenty Years' Crisis: 1919-1939 (1964).

14 前揭註9，頁50-51。現實主義主要就三方面對理想主義進行批判：1.理想主義只重視應然面而忽視實然面；2.理想主義太過烏托邦式論述忽視國際政治現實；3.理想主義忽略國際關係中之國家權力影響要素。

15 Jack Donnelly, Realism and International Relations 20-24 (2000).

16 黃瑞祺，現代與後現代：當代社會文化理論的轉折（三版），新北：巨流圖書，2018年，頁30。「後現代」係相對於「現代性」而言，現代與後現代不只是有對立存在，後現代還是對於現代的一種反省（反思）、批判以及超越的觀點或形式。

「現實主義」支配外交界的地位提出挑戰時，學術界稱此爲「科學行爲主義革命」[17]。相對於傳統人文社會科學領域的學者堅持捍衛文學、歷史、哲學、倫理的傳統研究方法，科學行爲主義則堅持以實證研究、科學技術創新、計量與價值的精確計算、科學推論、資訊科學應用等研究方法另闢蹊徑。科學行爲主義學派強調新的科學研究方法，反對現實主義和理想主義的歷史、哲理與法學規範的研究方式。該學派提倡實證研究方法，包括：總體經濟學分析、策略管理與計量數學等。科學行爲主義學派的目標在使國際關係理論更加清晰化、精準化以及科學化，例如過去在古巴飛彈危機中，美國甘迺迪總統及其策士運用賽局理論，評估雙方核子戰爭的可能性，精準預測蘇聯的行爲模式，避免雙方陷入零和賽局而相互毀滅，嗣後透過雙方對使用核武的節制，再經由外交談判化解危機[18]。美國麻省理工學院教授更以《衝突的策略》一書分析外交、國家安全、核戰略及軍武控制等多方面的談判策略，更因此獲得諾貝爾經濟學獎。目前，則將試圖結合人工智慧，用以預估談判對手的行爲模式[19]。

科學行爲主義革命所帶來的學術化、計量化、科學化的變革對全球外交影響深遠，且在國際關係理論的發展史上逐漸占據重要地位，

17 Emilie Hafner-Burton, Stephan Haggard, David Lake & David Victor, *The Behavioral Revolution and International Relations*, 71 International Organization 1, 4-12, (2017).

18 See Generally, Robert F. Kennedy, Thirteen Days: A Memoir of the Cuban Missile Crisis (1969).

19 See Generally, Thomas C. Schelling, The Strategy of Conflict (1981).

爲外交及國際談判帶來方法論的革命。傳統的社會科學文史法政的取徑與數學計量科學實證研究方法的理論雖有很大不同，但二者互相滲透、補充、影響，對外交談判理論的發展有相當大的貢獻。

三、百花齊放的當代國際關係理論

外交上對於傳統主義與科學方法的論戰到1970年代後期接近尾聲，在經過對傳統「現實主義」添加科學行爲主義的研究方法後，形成「新現實主義」（new realism）。新現實主義承認國際社會處於無政府狀態，以及國際關係仍以國家爲中心的現實，在此前提下強調國際關係的秩序與限制，應重視包括地緣政治關係的研究，並對於國際關係中的經濟因素投以更多關注[20]。於此階段，國際關係理論又日趨活躍，各種新理論層出不窮，例如：相互依存理論、世界體系理論、國際機制理論、國際政治經濟學、霸權後合作論、國際衝突賽局理論、女性主義論、極右派主義等。從國際關係發展的歷史軌跡觀察，「現實主義」與「新現實主義」代表了過去半個世紀以來，以美國爲首的國際關係理論領域兩個主要流派，也深切影響全球的國際談判場域。根據Kenneth Waltz教授對當代國際關係理論發展的分析，新現實主義以「集大成」作爲一種理論思潮，使美國的外交政策分析與國際談判更能周延完備的符合「美國利益」[21]。

---

[20] 前揭註9，頁174-176。

[21] Kenneth Waltz, *Realist Though and Neorealist Theory*, 44 Journal of International Affairs 21, 32-37, 1990.

然而，當美國利益與全球利益產生衝突時，更多的國家相信「新自由主義」所帶來的合作、共生與協商，以作爲和平解決國際爭端及國際談判的準繩。美國哈佛大學甘迺迪政府學院的Joseph Nye教授最早將新自由主義理論進行定名與分析[22]，並提出「軟實力」（soft power）一詞，一時蔚爲風潮[23]。同時期，Robert Keohane教授作爲新自由主義的重要推手，其所建立的「國際政治經濟學」理論分析，仍爲目前重要的參考[24]。過去數十年來，新自由主義透過國際組織與國際法建構國際秩序，強調國際合作與國際組織的正向功能，例如，以聯合國等國際組織爲場域解決全球問題，尤其在美國民主黨籍的柯林頓總統與歐巴馬總統主政下，相繼奠定較爲良性的全球化基礎。2009年諾貝爾和平獎頒給甫上任的歐巴馬總統，其獲獎原因爲：「歐巴馬改變國際政治氣候，多邊外交重回舞台中心，聯合國和其他國際組織的作用獲得充分重視。在最難解決的國際紛爭上，歐巴馬認爲對話和談判是較好的解決方法，其對無核化世界的遠見，大力推動裁軍及武器控制談判，也促使美國在對抗全球暖化上扮演更具建設性的角色。很少人能像歐巴馬如此吸引全世界的目光，並給予人們對美好未來的希望，其外交理念建立在世界上絕大多數人認同的價值觀和理念的

---

[22] Joseph S. Nye. Jr., *Neorealism and Neoliberalism*, 40 World Politics 235, 250-251 (1988).

[23] See Generally, Joseph S. Nye, Jr., Soft Power: The Means To Success In World Politics (New Ed., 2005).

[24] See Generally, Robert Keohane, Neorealism and its Critics (1986).

基礎上。委員會非常贊同歐巴馬所說的一句話，『現在是我們大家爲迎接全球共同的挑戰、承擔各自責任的時刻了』（Now is the time for all of us to take our share of responsibility for a global response to global challenges）。」[25]

對照2017年美國川普總統上任後，將新現實主義發揮地淋漓盡致，就任後立即退出跨太平洋夥伴協定（TPP），之後更是相繼退出聯合國教科文組織、關於聯合國氣候變遷的巴黎協定、聯合國人權事務委員會、中程導彈條約、伊朗核問題全面協議、萬國郵政聯盟，其

[25] 諾貝爾和平獎獲獎理由之全文爲："The Norwegian Nobel Committee has decided that the Nobel Peace Prize for 2009 is to be awarded to President Barack Obama for his extraordinary efforts to strengthen international diplomacy and cooperation between peoples. The Committee has attached special importance to Obama's vision of and work for a world without nuclear weapons. Obama has as President created a new climate in international politics. Multilateral diplomacy has regained a central position, with emphasis on the role that the United Nations and other international institutions can play. Dialogue and negotiations are preferred as instruments for resolving even the most difficult international conflicts. The vision of a world free from nuclear arms has powerfully stimulated disarmament and arms control negotiations. Thanks to Obama's initiative, the USA is now playing a more constructive role in meeting the great climatic challenges the world is confronting. Democracy and human rights are to be strengthened. Only very rarely has a person to the same extent as Obama captured the world's attention and given its people hope for a better future. His diplomacy is founded in the concept that those who are to lead the world must do so on the basis of values and attitudes that are shared by the majority of the world's population. For 108 years, the Norwegian Nobel Committee has sought to stimulate precisely that international policy and those attitudes for which Obama is now the world's leading spokesman. The Committee endorses Obama's appeal that 'Now is the time for all of us to take our share of responsibility for a global response to global challenges.'" see The Nobel Foundation, *The Nobel Peace Prize for 2009*, available at https://www.nobelprize.org/prizes /peace/2009/press-release/, last visited: 2020/5/23.

更揚言退出世界貿易組織，以及聯合國附屬機構世界衛生組織等。由於新現實主義強調國家整體政治經濟實力，不相信國際間有超國界組織的機構可以有效解決國際問題，因此，注重國家的整體實力，強調國家安全發展目標，且不相信國際合作與國際秩序。面對外交與國際談判的各種場域，新現實主義與新自由主義所呈現出的不同風貌，因而左右了各項國際談判的進程與發展。

參、外交與當代國際談判的實踐

《外交與國際談判的藝術與智慧》一書共分爲十三章，主筆者包括外交官、學者、智庫研究員，對於國際關係中的「新自由主義」懷抱熱情，甚至都抱持作爲知識分子對於古典學派「理想主義」的認同。全書內容涵蓋過去經驗與未來談判的可能性，前者包括外交實務與爭端解決機制，外交實務上有多篇經貿談判實務，如臺星、臺紐與區域經貿談判；後者如海事糾紛、WTO爭端解決與投資仲裁等案例；未來議題則爲英國脫歐後與我國自由貿易協定談判的可能。以下即簡要介紹各章作者及其內容。

第二章「我國漁船廣大興28號遭菲律賓海巡署槍擊案談判交涉經過——探討本案成功經驗之中各項相關因素」，國立海洋大學海洋法律研究所申佩璜教授主筆。2013年我國籍廣大興28號漁船，在台菲重疊專屬經濟海域作業，遭遇菲國海巡船隻攔檢執法過當，釀成該船漁民傷亡，引發國內輿論激憤。我國政府要求菲方道歉、懲凶、賠償與展開漁業會談，以期解決雙方長期漁業糾紛。作者爲前外交部條約法律司司長，以自身觀點進行初步探討談判各項成功因素，並著重菲方海巡人員執法過當的違法性及我方實施經濟制裁有效性兩項因素，期許可供未來談判參考援用。

第三章「消失的國度──九○年代設立冠國號代表機構得失之探討」，由外交部外交與國際關係學院張銘忠大使主筆。1990年代初期，世界格局發生劇烈變化，我國政府趁機推動建交、復交攻勢，並全面爭取在無邦交國家提升駐處的地位與待遇，以彰顯中華民國的國際人格；因故無法一步達致建立外交或領事關係者，則退而求其次設立冠國號代表機構。作者曾參與馬達加斯加、薩伊設處工作，親身經歷薩伊第一次大搶掠，看見莫布杜政權瓦解，改朝換代，薩伊消失於世的演變。期能透過薩伊突發兵變，設處被迫中斷並緊急撤僑的個案，分享其實地觀察，檢討得失，並總結經驗。

第四章「From Mission Impossible to Mission Complete」，由外交部外交與國際關係學院王樂生大使主筆。國際環境詭譎多變，各國現實利益反覆盤算，均使我國的外交工作從無寧日。面對永無止境的內外挑戰，有前瞻遠見與擔當的外交官，更應思考如何在有限資源內，將國家利益極大化。作者認爲外交工作是藝術而非科學，無法量化與計算，以其自身經歷的葡萄牙森林大火案例，在國內資源無法配合下，積極發揮創意，善用我國的巧實力，不但落實國際社會的人道救援，並獲得駐在國人民、國會議員與政界對來自我國「愛與關懷」的感念，更爲在政治藩籬限制下的台葡關係，成功突破瓶頸、展開新頁。

第五章「國際漁業環境變遷與談判 —— 以我國參與IATTC爲例」，由國立臺灣師範大學政治學研究所王冠雄教授主筆。在參與國際組織談判過程中，需要留意與理解談判議題在國際社會發展的趨勢，而參與的目的，則在獲得理想的「名稱」、「地位」，與進入組織能表現的「能力」及自身的實力。作者透過我國參加IATTC修約談判過程，探索在「安地瓜公約」生效後，台灣以漁捕實體的身分、中華台北的名稱、IATTC委員會成員的能力，與委員會其他成員在平等的基礎上，享有「安地瓜公約」所規定的權利與承擔的義務。

第六章「南韓在北韓核武戰略威脅下之外交應對 —— 中美角力變數及其影響」，由國立高雄大學東亞語文學系河凡植教授主筆。南韓的外交政策主要以促進安全與發展利益爲重心，面對北韓金正恩政權的核武戰略，南韓政府曾提出強化韓美軍事同盟，反使韓中關係陷入僵局，導致經貿利益損失。作者分析文在寅政府採取彈性中介外交，不僅中介美朝的對話與協商，且造成朝鮮半島的對話局面，使兩韓關係獲得改善，解除雙方間偶發性軍事衝突的危險因素，以及營造經濟合作的周邊環境。朝鮮半島局勢從衝突與危機轉變爲緩和與穩定，同時擺脫夾在中美之間的外交困境，擴大南韓的外交空間。

第七章「韓國禁止進口日本核輻射漁產品爭端之研究」，由中央研究院歐美研究所洪德欽副所長主筆。2011年3月11日，日本發生大震災導致福島第一核電廠輻射水外洩事故後，韓國對日本福島及周遭地區產品實施進口禁令與額外測試要求，本案爭端解決小組判定韓國未盡符合SPS協定之義務。作者從法律觀點，說明爭端解決小組與上訴機構的判定，內容包含核食產品安全標準的界定、食品安全與科學證據的論證、SPS協定措施如何合法採用、SPS協定的解釋、WTO會員權利與義務的平衡等多邊互動關係，具有高度法律複雜性、政治敏感性及經貿重要性。本案顯示食品安全及SPS協定措施，在國際貿易的重要性已日漸增加，意義重大且影響深遠。

第八章「WTO爭端解決機制下第三國之參與以及我國之實踐」，由國立交通大學科技法律研究所陳在方教授主筆。世界貿易組織（WTO）是我國在艱困的國際環境下，得以直接參與最具重要性的國際組織。我國參與世界貿易組織的運作，除在各個領域積極參與WTO爲其會員所提供的談判場域，進行貿易協商以及貿易政策審查機制外，亦充分參與其核心地位的爭端解決機制。在參與WTO爭端解決機制中，除以當事國身分參與外，藉由擔任第三國方式參與WTO爭端解決程序，對於瞭解個案的進行、掌握WTO規範解釋的形成與發展、充實參與WTO爭端解決機制的能力等各方面，均有重要意義。作者就WTO對於第三國參與爭端解決程序的規範，我國擔任第三國參與爭端解決程序的狀況，及我國以第三國身分參與爭端解決程序的影響等面向，均詳細說明並加以探討。

第九章「跨國投資爭端之談判與求償機制研究——以越南排華暴動案爲例」，由國立臺北大學智庫中心以及法律學系系主任王震宇教授主筆。2014年5月13日越南發生大規模排華暴動事件，受損害的企業以外國投資人爲主，台商亦遭受巨大損失，嗣後即衍生後續的賠償問題。新一代投資保障協定中，爭端解決機制大致可分爲三種，不同模式的解決機制有不同的實體及程序法，且投資爭端除訴諸法律途徑解決外，政治（外交）協商談判亦是實務上常見的管道。作者以該案所引發的投資爭議爲核心，並從國際投資法的實務觀點出發，探討在台越投資保障協定下的爭端解決機制對於地主國政府（越南政府）、投資人（台商）、投資母國政府（中華民國政府）間的法律關係與外交談判因應策略。

第十章「台灣區域經濟整合之路」，由中華經濟研究院區域發展研究中心劉大年主任主筆。台灣參與區域經濟整合時間雖不長，但卻屬非常獨特的個案。台灣與中國大陸以外的其他國家建構FTA，過程相對順利，但與中國大陸建構ECFA，需克服因素則較多。作者以台灣推動ECFA爲例，詳細分析ECFA名稱的確立、架構協定模式的採用，及早期收穫清單的談判。其次，比較ECFA架構協定與服貿協議，提出「避免損失」的訴求較易被社會大眾接受。最後，憂慮台灣在區域經濟整合已經明顯落後下，除需要克服政治因素外，也需完善國內經貿談判程序，與培育談判人才的銜接。

第十一章「洽簽雙邊經貿協定的經驗與省思——以台灣與新加坡及紐西蘭談判爲例」，由臺灣臺北地方檢察署黃兆揚檢察官主筆。2013年台灣分別與新加坡、紐西蘭完成談判，簽訂經濟夥伴／合作協定，係我國政府首次與非邦交國洽簽的自由貿易協定。經貿協定整合雙邊貿易體制，制定共同規則；締約國間不同法規與政策立場的調和與相互靠近的過程，均促使我國的法規與行政實務進行必要的革新。作者曾任職於經濟部經貿談判代表辦公室，參與多次經貿談判，爰記錄2013年協定中相關談判模式與法律程序、談判團隊組成與分工、談判立場的調和與議題等經驗與作者的觀察，提出省思，以爲日後我方談判團隊整備時的參考借鏡。

第十二章「英國脫歐後的台英關係——展望台英自貿協定」，係由英國諾丁漢大學台灣研究所麥瑞禮（Michael Reilly）研究員、國立臺北大學公共行政暨政策學系莫內講座羅至美教授與國防安全研究院李俊毅研究員共同主筆。2016年6月英國公投結果確認脫離歐盟後，後脫歐時代的英國如何安排其與全球貿易夥伴的雙邊關係，成爲關注焦點。作者們認爲台灣與後脫歐時期的英國有著重視自由貿易的共同立場，但雙方於短期內達成台英自貿協定的障礙遠大於潛在利益的驅動，除英方對中國因素的考量外，雙方的談判需求與目標將十分不同而難以調和。相較之下，歐盟則已表達願與台灣洽簽投保協定的意願，是以台灣應先與歐盟洽簽一涵蓋面向廣泛的投資保障協定，一旦台歐盟投保協定洽簽成功，則可作爲未來台英自貿協定的基礎。

第十三章爲「打贏每一場沒有烽火煙硝的戰爭——結論」，由國立臺北大學應用外語系陳彥豪教授主筆。成功的外交需要成功的國際談判的過程與結果來促成，成功的國際談判也必須有一流的專業外交官在充滿險峻的國際舞台上，尤其是在今日我國對外處境的艱困環境中，運用藝術、智慧與比他國外交官數倍努力的心力，才能把國際談判的策略與技巧施展開來，達成既定互惠互利的談判目標。作者分析本書各章所提出的外交談判個案，提出準備、國際談判的架構、關係與結盟／聯盟、跨文化衝突管理等重點，歸納後認爲多數均爲先分配再整合，且似乎都爲分配較易整合難成的態勢，並提出建議，期藉「學術外交」，盡知識分子的專業與良知，成爲最後外交與國際談判的藝術與智慧的來源與利器。

肆、談判的藝術與智慧

從國際關係理論的發展看來，台灣目前的整體政經與軍事實力並不足以走向現實主義的路線；事實上，從1971年退出聯合國大會後，中華民國就已退出國際事務舞台的核心位置，外交上不但受到前所未有的嚴峻挑戰，目前更不時出現斷交孤立的警訊。如何在新現實主義與新自由主義中，進行各項的國際談判，爭取分歧利益中的共同利益，保障生存安全、經濟繁榮與自由民主，是過去、現在與未來我國在國際社會中必須具有的智慧，也是必須開創的藝術。

本書各篇文章的內容，雖均以台灣或東亞案例呈現過去的經驗，或提供未來談判可能性的預測，但其中隱含國際談判的「智慧」與「藝術」，値得吾人多加關注，爰試加以歸納如下，希望有助於閱讀者的分析與參考：

一、支持多邊主義：案例中，無論是WTO的爭端解決機制運用（洪德欽、陳在方，本書第七章與第八章），或美洲熱帶鮪魚委員會（IATTC）的參與（王冠雄，本書第五章）等，均是透過國際合作、多邊協商與國際組織等進行交流與解決紛爭。

二、重視區域經濟整合談判：台灣經濟整合發展趨勢（劉大年，本書第十章）、臺星與臺紐經濟合作協定（黃兆揚，本書第十一章），以及未來可能的台英經貿合作協定（Michael Reilly、羅至美、李俊毅，本書第十二章）等，都是藉由互惠互利的雙邊經貿談判，拓展經貿外交的成果。

三、透過和平與法律方式解決雙邊爭端：台菲廣大興號事件（申佩璜，第二章）、台越排華暴動事件（王震宇，第九章），與南北韓核武戰略外交事件（河凡植，第六章）等，皆主張以外交斡旋談判等方式，輔以國際法的拘束力來處理彼此的歧見。

四、展現務實外交的彈性與毅力：薩伊撤館案（張銘忠，第三章）與葡國援助案（王樂生，第四章）等，則是以能屈能伸的彈性應變，與不屈不撓的堅毅耐力，展現在外交艱難的處境下，中華民國外交官的風範，及其對談判藝術的運用與智慧的展現。

綜上所述，本書立足點雖不若純粹理想主義的色彩爛漫，但積極實踐「新自由主義」的核心理念，不但呼應全球化與二十一世紀的國際合作主旋律，更是我國未來在各種外交場合中得以維護國家利益並展現軟實力的最佳方法。

第二章
我國漁船廣大興28號遭菲律賓海巡署槍擊案談判交涉經過——探討本案成功經驗中各項相關因素*

申佩璜

* 本文僅係筆者個人以工作階層身分參與本案部分談判的經驗及事後看法，但因爲我方參與本案交涉的機關及人員眾多，時間很長，有些交涉場次因機關分工，筆者並未參加，另外本案能夠交涉成功，亦應歸功於所有參與人員。筆者現已自公職退休，不再能夠接觸本案公務檔案，僅能憑據個人記憶及新聞報導等公開資料撰文，故本文論述如有未盡周延完整之處，尚請見諒。

壹、引言——廣大興案發生經過及交涉概要

一、發生經過

2013年5月9日我國屏東琉球鄉籍廣大興28號（以下簡稱「廣船」）在屏東鵝鑾鼻東南方164浬處，亦即菲國領海基線40浬之外的台菲重疊專屬經濟海域作業時，遭遇菲國海巡船隻攔檢，菲船違反該國海巡隊「海上執法接戰守則」（Rules of Engagement in the Conduct of Maritime Law Enforcement Operations）未給予適當警告，即用攻擊步槍及機槍強大火力密集射擊「廣船」，不但使該船船身彈痕累累，並且造成該船漁民洪石成喪生，另2名漁民受傷（其中1人是印尼漁工），該船極力向台灣方向逃回，幸而未被菲方逮捕。消息傳出後引起我國輿論激憤，一致要求爲被害漁民爭取公道[1]。

二、交涉概要

我政府立即展開對菲積極交涉，提出下述四項要求，即菲方必須1.道歉；2.懲凶；3.賠償；4.與我國展開漁業會談，以期解決雙方長期以來漁業糾紛。菲方最初態度遲疑，避重就輕，原本僅願對本案非蓄意造成（un-intended）人命損失表達歉意，該國海巡署高級官員甚至宣稱屬下海巡人員當時係依法執行公務，取締在該國專屬經濟海域非法作業之外國漁船，甚至指稱「廣船」拒捕衝撞菲船，才遭武力相

1 本案事實發生經過細節，請參閱外交部與法務部就「廣大興28號」事件舉行聯合記者會紀要，2013/8/20，資料來源：公眾外交協調會，https://www.mofa.gov.tw/PrintContent.aspx?n=70BCE89F4594745D&t=FB01D469347C76A7。

向，拒絕承認菲方有執法失當之處。菲方當時基本態度是，僅肯自行進行調查，不願立即回應我方各項要求。我方根據政府所提必須力爭到底之指示，一方面提出國際海洋法上有關取締外國漁船必須極力避免使用殺傷性武力之國際司法機關判決先例，指出菲方海巡人員罔顧人命，使用自動武器掃射全無武裝之「廣船」，顯然違反國際公認執法標準。我方並且於5月15日單日之內連續發動兩波十一項經濟、觀光及勞工制裁，顯示我方堅決嚴正態度[2]。在懲凶方面，菲方堅持該國海巡人員必須由該國司法當局偵查追訴，我方則可經由雙方刑事司法互助協定協助調查並提供證據，其他要求經由雙方協商解決。經過3個月艱辛往復交涉後，菲方在同年8月8日派代表來台至屏東小琉球向遇難家屬道歉及賠償，另外，菲國國家調查局前一日已發表本案調查報告，建議菲國司法部以殺人罪起訴涉案8名海巡官兵，最爲關鍵之因素，係我國駐菲代表處在第一時間保全了重要證物，即多把涉案槍枝，以及海上追逐的錄影。這使得全案能夠順利進入司法程序。同時，菲國海防隊並未循私而銷毀證物，菲國檢調單位依證據辦案，也應予肯定[3]。由於菲方另承諾將舉行漁業會談，我方遂於8月8日晚間

---

2 我方在本案交涉中基本立場及實施制裁原因，請參閱菲律賓公務船槍擊我國籍漁船「廣大興28號」案國際記者會紀要，2013/5/18，資料來源：公眾外交協調會，https://www.mofa.gov.tw/PrintContent.aspx?n=70BCE89F4594745D&t=FB01D469347C76A7。

3 林行健，「菲律賓司法單位讓證據說話 廣大興案判決具誠意」，中央社新聞稿，2019/9/18，請參閱：https://www.cna.com.tw/news/firstnews/201909180302.aspx。另外一項因素，係「廣案」發生後兩個多月，正值台菲關係緊張之際，面對遭逢海難漂流五天、一七六浬的菲國漁民，我國海巡署偉星艦及時

宣布解除對菲各項制裁。其後，雙方終於在2015年11月5日簽訂漁業執法合作協議，涉案8名菲國海巡官兵經偵查起訴後，遲至2019年9月18日方由馬尼拉地方法院以殺人罪判處8年至14年徒刑，至此我方要求已經全部獲得實現。

貳、台菲漁業糾紛層出不窮根本原因

台菲雙方專屬經濟海域（Exclusive Economic Zone, EEZ）高度重疊，因政治因素無法談判劃界，亦不能仿效東亞國家俄羅斯、日本、南韓及中國大陸之間依據聯合國海洋法公約（United Nations Convention on the Law of the Sea，以下簡稱UNCLOS）第74條第3項，相互達成EEZ劃界前的雙邊臨時安排（provisional arrangements），即在兩國之間擱置EEZ海域界限爭端，先行簽訂雙邊漁業協議，在兩國間重疊EEZ範圍建立捕魚秩序，並且約定雙方各自監督管轄己方漁船，如此可以在「擱置爭議，共同開發」之原則下，大幅降低雙邊漁業糾紛。

我國和日本在台灣及琉球之間海域近年發生多次漁業糾紛，衝擊影響雙方友好互利關係後，經過16年之間的17次雙邊漁業談判持續努力，終於在2013年4月10日於台北市台北賓館簽訂台日漁業協議，該

發現救起，立即施以援手，外交部協助安置3名遇難菲國漁民並聯繫安排返菲事宜，使兩起事件形成強烈對比。我國海巡署有此義舉後，扭轉交涉僵局。參閱黃良傑、邱燕玲，「海難獲救 菲漁民：感謝台灣」，自由時報，2013/7/23。https://news.ltn.com.tw/news/politics/paper/698919。

協議在法律性質上也是屬於UNCLOS第74條第3項的EEZ劃界之前臨時安排，在台琉之間重疊EEZ海域建立雙方同意的捕魚及養護秩序，雙方漁船由己方自行監督管轄，因此該海域漁業糾紛大爲減少，有效解決雙方關係中一項棘手問題。

台灣和菲律賓北方大島呂宋島之間隔著呂宋海峽（Luzon Straits），平均寬度爲160浬（約250公里），其中由北往南又有兩座屬於菲國的群島，即巴丹群島（Batanes Islands）及巴布延群島（Babuyan Islands）。因此呂宋海峽之中總共有三條水道，即台灣和巴丹群島之間的巴士海峽（Bashi Channel）、巴丹群島及巴布延群島之間的巴林塘海峽（Balingtang Channel）、巴布延群島和呂宋島之間巴布延海峽（Babuyan Channel）。巴丹群島最北島嶼雅美島（Yami Island）距離屏東鵝鑾鼻只有142公里（折合76.7浬）。

上述地理特徵及領土接近造成的結果是，由於台菲兩方都主張200浬EEZ，而呂宋海峽平均寬度只有160浬，造成整個呂宋海峽完全都在雙方重疊EEZ海域之內。也就是說，台灣漁船從屏東、高雄向南方一旦駛出12浬我國領海，就進入雙方重疊EEZ海域，長期以來我國海巡單位頗爲自制，僅在呂宋海峽靠近我國一側護漁，我國內政部於2003年11月7日正式宣布在靠近中線的北緯20度建立暫定執法線（通稱護漁南線），而我國漁民因生計所需，往往超過中線至鄰近菲國一側的海域作業，不但引起菲國漁民不滿，而且經常遭到菲方海巡單位以進入菲國EEZ非法捕魚爲由逮捕處罰。漁業署統計從1990年至2012

年，菲律賓就扣留了108艘台灣漁船[4]。

關於沿海國在其EEZ之內爲維護其對漁業資源之主權權利，所能採取執法取締及審判處罰之範圍，UNCLOS第73條第1項及第3項規定均有限制，菲方雖爲UNCLOS締約國，但是在很多方面沒有遵守，不但數度過度使用武力，造成我國漁民傷亡，而且將我國漁船漁民扣留甚久不能獲釋，拘留環境甚差，判處鉅額罰款，甚至沒收漁船。因此我國漁業界對菲國怨憤甚深，我國輿論甚爲同情漁民。我國政府曾多次進洽菲方，希望會商解決方案。但台菲雙方自1975年6月斷交後，只能維持非官方關係，菲方基於一個中國政策，拒絕與我舉行具有高度政治意義的海域劃界談判，至於我方希望建立劃界前臨時安排，簽訂漁業協議，在重疊EEZ建立捕魚秩序，菲方基本上僅將台菲漁業糾紛視爲零星次要外交問題，寧可擺出強硬執法姿態，重罰被捕我國漁民，藉以爭取菲國漁民及呂宋島北方沿海地區選票。如果與我方協商捕魚問題，對菲國中央政府無甚利益，因此重視程度有限，所以拖延多年不予處理。反之，我方積怨已久，終於在廣大興一案爆發不可收拾，演變成爲兩國間重大外交危機。

參、談判成功因素之一——我方提出菲方海巡人員行為違法之國際法論據積極交涉

本案發生之後，必須確認菲方海巡人員槍擊「廣船」造成我方漁

4 關於台菲歷次漁業糾紛，請參閱漁業署官方網站關於台菲漁業衝突之統計。

民死傷之行爲違反國際法，我國政府方有法律依據向菲方提出索賠等各項要求。當時筆者所屬之外交部工作階層在獲知「廣船」遭槍擊地點是在菲國領海之外、台菲雙方重疊EEZ之內，而且該船遭槍擊中彈多發，造成我漁民死傷等事實之後，立即查閱參考國際法有關條約規定及類似案例，撰成法律意見向上呈報，認爲菲方行爲明顯違法，侵害我國國民權益，我國有法律依據向菲方交涉索償（筆者並不瞭解法務部及漁業署等機關是否也曾對本案提供法律意見）。當時我國外交部條法司法律團隊、法務部國際暨兩岸事務司檢察團隊，及駐菲律賓代表處所聘之專家皆相當熟悉國際法，立即訂出我方基本立場爲：菲方必須道歉、賠償、懲凶及與我舉行漁業會談等條件，嗣後我方即據此堅定持續與菲方進行交涉，直至菲方逐一滿足我方各項要求爲止。

當時外交部法律意見所援引主要法律依據是聯合國海洋法公約第73條第1項規定。該條款雖然承認沿海國有勘探、開採、養護及管理在EEZ內生物資源的主權權利，此外爲實施因上述目的制定的國內法律規章，可以採取必要措施，包括登臨、檢查、逮捕和進行司法程序等執法行動，但該條也規定，執法手段必須以必要（necessary）爲限，即謂必須適當，不得濫用。（......take such measures, including boarding, inspection, arrest and judicial proceedings, as may be necessary to ensure compliance with the laws and regulations adopted by it in conformity with this Convention.）

外交部在法律意見中提出的國際法案例共有三件，其中兩件發生在1982年UNCLOS制定之前，分述如下：

一、1935年美國與加拿大「孤獨號案」（"I'm Alone" Case）

1929年美國海巡艦艇在路易斯安那州海岸外10.5浬處墨西哥灣內發現加拿大籍酒類走私船「孤獨號」，經警告後，該船仍拒絕停駛受檢，反而逃向外海，美艦緊追2日後，發砲將「孤獨號」擊沉，造成該船一名船員溺斃，美加兩國將本案送交仲裁委員會處理，仲裁員認爲，美方可使用必要及合理武力逮捕涉嫌走私船隻（"use necessary and reasonable force" to apprehend a suspected smuggling vessel），但蓄意擊沉該船則爲任何國際法原則所不許可，結果裁定美國必須道歉，並且分別賠償加拿大政府及船員各25,000美元。

二、1961年英國與丹麥間「紅十字軍漁船」（Red Crusader）調查案

1961年英國拖網漁船進入丹麥法羅群島領海內，遭丹麥巡邏船攔停，丹方執法人員2人登上「紅船」臨檢並準備將該船押往法羅群島，此時「紅船」反而趁機加速逃逸，丹艦因而緊隨追逐，曾進行實彈警告射擊，並發出聲光訊號，均未發生效果，隨之發射機槍及艦砲數發擊中船身，此時英艦趕來救援，經交涉後，「紅船」釋放2名被扣丹麥執法官員，該船則由英艦護送返回蘇格蘭，嗣後英丹兩國同意成立調查委員會解決本案。調查委員會認定結果如下：1.無證據顯示「紅船」有在丹麥領海非法捕魚行爲；2.丹艦執法時以機槍艦砲實彈射擊「紅船」船身，有危及人命之虞，違反國際法要求合理用武力的限制。其後英丹兩國相互放棄索償要求，了結本案。

三、1999年聖文森及幾內亞間賽加號案第二次判決

The M/V "SAIGA" (No. 2) Case（Saint Vincent and the Grenadines v. Guinea）賽加號是一艘懸掛聖文森國旗的加油船，經常在西非海岸外之外海域巡迴，爲各國捕魚漁船補給油料，1997年10月28日在幾內亞EEZ南界外側遭幾國巡邏艇追逐逮捕，過程中曾用實彈對「賽船」開槍射擊造成船員受傷，再將「賽船」及船員帶回幾國港口拘留，其後幾國當局以走私柴油、運入違禁品、詐欺及走私罪名起訴船長並判決有罪，判處徒刑6個月（但給予緩刑），另外科處高額罰金，並將「賽船」船貨沒收作爲罰金擔保品。聖文森政府認爲幾國並無法律根據將「賽船」及船員逮捕起訴並判刑，與幾國政府交涉不成後，遂向設在德國漢堡的國際海洋法庭（International Tribunal for the Law of the Sea，簡稱ITLOS）起訴。

ITLOS受訴後，首先於1997年12月4日下達第一次判決，要求幾國立即先行釋放「賽船」，獲得幾國政府遵守。ITLOS繼續審理後，於1998年7月1日下達第二次判決。該次判決要點如下：1.幾國不是以「賽船」協助外國漁船在幾國EEZ之內非法捕魚之罪名追訴該船，而是以違反海關法律罪名控訴該船，幾國在海岸外建立寬達250浬之關稅區，範圍涵蓋EEZ及以外海域，違反UNCLOS公約只容許沿海國得在海岸外24浬之內鄰接區內執行海關法令之規定，因此本案幾國在外海以海關財政法令緊追逮捕及處罰「賽船」之舉違反國際海洋法；2.幾國海上執法人員追捕「賽船」過程使用武力過當，法庭指出，依據國際法原則應儘量避免使用武力，如果無法避免，亦不得超過依

當時情況合理及必須程度。本案「賽船」當時幾乎滿載燃油，吃水很深，航速很慢，幾國巡邏艇應很容易追上，因此沒有任何理由在追逐中不先發出聲光訊號予以警告，反而逕行動用實彈射擊。此外，在「賽船」停駛後，幾國執法人員登船檢查時，仍然繼續過度使用武力，不顧該艘加油船船身及船員人命安全，立即開槍多發射擊引擎，造成船上重要設備受損，兩名船員身受重傷；3.幾國因此必須賠償聖國212萬3,000餘美元，作爲補償「賽船」被逮捕扣押過程中船身及設備損壞、貨物損失、船員被拘留及槍擊受傷治療等各項相關損失及衍生費用[5]。

我方就「廣案」在與菲方交涉過程中，也積極根據上述UNCLOS相關規定及三項案例，尤其是賽加號案判決，證明菲方海巡人員執法過當，粗暴使用強大殺傷火力，掃射無武裝小漁船，造成我漁民傷亡，絕對是違反國際法行爲，菲國政府必須承擔賠償及相關責任。外交部也配合我國政府在國內外發動文宣作爲，促使菲國負責。

在2013年5月27日，外交部透過中央通訊社發布新聞，公開我國政府對「廣案」的法律分析及主張，除上述UNCLOS條款及三項案例論據不再贅述外，指責菲方違反國際法其他論點如下：

(一) 避免使用武力原則與武力使用的基本程序

國際海洋法上緊追權原則說明，應避免使用武力，特別應依據登

5 賽加號案第二次判決要點，請參閱ITLOS/Press 23/Add.11 July 1999 https://www.itlos.org/fileadmin/itlos/documents/press_releases_english/press_release_23Add1_en.pdf。

臨檢查所需的「普遍接受的國際標準」進行，包括發信號燈、鳴笛、射擊水槍或對船頭上方進行警告射擊，不應超越「合理及必要」的行使武力，對無武裝的「廣大興28號」漁船濫行掃射攻擊，絕非菲政府自稱是基於「自衛」的託詞。

（二）武力使用的「比例原則」

「廣大興28號」漁船是僅爲15.15噸、14.7公尺長的玻璃纖維結構小型漁船，具武裝的30公尺長菲國公務船重達115.45噸，較無武裝的「廣大興28號」漁船噸位超過6倍大，卻對「廣大興28號」漁船暴力攻擊。初步調查顯示，至少45發子彈擊中船身，多數集中在船員躲藏所在的船艙，有蓄意殺人動機，不符比例原則。

（三）國際法「人道」原則

國際法「人道」原則廣爲國際社會接受，國際海洋法更是重視人道原則，展現在聯合國海洋法公約各相關規定及相關國際判例，菲國公務船對無武裝漁船連續暴力掃射，毫不顧及船上人員安危，顯無任何人道考量。聯合國海洋法公約第73條第3項的「不得包括監禁或任何其他方式的體罰」規定，是依據人道原則類推適用。

（四）違反國際海事「提供救助的義務」

對遇難船舶必須提供救助義務，爲國際海事法基本原則，聯合國海洋法公約第98條明文規定，對海上遇難的船舶應提供救助，係爲國際義務[6]。

6　中時電子報，2013/5/27，https://www.chinatimes.com/realtimenews/20130527005353-260407?chdtv。

我方援引上述法律論據積極進洽菲方並昭告全世界，最後菲方經過調查事證，不能不承認涉案菲方海巡人員行爲不但違反國際法，甚至違反菲國本身該國海巡隊「海上執法接戰守則」，恣意濫用武力造成傷亡，國家責任無法逃避，因此開始認眞與我方進行談判，逐一實現我方各項要求。

肆、談判成功因素之二——我方實施經濟制裁

本案發生後，我方即在5月10日提出四項要求，菲方態度遲緩推諉，未予重視，引起我國國內輿論更爲憤怒，我方政府於是先在5月11日提出最後通牒，要求菲方在72小時回應我方要求，否則將開始對菲方實施制裁。我方並且派出由海軍及海巡艦艇合組艦隊，前往台菲重疊EEZ經濟海域進行護漁，兩國間緊張情勢於是升高。在情勢如此緊急之際，菲方回應居然只稱，對此事件表示哀傷，已派駐台代表向死者家屬道歉及慰問，爲免事件惡化，將不再發表聲明，而循適當管道與我方交涉。

菲方既然如此輕忽我方要求，在72小時內未予正面回應。我方即按照原訂方案，於5月15日上午零時首先實施第一波三項制裁，分別爲：1.凍結菲勞的申請；2.召回中華民國駐菲律賓代表；3.要求菲律賓駐台代表返回菲國協助妥善處理本案。當日下午6點，我國行政院又宣布實施第二波八項經濟制裁，內容包括：1.發布菲律賓旅遊警示燈號爲「紅色」，針對我國籍「廣大興28號」漁船事件，菲律賓政府

對我國不友好之做法，造成台菲目前關係緊張，因此不鼓勵國人赴菲律賓旅遊或洽公；2.停止台菲雙邊高層交流與互動；3.停止菲方經濟交流、推廣及招商等相關活動；4.停止台菲農漁業合作事項；5.停止雙方科技研究交流與合作計畫；6.停止台菲航權談判；7.停止菲律賓人士用「東南亞五國人民來臺先行上網查核」免簽證措施；8.國防部及海巡署在南方海域辦理聯合海上操演。

我方在一天之內發動兩波十一項制裁，內容包括外交交往、勞工輸入、經貿往來、觀光旅遊、農產品交易之外，還有軍事示威行動，我國歷來極少有對外國實施如此大規模的制裁行動。其中凍結菲勞輸入、勸阻國人暫勿前往菲國觀光旅遊及限制菲國農產品輸入等項目，對於菲國經濟有較大不利影響。上述制裁持續將近3個月，據評估發揮了重要效果，迫使菲方認眞回應我方要求，加速進行談判。但經濟制裁永遠是兩面刃，在上述制裁下雙方都有損失，尤其是我國甚多家庭及工廠迫切需要菲國勞工，我國旅遊業者暫停對菲國出團也承受不少損失。因此，在菲國同意並實現對我國被害者家屬道歉及賠償，並且具體承諾將會懲凶及與我進行漁業談判並有實際進展之後，我方研判已達到初期目標後，因此於8月8日晚間即由外交部宣布解除上述所有十一項制裁。

經濟及相關制裁是國家間有爭端時可以實施的手段之一，只要制裁項目內容不違反既有條約義務（或是雖然不符既有條約，但能夠指出對方先有重大違約行爲），則爲國際法所容許。採取制裁目的在施加壓力，希望藉此改變他國行爲。大國比較常用，尤其是美國使用最多，不僅施加於俄羅斯、中國大陸、伊朗及北韓等不友好國家，有時因貿易爭端，也會施加於盟邦，包括歐盟（基因改造農產品及民航飛機貿易爭端）、日本（紡織品及汽車貿易爭端）及我國（1980年代指責我國保護美商智慧財產權不足，對我施加特別301條款調查）。我國受限於國力及國際處境，很少對他國使用制裁手段，但據筆者記憶所及，我國因外國蠻橫作爲，損及我方尊嚴及重大利益，經交涉無法改善，也有少數被迫出手反制爭回尊嚴顏面或重要利益之事例。例如：1.1972年台日斷航事件─1972年日本與我國斷交後，要求取下華航班機上的我國國旗標誌，否則不許在日本降落，我方認爲日方欺人太甚，決定與日本斷航，改由第三國航班營運台日航線，日本因而讓步，雙方協議於1975年8月復航，華航班機被安排降落於東京羽田機場，日方則讓中國大陸航空公司使用東京成田機場；2.台韓斷航事件─南韓自1949年成立以來，即與我國維持長期友好邦交關係，我方也在韓國水果及小汽車進口方面給予優惠配額，1992年8月23日，韓國總統盧泰愚突然宣布與中國大陸建交，並與我方斷交，事前既不與我方協商善後事宜，事後限令我使館人員24小時之內離境，復將我使館財產交予陸方繼承，也不許我僑團僑校再懸掛國旗。我方認爲韓方背信忘義，對我極不友好，除停止給予韓方貿易優惠之外，並與南韓斷航。此後多年南韓航空公司不能營運台韓航線、不能從台灣延遠到東南亞各航點，更重要的是，不能經過台北飛航情報區，使得韓方班機來回東南亞都要繞道飛行，耗費油料，增加營運成本，因此南韓航空業損失頗大。直至2002年12月，台韓之間首先開航定期包機，有限度的恢復通航，直至2005年3月1日才恢復定期航班，正式結束長達13年的斷航狀態；3.台菲斷航事件—1998年11月到1999年春季，菲律賓航空公司經營不善，菲國民眾來往馬尼拉及美國西岸，寧可繞道台北搭乘票價廉宜、服務亦佳的我國華航或長榮班機，菲航在商業競爭中屈居下風瀕臨倒閉，當時菲律賓總統爲了力挺菲航，聲稱我國航空公司偷走（poaching）菲國乘客，要求菲航得向華航及長榮就載運每名菲國乘客抽取佣金，我方以此違反國際民航慣例予以拒絕，華航及長榮雖願在馬尼拉到台北航線上減少賣票，菲方卻悍然斷航兩次，欲迫使我方作更多讓步，我方忍無可忍，決定凍結輸入菲勞，加上眾多在台菲勞抱怨返鄉探親必須轉機，費時而且費錢，迫使菲方高層轉而注意菲勞利益，不再盲目支持菲航，台菲航線才終於恢復正常[7]。

伍、談判成功因素之三——美國參與協調而不偏袒之立場

「廣船」案發生期間，正值美國面對中國大陸政治、經濟及軍事力量從1990年代以來迅速增加，2010年超越日本，成爲世界第二大經濟體，在亞洲地區影響力隨之上升，嚴重威脅美國從二戰以來在亞太地區主導的政經秩序。現今亞洲鄰國即使將軍力集合起來，仍然不能和中國大陸抗衡，因此在安全領域仍希望獲得美國積極支持，

7　上述我國政府對外國實施的三次制裁事件概要，請參閱民航路遙遙～台灣對外「斷航」史，台灣民航資訊網，2014/9/15，https://www.facebook.com/twairinfo/posts/726679417379164/。

但這些國家在經濟貿易方面卻又極度仰賴陸方，因此在對外政策上極爲不願得罪陸方，希望在美陸抗衡局面中保持中立，如此已弱化美國在亞太地區領導地位。2011年11月17日，美國總統歐巴馬（Barrack Obama）因而在對澳洲國會演說中，首次提出了「亞太再平衡」（Rebalance to Asia）戰略，此一政策重點爲重建美國與亞太友邦聯盟關係，並且將駐紮在亞太地區的美國海軍兵力由50%增加至60%，藉以維護美國海空優勢，使該地區能夠保持美國建立的規則秩序，藉以維護經濟開放、和平解決爭端及尊重人權原則。此即表示美國將強化與亞洲盟邦關係，採取外交團結、經濟結盟及軍事嚇阻的組合手段制衡陸方，同時呼籲保持南海現狀，不得實施軍事化。當時美菲兩國關係極爲友好，並且支持菲律賓就其與陸方之間南海爭端訴諸司法解決，菲方因而於2013年1月22日依據聯合國海洋法公約附件二所訂仲裁程序，將該項爭議提交仲裁（此即陸菲南海仲裁案，仲裁庭後來於2016年7月12日下達仲裁判斷）。

「廣案」發生後，因菲國對我方要求的初步反應遲緩推諉，我國曾請求美國從中協調，促請菲方儘早承擔責任，使台菲關係從僵局中及早恢復正常，方有助於美國推動全盤亞太戰略。

筆者因不負責對美交涉事務，未悉當時我方就「廣案」請美方出面向菲方協洽經過，以及美方回覆我方細節，但經相關同仁告知美國確有出面與菲方會商本案。

美國官方對本案公開態度極少，只見於國務院官員曾經表示，歡迎菲國承諾協同台灣進行充分及透明調查，並且呼籲各方確保海上安全，避免採取可能使得緊張情勢升高及破壞外交或和平解決的行動。（The State Department reacted calmly the next day by welcoming the Philippines' pledge to hold a full and transparent investigation along with Taiwan and by urging all sides to ensure maritime safety and refrain from actions that could escalate tensions and undermine a diplomatic or peaceful resolution.）[8]上述談話似可顯示美方在本案中於台菲之間保持中立不偏袒立場。

據筆者事後研判，美方當時因爲支持菲律賓就其與中國大陸南海爭端提起國際仲裁，希望藉此削弱陸方對南海島礁及主權主張的法律依據，期待有關各國都聲援菲方進行此項法律戰，包括我國在內，而不希望同爲南海島礁主權聲索方的菲國與我國因爲雙方在「廣案」上爭執造成關係瀕臨破裂，也使得菲國不能專心推動南海仲裁案。因此美方勸告菲方與我經由談判儘早解決爭端，獲得菲方採納。據筆者所悉，美國在本案中參與協調而不偏袒我方，例如我方原定派出海軍軍艦隨同海巡艦艇穿過呂宋海峽中線護漁，在美方勸告後，我海軍艦艇未出海太遠。

---

8 Shirley A. Kan, U.S.-Taiwan Relationship: Overview of Policy Issues, December 11, 2014, p. 26, Congressional Research Service, file:///C:/Users/user/Documents/Shirley%20Kan-%20Overview%20of%20U.S.-Taiwan%20Relationship.pdf.

陸、談判成功因素之四——台菲刑事司法互助協定提供合作管道，使我方能夠協助菲方將涉案菲國海巡官兵追訴定罪

本案菲方面對我方提出堅強法律論據，不得不承認涉案菲國海巡官兵可能違法隨之展開調查之後，因爲上述嫌犯自始未曾進入我國領域，我方司法當局無法將彼等逮捕追訴，而菲方基於主權尊嚴，又不願將彼等具有官方身分嫌犯交由我方治罪。但本案「廣船」船身、罹難漁民遺體及重要證人—2名受傷漁民則均在我國境內，因此我方自始認清本案如欲達成懲凶目標，必須由菲我兩方合作進行偵查任務，由我方提供證據及證人證詞，同時督促菲方承擔依法偵查起訴及審判主要工作。雖然兩國沒有邦交，幸而在「廣案」發生二十幾天前，即是在2013年4月19日雙方才剛簽訂台菲刑事司法互助協定，該協定係開啓我國與東南亞國家簽署刑事司法互助協定的先河，極具重要性及指標意涵[9]。台菲雙方簽訂該協定之目的在於建立有效的共同打擊跨國犯罪機制，並藉由刑事事務的司法互助，加強各國間所屬領域內執法機關的有效合作。

依據該項雙邊刑事司法互助協定，雙方互助合作範圍頗爲廣泛，

---

9 關於台菲刑事司法互助協定，兩國歷經多次磋商，在草簽司法互助協定前，雙方默契下謹愼進行，對於該協定之實質內容均能符合我方期待，然菲方曾提出類MOU（Memorandum of Agreement）之議。當時駐菲律賓大使堅持爲使該協定係爲表現經兩國之議定，並係我國與東協國家第一個刑事司法互助協定，必須名實均符，故主張以Agreement簽訂，所以至2013年4月完簽，完簽後不到一個月時間就發生「廣案」。請參見https://www.taiwannews.com.tw/ch/ne ws/2200562。

涵蓋了犯罪嫌疑人的身分確認、搜索、扣押及遣送；證詞、證物的取得；犯罪所得與工具的辯識、追查和扣押，以及其他與司法程序相關的互助機制，如視訊作證等。

雖然「廣案」發生之時，此項雙邊司法互助協定剛剛簽訂，尚未生效（後經我國立法院通過後才於2013年9月12日生效），但我方法務部已和菲方司法部經由談判此項協定過程，已建立聯絡管道及良好工作關係。「廣案」發生之後，我方即向菲方提議，由我方派團前往菲國就本案司法調查及相關問題進行協商，獲得菲方同意。我代表團由當時法務部國際暨兩岸事務司司長與筆者共同率團前往，該團於5月16日出發，但前一天我方才對菲方發動兩波十一項廣泛制裁，而且我團原本規劃要低調前往，不料訊息外洩被國內新聞媒體知悉，出團當日即加以大幅報導[10]，並派記者隨同我團至馬尼拉追蹤報導。菲方部分媒體不滿我政府驟然強勢制裁作爲，故意將我團赴菲尋求司法合作之舉曲解爲高調赴菲進行偵查問案，侵犯菲國司法主權，造成重大輿論壓力，菲方司法部及國家調查局官員因此均躲避不肯出席協商。後經菲司法部對外宣布，本案偵查將由菲方完全主導，並無和外國政府合作調查（joint investigation）情事，他國政府只能進行平行調查（parallel investigation）。我代表團因此在我駐菲代表處困坐3日，無法進行協商，第三日（星期五）下午菲方始傳來消息，願於下星期一

10 我團出發當日國內各媒體均報導此項消息，請參見BBC News, https://www.bbc.com/zhongwen/trad/china/2013/05/130516_taiwan_philippines。

與我團在秘密情況下協商。但我方國內媒體已連續數日報導，我團赴菲遭受冷遇，任務無法完成，我政府認爲雙方互信不足，遂於5月18日下令召回我團，並限定全團於次日返台[11]。

雖然我團首次赴菲協商調查合作並不順利，但菲方在表明本案擁有司法主權，將完全主導本案司法調查之基本立場之後，雙方仍然經由雙邊刑事司法互助協定管道，在頗爲低調情況下繼續積極進行合作。我團於5月31日再度赴菲，團員包括3名屏東地檢署檢察官，向菲方提供偵查本案所獲證據，此次協商過程即頗爲順利。菲方嗣後也派員來台，在我方檢察當局官員主導下，蒐集本案各項刑事證據及證人證詞，以利菲方進行調查工作。菲方國家調查局因而在2013年8月7日發布經當時菲國總統核定的調查報告，認定8名涉案海巡官兵違反菲國海巡隊執法接戰守則，未經適當警告，即使用攻擊步槍及機關槍掃射無武裝且未有挑釁行動的「廣船」，射擊108發子彈，因而造成死傷，事後又塡報不實用槍報告，明顯構成違法行爲，結論中建議菲國司法部以殺人罪（homicide）起訴該等嫌犯。

2014年3月18日菲國司法部正式對8名菲國海巡人員以「殺人罪」起訴，並另以「妨礙司法公正罪」起訴其中2名菲國涉案人員。在菲律賓法院審理過程中，菲國檢方爲調查證據曾經數度來台，外交部也提供菲方所需的各式書證文件，並協助我方被害漁民家屬在其法律代

11 我首次赴菲調查團未能成功及政府召回我團原因，請參見：王正寧、鄭閔聲，「合作調查 我等菲準備好再去」，中時電子報，2013/5/19。

理人陳豐富律師，彼堅持自費前往，婉拒政府補助旅費，義行可感。與我方專家證人（彈道鑑識專家及法醫）一同赴菲國法院出庭作證。此外，駐菲律賓代表處也積極協調菲方要求依據法律規定與程序，菲國必須確保我方證人的人身安全與自由。

最後，菲律賓馬尼拉地方法院於2019年9月18日宣判「廣大興28號」漁船案8名涉案菲國海巡人員「殺人罪」成立，分別被判處8年至14年範圍的刑度。全案歷時6年多，司法正義終於獲得實現，應歸功於法務部、外交部、檢警單位及駐菲律賓代表處相關人員鍥而不捨的努力，終於讓嫌犯受到應有制裁[12]。

柒、談判成功因素之五——促使菲方高層終於正視台菲長期漁業糾紛對台菲關係的破壞性，願意根本解決，因而展開漁業會談，最後達成漁業執法合作協議

本案就個案處理而言，只要達成道歉、賠償及懲凶等三項目標，即已是對被害人有所撫慰賠償，讓犯嫌受到司法制裁，可謂已是相當圓滿的結果。但當時我方政府鑑於台菲漁業糾紛長期存在，影響我方EEZ海域主張，傷害我國漁民合法作業權利及人身安全，並且不時發生我國漁民死傷事件，嚴重影響台菲友好關係，造成外交危機，因此決心徹底解決此項問題，要求菲方與我舉行漁業會談，希望達成協

12 本案菲方偵查、起訴及審判經過概要及我方相關人員參與情形，請參閱2019/9/18外交部新聞稿以及2019/9/18中央社新聞。

議，在台菲之間海域建立捕魚及海上執法秩序，確保我國漁民作業安全，因此才有第四項要求的提出。

如經深入分析，期盼菲方與我方舉行漁業會談並達成協議，可能是我方所提四項要求中，難度最高的項目。台菲雙方長期以來不能經由談判解決海域爭端及漁業糾紛，理由詳述如次：1.菲律賓長期以來重視海域權利，因而經常採取與通行國際法相違背的海域主張，不顧一切儘量擴大管轄海域。自從1935年菲國仍爲美國屬地期間所建立的自治政府憲法，即把1898年美國和西班牙在巴黎簽訂的和平條約附圖中，用來劃定由西班牙割讓給美國的菲律賓群島所有島礁領土範圍的各條直線當作領海基線，主張線內水域全部都是菲國領海。菲國在1946年獲得獨立後，自1950年代開始，又在國際社會積極推動群島國（Archipelagic States）制度，即是主張如同菲律賓及印尼等完全由眾多島嶼構成的國家，基於海域安全、經濟需要、政治完整及生態保護等理由，應該獲准將外圍島嶼以直線連接作爲領海基線，向外再劃出領海範圍，線內則爲內水，此一主張原爲多數海權國家反對，但在1960年代西方各國殖民地紛紛獨立後，逐漸獲得新興國家支持，最後相關國家在第三次聯合國海洋法會議期間（1973-1982年）達成妥協，將群島基線長度加以限制，並容許外國船舶保有通過群島水域的通航權利之後，群島國制度終於被納入1982年聯合國海洋法公約（UNCLOS）之中。而菲國在實施上述群島國制度時，又未完全按照UNCLOS有關限制直線基線長度及比例規定，儘量擴大控制海域，頗有投機取巧之嫌。因此在菲國過分注重維護自身海域權利，不嚴格遵守國際海洋法規範的心態下，如果沒有其他重要誘因，他國不易與菲方經由談判解決海域爭端或漁業糾紛；2.菲國在1975年與我斷交之後，採取與中國大陸積極交往政策，嚴格遵守「一個中國」政策，只願和我方進行非官方交往，因此對於台菲重疊EEZ劃界問題，菲方認為有高度政治涵義，不願與我談判；3.至於進行雙邊漁業諮商，建立作業秩序一節，鑑於雙方EEZ高度重疊，而我方漁船既多，噸位較大，撈捕能力遠超過菲方漁船，自菲方觀點而言，建立作業秩序，只是將我方漁船靠近菲方海域作業合法化，菲方並無實際利益，為了爭取菲國漁民及呂宋北部地區選票，反而繼續維持海上強硬執法形象，不與我方在漁業糾紛問題上相互讓步妥協才較符合菲國中央政府利益。

但在「廣案」發生之後，我方朝野在台菲漁業糾紛上的長期積怨一夕之間爆發，我政府驟然採取兩波十一項多年以來範圍最廣泛針對外國制裁行動，嚴重打擊菲國在勞務輸出、觀光收入及多項雙邊經貿利益（2012年台菲雙邊貿易總額為113億7,000萬美元，而且有逐年增加趨勢）。菲國政府高層才深刻認識到，拖延擱置台菲漁業糾紛，就像忽視容留火種存在，稍不注意即可能釀成嚴重災禍，使得菲國在經貿及勞工利益方面蒙受重大損失。在權衡輕重之下，菲方終於同意與我方展開漁業會談，謀求建立合作機制，減少漁業糾紛。

我方最初構想是，仿效台日漁業協議成功先例，在台菲重疊EEZ建立共同管理水域，建立雙邊委員會定期諮商，制定捕魚及養護規定，由雙方分別實施，雙方漁船個別由己方執法管理。菲方審慎考慮後沒有採納，理由是如此將明文同意我方漁船及我方海巡署在菲方主張EEZ海域捕魚及執法，在菲方而言，政治及法律顧慮太大。此外菲方多數漁船甚小，只能在菲國近海作業，菲方沒有在台菲重疊EEZ建立共管水域廣泛監控己方漁船需要。因此雙方將合作範圍縮小到漁業執法方面。

嗣後2年多時間之內，台菲雙方經過多次協商，對《臺菲有關促進漁業事務執法合作協定》內容達成協議，並於2015年11月5日在台北完成簽署。該協定主要內容是，正式建立「避免使用暴力或不必要武力」（Avoiding the use of violence or unnecessary force）、「建立緊急通報系統」（Establishment of an emergency notification system）及「建立迅速釋放機制」（Establishment of a prompt release mechanism）三項制度。

上述三項制度要點分別如下：1.避免使用暴力或不必要武力，是指雙方執法時將依據執法準則，保持自制，只使用必要及適當的執法作爲，避免使用暴力或不必要之武力，以免造成漁民死傷；2.建立緊急通報系統，是指在台菲重疊EEZ區域內，雙方執法單位對可能非法捕魚之另一國籍漁船執法前1小時，將先依據約定管道通報彼此漁政及海巡機關與駐外館處，即先行警告被鎖定的對方漁船離開，如在1小時時限內不遵從即進行追捕；3.建立迅速釋放機制，是指參照UNCLOS第73條第2項規定，倘對方漁船確定違法而遭逮捕，該漁船應在提出適當保證書或其他擔保，或支付符合逮捕方法律之罰鍰後，於3日內被釋放[13]。

上述協定簽署至今4年以來，我國漁船在台菲重疊EEZ作業，已極少發生遭到菲方逮捕事件，似已達成有效降低兩國在雙方重疊EEZ之漁業糾紛，並且保障我漁民合法捕魚權益之目標。但從雙方自簽署該協定之日起，即對緊急通報系統適用範圍有爭議，我方要求適用於菲國12浬領海之外所有海域，菲方則堅持適用於24浬鄰接區之外海域，即我方漁船進入菲方24浬鄰接區之內，一旦被發現，菲方將不給予可於通知我方後1小時之內離開待遇，而將立刻追捕，菲方亦曾明告我方，倘不如此，將無法對菲國漁民交待。雙方對於該協定此項歧見各自堅持，至今似仍未解決[14]。但我方漁政及海巡機關已將菲方上述立場通知漁民，提醒注意防範。

捌、結論——個人觀察及感想

一、在國際談判中向他國提出要求，必須要憑法律依據，如果要求對方道歉賠償，更是要提出對方曾有違法行爲的法律論據，論據越完備堅強則越有利。本案發生之後，我方立即援引本文前述法律

[13] 台菲漁業執法協定主要內容，請參閱2015/11/19外交部第269號新聞稿，https://www.mofa.gov.tw/News_Content_M_2.aspx?n=8742DCE7A2A28761&sms=491D0E5BF5F4BC36&s=F6881FC2462D62D1。

[14] 在2019年2月底舉行的「臺菲漁業技術工作小組」第五次會議中，雙方仍對此點各持己見，請參閱2019/3/1外交部第047號新聞稿，https://www.mofa.gov.tw/News_Content_M_2.aspx?n=FAEEE2F9798A98FD&sms=6DC19D8F09484C89&s=37092452C729E105。

論據，指稱菲方海巡人員執法行動使用武力顯然過度且不適當，當然違反國際法，菲方無從推諉，後來菲國國家調查局展開調查，也發現涉案人員執法行爲過程同時也違反菲國國內法規—海巡執法接戰守則，菲國政府因此必須承擔責任。當時國際輿論也一致認定菲國海巡人員執法凶暴，罔顧人命，對菲方國際形象頗爲不利。

二、在國際談判實務經驗中，談判一方除了要有法律依據外，有時還需要視情況展現實力及決心，必要時可用經濟制裁。本案我方談判對手是菲律賓，菲國雖然經濟實力不如我國，但領土面積是台灣的8倍，人口是台灣的4.7倍，而且極爲瞭解我方最大弱點是國際處境極爲孤立，和全球絕大多數國家都沒有邦交，能獲國際助力有限。因此每當台菲雙方有重大爭議時，菲國反而往往姿態甚高，例如1998年至1999年在菲航與我方華航及長榮航空商業競爭糾紛中，爲逼迫我方航空公司就所載運菲籍旅客向菲航提供抽成利益，竟然兩度出手主動切斷台菲航線，其後我方反擊，準備凍結輸入菲勞，菲方才撤回不合理要求，了結該案。本案我方政府似乎瞭解與菲方談判並非易事，亦瞭解我方以前曾有在交涉中採取制裁手段前例，因此在菲方對我要求反應遲緩推諉時，即在2013年5月15日一天之內祭出兩波十一項廣泛制裁，迫使菲方認眞回應。制裁行動雖然有效，亦同時傷及我方旅遊、製造業者與國人家庭利益，因此不能維持太久，必須務實檢視其成效，因此在2個多月之後，菲方實現我方一半要求，另外一半亦有具體進展，我方即完全解除所有十一項制裁，當時國內曾有部分輿論指責我政府過於輕信菲方。

三、在國際談判交涉中，要結合運用一切友我力量，當時歐巴馬總統推動亞太再平衡政策，欲聯合亞洲友邦圍堵中國大陸迅猛崛起，鼓勵菲方對陸方發動法律戰，提起南海仲裁案，欲削弱陸方對南海島礁主權及海域主張合法性，當時菲國總統艾奎諾（Benigno Simeon “Noynoy” Cojuangco Aquino III）採取聯美制陸政策，美菲關係甚佳，因此，美國在本案中參與協調而不偏袒之立場，終於使得菲國與我政府協商解決本案。菲國現任總統杜特蒂（Rodrigo “Rody” Roa Duterte），因不滿美方抨擊其打擊販毒殘酷手段違反人權，在外交上則傾向陸方，爭取陸方貿易投資及建設援助，以致目前美菲關係不睦。如果「廣案」發生於今日，仍請美方從中斡旋，未必同樣有效。

四、分階段解決—在本案交涉過程中，菲方展示認眞談判誠意後，我方瞭解，在所提四項要求中，有些菲方能夠較快實現，有些菲方可能需要長達多月，甚至數年才能完成。因此我方同意讓菲方分階段履行承諾，首先透過雙方政府、被害人家屬及其法律代表陳豐富律師低調談判，先行解決道歉及賠償部分後，我政府立即解除制裁，再依次積極解決懲凶及舉行漁業會談問題。使雙方關係在陷入緊張狀態的2個多月後（由母親節到父親節）即能恢復正常互惠合作，而不必拖延等待數年之久。

五、堅持原則，方式彈性—本案在談判過程中，菲方雖然同意對被害人家屬道歉及賠償，我方本來期望由菲方內閣官員出面道歉，並由菲國政府正式賠償，但菲方基於政府顏面及對陸關係考慮，只肯指派非官方機構馬尼拉經濟文化辦事處（Manila Economic and Cultural Office）向被害人家屬道歉及賠償，我方認爲只要被害人家屬能夠獲得來自菲方的適當撫慰及補償，則不堅持方式及層級。至於漁業談判部分，如同本文前述，我方原先構想是，仿照台日漁業協議，在台菲重疊EEZ建立共管水域，菲方因無相同漁業利益需求，並未接受我案，其後雙方同意縮小合作範圍，改爲簽訂漁業執法合作協定。該項協定於2015年11月5日簽訂後，菲方海巡執法頗爲自制，近數年來台菲重疊EEZ海域已少有漁業糾紛發生，已然達成我方保護漁民作業安全的目標。

六、談判是一門學問，也是一門藝術。本案談判過程中，雖然有若干幸運因素存在，例如美國因全盤戰略考慮願意介入協洽、美菲關係友好及台菲刑事司法互助協定存在，但本案我方把握的幾項談判基本原則—持憑法律依據、必要時施加壓力、請求第三方介入協洽、分階段解決、堅持目標並在方式上保留彈性以及追求雙贏（兼顧對方尊嚴及利益）應爲交涉通則，似可作爲我方未來類似國際談判參考。

第三章

消失的國度——九〇年代設立冠國號代表機構得失之探討

張銘忠

壹、引言

六四天安門事件讓中共國際地位降至谷底，同年柏林圍牆倒塌，世界格局開始劇變。1990年代初，我國政府審時度勢，趁機推動建交、復交的攻勢，全面爭取在無邦交國家提升駐處的地位與待遇；對於新設處者，則要求設立冠國號代表機構，政策目標在於彰顯中華民國的國際人格。本文針對1989年至2000年相關設處及裁撤案進行檢討，其中設處及裁撤全落在此區間者皆位於非洲（請詳表3-1）。

外交部於2019年7月中發布新聞，指責中國大陸施壓，使我國駐斐濟代表處被迫更名為「駐斐濟台北商務辦事處」，媒體並以「中華民國」被消失為題加以報導。其實，此非近年出現的唯一案例，此前有奈及利亞政府迫使我國設在阿布加（Abuja）的「中華民國（台灣）商務代表團」摘牌更名，遷出首都，削權減人，更一度出現派警封鎖駐處，強制我方人員離開情事。此一事件之後，我國駐杜拜、厄瓜多、巴林、約旦、巴布亞紐幾內亞冠國號代表處先後被迫更名。而在駐斐濟代表處更名後，所有在非邦交國的駐處名稱都不再有「中華民國」或者是「台灣」的字樣。

貳、個案研究

一、1991年7月初非洲司長官突然找筆者到三樓樓梯間談話。他說：「我們即將與中非共和國復交[1]，即將派員開設大使館，加上最

[1] 1991年7月8日我與中非共和國恢復外交關係。本文相關建交、復交、斷交、

近已與薩伊政府商定設處事宜，希望你選擇一處支援，你選哪一國，我就去哪一國！」該名長官知道，筆者才剛從馬達加斯加出長差返國，而薩伊、中非兩國又不是筆者的分配工作職掌，故降尊紆貴，請求筆者隨他出差。筆者選擇了非洲第二大國—薩伊（Zaïre）。外交部次長隨即簽註並同意速往設處，用以支撐馬達加斯加政府抵制中共斷交威脅。

二、1990年12月初筆者奉派前往馬達加斯加協助設處，次年4月中旬才返國，除參與設處的實務工作之外，馬國設處協議草案是筆者從維也納外交關係公約[2]節錄最基本的特權、禮遇條文濃縮而成，最後由我國代表與馬國代表在馬京簽署特別協議定案。所以籌設冠國號代表團對筆者而言算是重作馮婦，惟因中部非洲不是筆者的業務範疇，自須瞭解一下本案背景及雙方簽署的協議內容：

（一）設處緣起

本案源自薩伊政府總理路可吉（Mulumba Lukoji, 1943-1997）於1991年5月中致函中華民國總統，指出薩伊總統莫布杜（Mobutu Sese Seko）已原則同意與我國建立商務關係，來台的薩方代表團業獲授權展開談判，雙方可商討各自代表機構的地位及有關商務、財政協定。不過，當時沒人預料到路可吉擔任總理只至同年9月底，前後不到半

設處等日期皆引自外交部禮賓司，世界各國簡介暨政府首長名冊（90），外交部，2001年9月。

2 Vienna Convention on Diplomatic Relations 1961.

年即下台。莫布杜總統又迫於國內政經情勢，任命反對黨領袖齊謝客迪（Étienne Tshisekedi, 1932-2017）出任總理[3]，讓我方進退維谷。

（二）君子欺之以方

薩伊設處協議內容極爲簡略，欠缺約束雙方權利義務的具體條款。筆者根據記憶所及提出對於設處協議有以下之疑問：

1. 薩伊設處「特別協議」（Arrangements spéciaux）全文大約只有馬達加斯加設處協議的十分之一。薩方刻意刪除我與馬國設處協議中有關雙方同意互設特別代表團，作爲兩國駐在對方之官方代表機構以及名稱應包括正式國名等內容。

2. 薩方刻意刪除馬國協議內明載的「政治」一詞，僅保留關於增進兩國間「經濟及商務關係」之發展。

3. 薩方也刻意刪除「有關便利、特權、豁免之一般規定」等具有主權意涵的外交權利，代之以「優遇」（avantages）[4]一詞，台北自認我駐薩伊代表團將享有目前外國政府派駐薩伊類似代表團之同等待遇，卻在設處人員出發前，不確定究竟有哪些國家派駐了「類似」我國的代表團？

4. 我國外交部長代表總統函覆薩伊總理，表示業已接見薩方代表，並指派三位同仁前往金夏沙續談設處案，我方願在能力範圍提供

---

3 Étienne Tshisekedi之子Félix Tshisekedi自2019年1月25日起任剛果民主共和國總統。

4 薩伊方改用「avantages」一詞，本意是「好處」，在此權予譯爲「優遇」。

協助。筆者納悶，本案既係薩伊政府有求於我，而先派團來台磋談，然在後來磋商時，我方竟會接受列入「本協議效期五年」。

5. 設處特別協議係由「薩伊共和國主管財政國務員」簽署。在法語系國家「國務員」是低於「國務部長」、「部長」、「權理部長」的小閣員[5]，該財政國務員又無「全權證書」[6]，僅係奉總理之命出面簽署。我方主談人本可要求，卻未要求薩方另派部長以「代理外長」的身分簽署[7]。

（三）原來如此簽署

筆者隨長官於1991年7月31日啓程，先在布魯塞爾辦妥薩伊入境簽證；8月3日飛往金夏沙，持外交護照入境。薩伊外交部同日先核發外交簽證，翌日卻又收回註銷，改發「特別簽證」，頗有蹊蹺！數天前筆者曾就設處協議內發現的疑問，請教駐比利時代表處，得知外交部指派該處資深同仁以顧問名義，於6月上旬前往金夏沙參與設處磋商，不過6月10日協議已經完成簽署了。無怪乎我方設處人員抵達金夏沙之後，薩伊外交部不承認此一特別協議。

三、筆者迄今仍記得薩伊新任外長於8月首次召見情景。他是前

5 法語系國家政府閣員的等級依序爲國務部長（Ministre d'État）、部長（Ministre）、權理部長（Ministre délégué）、國務員（Secrétaire d'État）。

6 「全權證書」（Full Powers）係國際法規範的一種文書，指可代表主權國家簽署條約或國際公約者的權力，國家元首、政府首長或各該國外交部長以外的人必須獲授予全權證書，始能簽署對其政府具有約束力的條約或國際公約。

7 薩伊外長Inonga Lokongo L'ome於1991年6月中旬病逝南非，推斷當時應不在金夏沙。

駐波蘭大使，雖然華沙公約組織已於前一個月正式解體，但還帶有濃厚親共立場，對我們兩人口氣嚴厲。指稱薩伊外交部業已查明「你們在法國的代表機構稱爲『ASPECT』[8]，只是一個社團法人，未享有任何特權禮遇！你們認爲，在法國無法獲得的特權，在薩伊就拿得到嗎？」外交國務員恩庫滿（Matungul N'Kuman Tavun）續於16日約晤，請我方同意以漸進方式發展兩國關係，避免困擾並諒解薩方立場，隨後面交由他具名致「台灣貿易暨觀光促進辦事處」的函件[9]，其上所載「我團名稱」及「國號」與他一週前出示者皆不相同，枉費彼此一個星期的努力。至此，銜命設處的長官才眞正體會到之前談判的疏漏，故須讓薩方瞭解我方不惜決裂的決心。我們一離開外交部後，立即前往旅行社購票，該長官翌日搭機前往布魯塞爾，以便請示台北。筆者留下待命，等待薩方反應。

（一）換文亡羊補牢

抵達薩京的前三週幾乎都在爲設處的特權禮遇奮鬥，加上金夏沙對外通訊困難，我們又未攜帶衛星電話，難以隨時向台北請示機宜，長官不得不經常麻煩路可吉總理出面協調相關部會辦事，或者出借總理府內的衛星電話，供我們聯繫洽公。所幸另一個管道—薩伊中央銀

8　駐法國代表處是對內名稱。1972年在法國登記設立的名稱是「法華經濟貿易暨觀光促進會」，原文爲：Association pour la Promotion Économique, Commerciale et Touristique avec Taiwan，簡稱ASPECT。

9　薩伊外交部將我駐團名稱逕自改爲「台灣貿易暨觀光促進辦事處」，原文爲：Bureau pour la Promotion Commerciale et Touristique。

行總裁沙巴尼（Nyembo Shabani）奉命接洽我國輸出入銀行商談貸款的合約草案[10]，必須透過我們傳達與溝通彼此意見。經過薩方內部協調，促成路可吉總理於18日下午召見筆者，並出示國際合作部長卡滿達（Ngongo Kamanda）以代理外長身分，於8月17日簽字致函「中華民國駐薩伊共和國代表團」的代表，列舉我團可享有的優遇[11]。經報奉台北同意，雙方以換函方式予以確認，完成補救「特別協議」的重大瑕疵。本案終能扳回一城，惜未能卸下「五年限期」的緊箍咒。

（二）我團掛牌運作

首任駐薩伊共和國代表於1991年9月抵達任所，設處長官和筆者至金夏沙國際機場接機，並彙報籌設代表處的整體情況。該位代表原任駐法國代表處科技組組長，經外交部情商，同意出任是職，毅然隻身赴任。筆者理當繼續輔佐，直至從駐盧森堡代表處改調來的館員到任接手爲止。雙方換函之後，籌設工作順利展開，中華民國駐薩伊共和國代表團於9月16日在新租館舍懸掛館牌，開始對外運作。筆者的支援任務告終，只是還不知道駐在國業已危機四伏，病入膏肓。

---

10 中央社於2017年3月31日報導：中國輸出入銀行在美國紐約州地方法院提告，對象是非洲的三個前友邦，分別爲幾內亞比索、中非共和國和剛果民主共和國，求償標的包括未償還的貸款與利息。2017年1月法官針對剛果民主共和國、中非共和國的求償案，作出有利輸出入銀行的判決，金額分別爲5,730萬美元和1億5,490萬美元。

11 薩伊共和國國際合作部長兼代理外長於1991年8月17日具名簽署函，明定我特別代表團可享待遇如下：1.核發予特別身分證；2.比照駐薩伊國際組織核發予車牌；3.免稅及其他豁免；4.設立一聯絡辦事處；5.核發予特別簽證。

參、兵變撤僑設處中斷

俗話說「好事多磨」，隔了一個週末，9月23日星期一上午我們三人準備從洲際大飯店（Inter-continental Hotel）出門，前往查看新租館舍，並支付訂購的辦公室家具，卻被門房攔下，指市區一夜亂事方興未艾，輪替的員工不能換班，建議不要外出。我們原本認爲貧富懸殊、基礎建設破敗係黑非洲常見現象，經過進一步瞭解才知道，薩伊通膨極其嚴重，國幣Zaïre平均每週貶值十分之一，物價高漲，公務員已罷工數週。一般軍人每月薪餉8萬薩伊幣，8月上旬尚折合美金10元，9月下旬竟只折合4美元。

一、民不聊生激發兵變

首都機場附近駐軍因薪餉過低而譁變，武裝出營搶掠，盤據國際機場，阻斷航班，作爲施壓手段，要求政府加薪，而離營示威的軍人沿路搶劫工廠、商店，不肖民眾隨後加入搶奪商家、富人住宅。暴亂從首都迅速蔓延至其他大城市，全國陷入動盪。莫布杜總統先宣布任命狄阿卡（Mungul Diaka）出任總理，反對派聯盟重申支持齊謝客迪（Étienne Tshisekedi）爲總理，政治及社會危機持續擴大，國家如處無政府狀態，各地暴亂劫掠頻傳。莫布杜當晚發表電視及廣播電台談話，允提撥5億薩伊幣安撫士官兵，翌日3,000餘名譁變軍人繼續在市區肆虐。薩伊政府不得不宣布宵禁。

二、官民避凶逃難

我們從房間居高臨下俯瞰，可見附近總理府派士兵數名在旅館前的車道堆置沙包，架上機關槍警戒，保護國際旅客的安全。比利時及法國使館人員於23日午後進駐洲際飯店，開始在大廳接受撤僑登記。我們目擊上午先是白人富商湧入；接著是國際合作部長、中央銀行總裁等政府高官紛紛攜家帶眷進住避難，顯示情勢未能好轉。飯店總經理傍晚張貼告示，將三餐改在大會議廳集中開伙；又因缺乏補給，而極力呼籲讓婦孺優先進食。

三、外國派軍護僑

比利時旅居薩伊僑民約有萬餘人，派遣傘兵特種部隊及C-130軍機撤僑。法國僑民約6,000人，其中一大部分人聚居於金夏沙；法國並從查德及中非兩國抽調特種部隊450名，聯合比軍攻占國際機場，並確保其大使館館舍及周遭的安全。在法軍保護下，以婦孺為主的各國僑民陸續搭船，渡河撤至對岸的剛果首都布拉薩市（Brazzaville），包括南非在內的其他國家也開始撤僑。由於暴亂持續擴大，法國又增派支援人力赴薩伊，協助其他大城市撤僑。美國國務院發言人旋即於記者會中表示，美方相信薩伊動亂將迅速惡化，已決定赴薩執行撤僑行動。

四、我團因應措施

傳聞四起真假莫辨，我團關係人等卻都失去音訊，無法探知外界確切情況。設處人員於23日向台北連發三特急電，報告薩伊騷動政情及接納僑胞避難的處理狀況。由於遲未獲台北外交部答覆，駐處代表爰進洽法國、比利時大使館，筆者則使用TELEX發出英文明電通知台北，所收容13名落難僑民待援名單。我團焦躁等待終獲法方承諾，可隨往對岸剛果布拉薩市，法方並囑咐每人限帶手提行李一只，不得超過5公斤。正當欲啓程赴渡口行前5分鐘，突有南非駐薩伊副代表持筆者所發TELEX名單，主動來覓晤談，告知奉示協助撤僑，遂當下變更計畫，加入南非撤僑團。

五、駐斐使館協調救援

外國媒體大幅報導，此一暴亂造成至少30餘人喪生，千餘人受傷，4,000餘難民先後聚集於洲際飯店附近（使館區）等情。駐南非大使24日恰好邀請斐外交部執行長范喜登（Neil Van Heerden）夫婦晚餐敘，當天深夜他以親撰的特急電報告台北薩伊動亂擴大，法比兩國均已派兵護僑。如我擬暫時撤離人員眷屬，南非極願協助，可以同機來斐。非洲司乃急電提供斐方協助我方撤僑名單，斐副代表才能按圖索驥，到旅館接洽我團隨同南非撤僑。

肆、國際撤僑行動全紀錄

我們在洲際飯店關禁閉，不時聽到遠處市區傳來子彈劃空而過的聲音，數日不見，金夏沙已面目全非。

一、人禍後首都景象

撤離日（26日）清晨我團利用僑民自備車輛分批前往集合地點，加入南非撤僑車隊；在法國傘兵護衛下，穿過金夏沙市區前往機場，沿途滿目瘡痍，只見獨立大道兩側商店、辦公大樓玻璃全碎，窗框被強力拆下或搗毀，門窗皆變形且殘破，大批市民湧聚街頭，面容凝重；薩伊商業銀行（BCZ）因外有鐵柵欄保護，大門雖受損但未被攻破，駐處代表和筆者的兩本普通護照仍留在該行保險箱內，未能及時取出；車隊行駛至郊區大型量販店的貨棧之前，遠遠看去滿地血紅，觸目驚心，近看才知是可口可樂的鋁罐遭民眾踩扁踏平，其水泥外牆被鑿破數個大洞，可想見群眾爭先恐後入內搶奪貨品的景象。

二、七國受惠撤僑行動

我團一行共22人，搭乘南非空軍專機飛往約翰尼斯堡，其中有位出差技師甚至是半夜突然被黑人朋友叫醒，僅能穿著內褲翻牆逃命，財物被搜刮一空，飛奔至台商家求救。駐斐大使館同仁特別攜帶領務章戳及空白護照，在專機上當場補發僑民臨時護照。南非撤離難民登機順序，係以南非僑民爲第一優先，我國僑民第二優先，其次才爲歐美國家民眾，足見南非政府對我國的情誼。該專機共載運斐、美、英、法、德、希臘及我國等150名人員於26日下午抵達邦交國南非，大使館立即安排前往首都普勒多利亞暫時安頓。

三、順帶解救大陸僑民

由於中共駐薩伊大使館無法提供協助，5名大陸僑民迫於情勢危急，乃透過台商向我團求助。駐處代表基於人道考量，在南非政府不反對之情況下，權予同意隨機赴斐。翌日我團集合僑民開會，墊借救急金供購機票。最後由筆者陪同僑民一行人搭乘華航班機啓程返台。前述大陸僑民不約而同，全數到場含淚送機，感謝我團、駐南非大使館救命之恩。

四、外行人救火

歷劫歸來，對於人的價值有了新體悟。筆者於1992年元月初至駐法國代表處報到履新，同事告訴筆者，薩伊撤僑案台北訓令該處，洽請法國外交部同意代發密電至金夏沙遭到婉拒。想想救人如救火，當下許願日後如果再遇緊急危難事件，絕對不能讓在前線的同仁自求多福。

伍、薩伊設處得失

一、薩伊確具戰略地位

薩伊面積為台灣的67倍，境內盛產銅、鈷、鈾、鑽石、石油等礦產，國富民窮。該國自冷戰結束後，戰略地位大減，其政府貪汙及人權亦飽受批評；同時由於美國與比利時停止援助，以及國際銅價大跌，使該國經濟每況愈下。1990年莫布杜總統召開國是會議，取消「人民革命運動」[12]的執政黨地位，實行多黨制。然而薩伊政經情勢依舊混亂，2年之間政府改組9次[13]。

---

[12] 法文名稱「le Mouvement populaire de la Révolution」，簡稱MPR。

[13] 薩伊政府在召開國是會議前後，於1990/01/11、1990/04/25、1990/05/04、1990/06/09、1990/11/29；1991/03/30、1991/10/14、1991/11/01、1991/11/28不到2年期間共改組9次。

二、設處利弊未理性評估

（一）急於建功，談判失策

薩伊深陷政治財經危機，召開國是會議經年，然朝野無共識，加深危機，故四處尋求外援以解燃眉。莫布杜為解國庫空虛，派員攜總理致我國總統函，來台磋商設處及請援事宜。我方因急於建功，從啓談至簽署協議前後不到1個月；我方且接受設處列入期限5年，明顯失策。在籌碼已失情況下，設處人員勉力向薩伊外交部爭取特權禮遇，雖以換函方式予以確認，終究有缺憾。同一談判模式又出現在1992年6月我與尼日（Niger）共和國復交案，勉強而為，遭到反撲[14]。

（二）以身涉險任務中斷

薩伊軍人不滿待遇菲薄，引發二十餘年來首次突發性譁變，比、法兩國派軍介入撤僑，局勢暫告回穩。惟莫布杜似有意縱容游兵散勇及暴民破壞秩序，宣洩社會不滿，藉機突顯薩伊政局非他不可。結果是白人、黑人經營的商店、工廠、貨棧財物、設備被三餐不繼的民眾搶奪一空，摧毀經濟基本結構，國家元氣大傷。本案因事前評估不夠嚴謹，談判輕率，致設處同仁以身涉險，俟僑民陸續尋求庇護，除任務被迫中斷之外，且須以人員安全為首要考量，展開撤僑行動。離境時，大家均已判斷薩伊短期內與我方合作條件薄弱。

---

14 我與尼日共和國於1992年6月19日宣布復交，數日後總統不承認過渡政府總理所作決定，立即出現重大危機。中共刻意選在1997年中我召開第一次全球使節會議期間，宣布與尼日復交。

（三）自食亡國惡果

薩伊國是會議從1992年4月起恢復召開，朝野政爭依舊激烈，演變成1993年1月28日爆發的第二次大劫掠，國運雪上加霜。1994年3月30日通過新憲法，規定「民主過渡時期」以15個月為度，期間必須舉行制憲公民投票、總統選舉及國會選舉。朝野政爭更劇，國家更加糜爛，進而爆發內戰。卡比拉（Laurent Kabila）領導的「剛果解放民主力量同盟」武裝勢力於1997年5月16日攻占金夏沙，宣布就任總統，並恢復國名為「剛果民主共和國」至今。莫布杜則倉皇流亡摩洛哥首都拉巴特（Rabat），同年9月病逝異鄉。他一手建立的薩伊共和國（1971-1997）也從世界舞台消失。

（四）無法經營殘壘以終

薩伊設處前，中央日報報導我以正式國號設立代表處的有11個國家。實際上，從過去到現在以國號設立者，包括有名無實的「中華民國駐剛果共和國特別代表團」，共計有17個代表處（請詳表3-1、表3-2）。駐薩伊代表處在非洲周旋數年，既未能彰顯設處目標及功能，且因動亂被迫撤離，斷斷續續運作7年餘，最後於2000年8月30日連同駐馬達加斯加代表處、駐安哥拉代表處奉行政院核准一併予以裁撤。

陸、結論

外交部於1997年中提出檢討「納福養老」的駐外單位，要求各地域司提報；故在非洲地區的駐利比亞、駐模里西斯及駐剛果3個代表處就於同年9月關閉。駐利處自格達費掌權起就是我在北非唯一據點，可惜洽公層級迭遭限制，後來連領務功能也未能挽回。

總結並檢討在非洲設立冠國號代表機構的經驗，期許能發揮一些鑑往知來的作用：

一、時代的產物

裁處其實應該與外交大戰一起檢視，因爲資源有限，邦交國優先是基本原則。自1989年我與格瑞那達建交起算，迄1999年底與帛琉建交，11年間海峽兩岸外交攻防激烈，總共與我建交、復交達17個國家（請詳表3-3），加上設處者5國，非洲成爲主戰場。外交部在同一期間另展現許多國際法實踐，例如：1.建立領事關係：拉脫維亞及奈及利亞；2.相互承認：萬那杜、巴布亞紐幾內亞及斐濟[15]。

二、功能不彰裁撤

由於設處對象多半是經濟困頓、政治動盪的國家，其爲繼續獲得國際貨幣基金貸款，就須接受經濟結構重整及財政監督措施，各該政權爲了挽救危亡，目光轉向台灣。雙方磋商後，因故無法一步達致建立外交或領事關係者，只好退而求其次設立冠國號代表機構，然雙方互動基本上乏善可陳。說明如次：1.雙方政府對於援助的理解落差

---

[15] 我與萬那杜、巴布亞紐幾內亞及斐濟分別於1992/09、1995/05、1996/10宣布相互承認。

大，請援國本盼同意設處，可從台灣獲得不只一次的援助，日久未能滿足需求，自然色衰愛弛。我方則在談判建交或復交不成的狀況下，權予設立代表處，故「冠國號」乃最基本的要件，難有資源續援各該國，導致洽公更難，所設機構皆無法經營，殘壘以終；2.裁撤的主因是功能不彰。外交部於2000年即曾召開會議討論其存廢，主管司也給予支持，行政院長一次裁撤非洲3個冠國號代表處[16]；3.在外交大戰方殷之際，台北總有至少一組人馬進出歐、非，密切接洽聯繫可能的與國，而上述駐處皆成爲支援據點，配合發揮牽制中共的作用。

三、找尋機會創造條件

「鞏固我與邦交國外交關係」迄今仍列首要工作，吾人是否需要有新思維？1.在戰略、戰術上皆採守勢，邦交國只減不增。昔日殷鑑不遠，欲有反擊之力，僅重視國際宣傳，無濟於事。外交政策必須隨著國際情勢調整，與其花大錢去邦交國救火，不如平常多燒冷灶，花小錢遊走、穿梭中國大陸的邦交國，結交眞正的人脈，兼可訓練有勇有謀之士。眞面臨決戰時，要攻要守，才能運籌帷幄，給自己有多一點選擇；2.正視中共在全球政經地位的國際現實，想想荷蘭與新加坡的立國之道，琢磨美國爲台灣流血的可能性，實事求是，找尋機會創造條件。周旋大國之間，應有智慧與勇氣不啓釁端，沉著穩健，以創造性思考，走出一條自己的路。

---

[16] 2000年8月30日。駐盧森堡代表處於2002年裁撤，理由也是功能不彰。

表3-1　1990年代裁撤冠國號駐外代表機構一覽表（1990-2000）

國名	設處名稱	設立—裁撤日期	裁撤原因
Angola	中華民國駐安哥拉民主共和國代表處	1992/09-2000/08	功能不彰
Congo	中華民國駐剛果特別代表團	1995/07-1997/09	未曾派駐人員
Libya	中華民國駐利比亞商務辦事處	1980/03-1997/09	功能遭限縮關閉。2008/02曾恢復設處，更名為台灣駐的黎波里商務代表處，現已關閉
Madagascar	中華民國駐馬達加斯加特別代表團	1991/06-2000/08	功能不彰
Mauritius	中華民國駐模里西斯商務代表處	1984/09-1997/09	駐在國在UN發言反對我案
Zaïre	中華民國駐薩伊共和國代表團	1991/07-2000/08	駐在國內戰，功能不彰

表3-2　冠國號駐外代表機構更名一覽表（1989-2019）

國名	設處名稱	設立日期	更名日期
Singapore	中華民國駐新加坡商務代表團	1968/11-	1990/09/30因與中國大陸建交，更名為駐新加坡台北代表處
Latvia	中華民國駐拉脫維亞代表處	1991/12-	1992/01-1994/07我與拉脫維亞建立領事關係；1994/07/28拉中兩

表3-2　冠國號駐外代表機構更名一覽表（1989-2019）（續）

國名	設處名稱	設立日期	更名日期
			國關係正常化，中止領事關係；1996/01/19更名為駐拉脫維亞台北代表團
Kuwait	中華民國駐科威特商務辦事處	1986/04-	1996/08/26更名為駐科威特王國台北商務代表處
Bolivia	中華民國駐玻利維亞商務領務辦事處	1990/10-	2004/11/11先更名為台灣商務辦事處；因功能遭限縮，現已關閉
		07-09	
Nigeria	中華民國駐奈及利亞聯邦共和國商務代表團	1991/04-	1993/08-1997/09我在奈及利亞Calabar設置總領事館；2017/01更名為駐奈及利亞聯邦共和國台北貿易辦事處
UAE	中華民國駐阿拉伯聯合大公國杜拜商務辦事處	1971/12-	1988/05更名為中華民國駐杜拜商務辦事處；2017/06再更名為駐杜拜台北商務辦事處
Ecuador	中華民國駐厄瓜多商務處	1977/05-	2017/06更名為台北駐厄瓜多商務處

表3-2　冠國號駐外代表機構更名一覽表（1989-2019）（續）

國名	設處名稱	設立日期	更名日期
Bahrain	中華民國駐巴林商務代表團	1977/04-	2005/01更名為台灣駐巴林王國商務代表團；2017/07再更名為駐巴林台北貿易辦事處
Jordan	中華民國（台灣）商務辦事處	1992/03-	1977/05/15設立駐約旦遠東商務處；2018/04更名為駐約旦台北經濟文化辦事處
Papua New Guinea	中華民國（台灣）駐巴布亞紐幾內亞商務代表團	1990/02-	2018/06更名為駐巴布亞紐幾內亞台北經濟文化辦事處
Fiji	中華民國駐斐濟商務代表團	1987/12-	1971/05設駐斐濟共和國商務代表團；因斐濟與中國大陸建交，1976/02撤團，改設亞東貿易中心；2019/07更名為駐斐濟台北商務辦事處

表3-3　1990年代設立及關閉大使館一覽表（1989-2000）

國名及建交（復交）日期	國名及斷交日期
Bahamas（1989/01/10）	
Grenada（1989/07/20）	
Liberia（1989/10/09）	

表3-3 1990年代設立及關閉大使館一覽表（1989-2000）（續）

國名及建交（復交）日期	國名及斷交日期
Belize（1989/10/13）	
Lesotho（1990/04/05）	
Guinea Bissau（1990/05/26）	
	Saudi Arabia（1990/07/22）
Nicaragua（1990/11/05）	
Central Africa Rep.（1991/07/08）	
Niger（1992/06/19）	
	Korea（1992/08/24）
	Lesotho（1993/12/24）
Burkina Faso（1994/02/02）	
Gambia（1995/07/13）	
Senegal（1996/01/03）	
Sao Tome & Principe（1997/05/06）	
	Bahamas（1997/05/18）
Chad（1997/08/12）	
	Saint Lucia（1997/08/29）
	South Africa（1997/12/31）
	Tonga（1998/11/02）
Marshall Is.（1998/11/20）	
Macedonia（1999/01/27）	
Palau（1999/12/29）	
1990年代兩岸外交大戰，兩岸攻防激烈，總計與我建交、復交達17個國家，主戰場在非洲共占8國；中國大陸則達8國，其中包括沙烏地阿拉伯、南韓、南非。	

第四章 From Mission Impossible to Mission Complete

王樂生

壹、前言

「外交官」三個字聽起來似乎頗令人著迷與嚮往，回顧歷來中華民國的外交工作，無論在哪一時期，似乎總是充滿挑戰。有理想、有使命感、有專業良知的外交人員總是殫精竭慮，爲了國家的權益與形象，奮鬥不懈。不可諱言，由於國家處境艱困，在裡外交涉、洽繫溝通的過程中，經常可見挫折，有時更覺悵然之感，但若因此而退卻，則有失初始投身壇坫的理想與抱負。

身爲一個外交人員，尤其是中華民國的外交官，所須具備的條件，各家說法不一。經查中華民國外交部所列「經審度外交人員的工作性質和內容，大致可歸納出『一個理想的外交人員』所應具備的知能與人格特質」計有9項之多[1]，相較精於各行業者，時下稱之爲達人，果能每項具備外交部所條列者，可稱之爲外交完人。這並非遙不可及，但路途多艱，要達此境界，存乎一「心」字。亦即，即使明瞭困難重重，甚至「mission impossible」，但只要有此初心，且下定決心，事情總有柳暗花明，雲開見月之時。

---

1 9項知能與人格特質分別爲：1.具有外交事務之學識與經驗，瞭解國內外情勢；2.具有駐在國語文及英語運用能力；3.具有思考、分析、組織、管理及應變能力；4.具有主持會議、團體諮商、談判、交涉、互動技巧及良好表達等能力；5.對駐外工作具有高度熱忱並能承受工作及生活上之高度壓力；能適應不同國家環境及文化（含戰亂、落後之艱苦地區），並願排除個人及家庭之困難接受輪調赴派國外工作；6.具親和力及良好人際溝通與協調能力，個性上積極開朗並具有良好EQ；7.具有強烈求知慾，能積極吸收新知及虛心學習；8.對外代表國家，應具有端正儀表，並熟稔國際禮儀；9.具有豐富之學識。https://www.mofa.gov.tw/exam/News_Content.aspx?n...sms..., last visited: 2019/8/3.

由於外交資源有限，我們的外交人員，不能如同其他國家外交官有許多揮灑的空間，在與有邦交國家是如此，在無邦交國家辦理交涉更是如此。但面對困境，如果只是人云亦云，或嘆謂弱國無外交，以此心態，則如何從事外交工作？有困難、有阻礙，必須想方設法，善用自己可以運用的資源，發揮創意思維（creative thinking），老話說「天助自助者」， 只要用心，有時眞會有意想不到之效。若是結果仍不如所預期，最起碼自己已努力盡心過，可無憾矣！

美國歐巴馬總統在《The Audacity of Hope》一書的前言裡有句話「the sort of drubbing that awakens you to the fact that life is not obliged to work out as you'd planned」[2]，就是這句話，讓他在受挫時，仍然下定決心，檢討失敗之因，以尋求下一個再起之機。這或許是他在法學院畢業4年後，即投身政治，一路走來，以35歲之齡始，從州參議員、聯邦參議員到當選美國首位非裔黑人總統。期間所受到的挑戰、困頓，並沒有讓他氣餒、倒下，他任內的功過，史家自有評論，但是他沉著自處、因勢利導的處事心態，當爲中華民國外交人員及有志從事外交工作者，所應細細思量。

貳、外交人員應具之識見

中華民國的對外工作處境應屬舉世難中之難，國內的政治環境與國外的現實挑戰，讓第一線的外交人員，較之他國的外交官，誠

---

[2] Barak Obama, "The Audacity of Hope," Prologue, 2006, p. 3.

可謂需謹小慎微、任勞任怨，不時亦須任謗。因爲時下社群媒體對於任何事件的解讀、傳遞的迅速，如稍一不愼，所受之衝擊常難以預料，甚至隨之而來的傷害，有時不免大傷士氣。因此「unexpected challenge」乃筆者隨時謹記在心的兩個英文單字，不僅如此，如何面對與克服挑戰，甚而化挑戰爲利基，應是所有外交人員面對錯綜複雜情勢的基本心態。俗語說「台上三分鐘，台下十年功」，此與英文的「the moment of truth」，乃有異曲同工之調。

初抵駐地，適應環境、調整時差，以最快的時間進入狀況，乃駐外人員理所當然必須面對的第一課。但是由於人員的精簡、資源的有限，作爲我國的外交人員，必須較他國外交官在更短的時間內進入狀況。與台灣大街小巷的便利商店從業人員無異，每天24小時，全年無休，各商店講的是將本求利，我們的工作目標則是將國家利益與尊嚴極大化。時下一般人常認爲外交人員身穿華服、遍饗美食、杯觥交錯、待遇豐厚等，因此對於外交人員的期待與要求，更勝其他公務人員。殊不知在這些迷思，甚至超乎想像的背後，隱含著有作爲、有抱負外交工作者的無奈與淚水。外交人員除了身涉機敏業務，時刻均須格外謹愼，所說的每一論述都須字斟句酌，遣詞用字更是必須講究。時下對於績效與成果，往往都有科學化、數據化的評量，此固然有其論據，但外交人員的基本功必須扎實，除必要的專業知識外，身爲中華民國外交人員，對於中文的素養倘不見精實，連自己的語文都無法確實掌握，即使溝通無礙，充其量也只是個半吊子而已，如此又何能期待對於外國語文之精練？將來在辦理交涉之時，又何能詳實準確地把所奉訓令，向駐在國有關人士詳明？新進外交人員在培訓期間，雖須歷經各類訓練課程，但是對於新進人員，最重要者應對「士先器識而後文藝」這八字的深意參透，始能眞正投身艱鉅的中華民國對外工作。

外交人員對於駐在國的政情必須時刻注及，不僅須從媒體、政學商界，乃至平民百姓的街談巷議，瞭解該國的對外情勢、政治發展、社會脈動與財經變化等。若僅止於偶爾翻譯報章新聞，卻無法進而分析，試尋可與增進雙邊關係的利基，則以現代翻譯機具與電腦軟體的新穎，何須派遣外交人員擔任政情研析工作，況且媒體的立場不一，所翻譯內容即便信達，也可能失之偏頗。例如對某主要事件的分析，美國著名的保守派The Ben Shapiro Show[3]與富自由派色彩的The David Pakman Show[4]則明顯可見彼此迥異立場，另如國人亦經常可見批評所謂「三民自媒體」[5]或「旺中媒體」[6]等文章。外交人員如缺乏冷靜客觀的思考與判斷，則所報情資，怎具參考價值？吾人亦常見主要駐台外國機構，經常遍訪執政與在野人士、地方政府、學界、公民社團等[7]，其主要目的當係多方廣爲收集不同意見，再經比較相關不同立場的媒體報導，以彙成重要政情報告。以上之基本信念與基本

---

3 https://www.podcastone.com/the-ben-shapiro-show, last visited: 2019/8/5.

4 https://davidpakman.com, last visited: 2019/8/5.

5 張智誠，「最可怕的假新聞從來都不是中天那種」，上報，2019/4/9：https://www.upmedia.mg/news_info.php?SerialNo=60848，最後閱覽日：2019/8/5。

6 https://news.ltn.com.tw/news/politics/breakingnews/2825474, last visited: 2019/8/5.

7 https://news.tvbs.com.tw/other/390251, last visited: 2019/8/5.

知能，實應爲有理想、有抱負的外交人員，對於自我的基本要求，更何況中文的「活到老，學到老」與英文的「There is always room for improvement」，道理皆同。

因此，外交人員到達一個新的環境，必須體察當時社會關注的焦點，在有關場合中的應對進退始有準據。倘無此自我基本功的要求與訓練，從事外交工作，小則事倍功半，大則成爲同儕與單位的累贅與負擔，遑論駐外人員應有的使命感與價值觀。

參、史無前例葡國林火災難

筆者於2017年10月1日正式抵任，擔負促進與提升台葡關係的重任。赴任前對於雙邊關係發展的沿革、深化台葡實質關係的方式、雙邊經貿合作的加強、重要人脈的掌握、有利雙邊關係發展利基的探究，乃至於保僑護僑，及對駐在國風土民情的熟悉等，均一一詳做瞭解，這是任何一個駐外人員在即將面對新的工作環境、新的生活體驗，應該充分準備的基本功課。但是幾乎沒有人能想到一俟抵任，即須面臨駐在國史無前例嚴峻的天災，以及後續的協助救援工作。筆者擔任駐外工作已逾30載，在面對艱困的外交工作，以及嚴酷的工作環境，如遇內外橫逆，則經常以聖嚴法師在生所言處事四態度—「四它」，即面對它、接受它、處理它與放下它，自我惕勵[8]。因爲我國

8 聖嚴法師，「放下的幸福」，www.haodoo.net/?M=book&P=1147，最後閱覽日：2019/8/6。

的外交人員沒有許多國家外交官所具優越的外交特權與資源，當緊急事件發生，即便初抵任所，一切仍在摸索，我政府與駐在國絕不因你初來乍到，而在交涉與處理之時有所寬緩。此時是否平素勤練基本功，對於面臨突如其來的挑戰，成效當能立見。

一般人的印象，歐洲國家不僅是文明的象徵，各項基礎建設亦極先進，對於自然災害的預防與災後救援，有一定的準則與經驗。葡萄牙中部地區Pedrogao Grande在2017年6月17日發生森林大火，7萬公頃林地盡付一炬，罹難者60餘人，傷者逾200人。葡國總統Marcelo Rebelo de Sousa及總理Antonio Costa曾前往勘災，並指示全力善後[9]。隨著全球氣候異常，大自然力量的反撲，造成的災損與付出的人命代價，常令人難以想像。通常災害發生後，政府有關部門一定有所檢討，例如災害造成原因、應變機制、災後重建與復原，及嗣後的防範等，以避免不幸情事再次發生並降低傷害。歐洲國家除了極重人權，對於社會救濟、福利措施等，皆有妥愼完善的規劃，再者歐盟對於其成員，倘遭逢重大災害，也有相對緊急救援措施。因此，當此一災難事件逐漸平息，不再爲新聞焦點，葡人似已漸淡忘當時烈火爲患之慘劇，對於如何成災，究係人爲或其他因素使然，說法莫衷一是。

戰國策有云「前事不忘，後事之師」，或許老天認爲6月這場林火，葡人似未眞正記取教訓。在4個月之後，同年的10月16日在葡萄

9 https://observador.pt/2017/10/16/marcelo-rebelo-de-sousa-tudo-tera-de-ser-analisado/, last visited: 2019/8/7.

牙中北部的Viseu、Penacova等地區，再次出現更加慘烈的林火。由於整片山區廣植富含油脂的尤加利樹與松樹，當惡火驟起，一發即不可收拾。葡國政府當時對於林火救援機制，相關單位及第一線救災人員間的協調聯繫，似亦缺乏有效整合，終致再釀慘烈憾事[10]。其中負責空中救災的直升機因合約到期，未能續約，以及部分空中救災設備未能及時完成修復及整備，致救災行動頗受非議[11]。此次林火災難傷亡人數雖較前次略少，但成災面積之大，與造成的經濟損失，乃葡國近代史上，因林火災難造成傷亡、損失最爲嚴重的一年。

由於葡國在4個月期間連續發生二次嚴重林火災難，不僅在葡國，甚至整個歐盟，均引發眾多議論，更在葡國政壇造成強烈震盪。葡國民眾普遍認爲當時的內政部Constanca Urbano de Sousa部長未能就前次（6月）的森林火災，進行徹底檢討與完備整體救援機制，4個月後再發生的火災，更因事前防範不周，成災後救援不力，致成此慘重災難。在民怨民憤難息之下，葡國總統強烈要求總理迅採立即、有效方法，避免類此不幸災難事件再現，同時葡國媒體亦齊聲抨擊政府應立即爲此不幸事件負責。起初葡國內政部長對此不幸事件，僅表達遺憾但拒絕辭職。此一態勢更激起民憤，討聲四起，葡國總統亦再次嚴肅要求內閣應爲此負責。嗣葡國總理宣布內閣局部改組，內政部長

10 https://www.publico.pt/2017/10/16/sociedade/noticia/o-que-sabemos-sobre-as-vitimas-mortais-1789044, last visited: 2019/8/7.

11 https://www.dn.pt/pais/interior/incendios-fogos-de-outubro-de-2017-foram-fenomeno-inedito-e-com-falhas-no-combate-9989327.html, last visited: 2019/8/7.

易人[12]，民怨因此稍緩，而此二次災難，國際雖有濟助，歐盟亦啓救援機制，但實際所衍生社會救濟、經濟復原，乃至人民信心的重建等艱鉅工作，已使這個自十五世紀以來的海權國家，以及位居所有葡語系國家龍頭地位的葡萄牙面臨嚴峻的考驗。

肆、從無到有，點亮心燈

由於過去長期駐美，以及所學側重亞洲，歐洲工作與筆者過去經歷全然不同，因此赴任前在熟習台葡雙邊關係各節中，對於人脈的瞭解與掌握，至關緊要。我國政府自1992年在葡設處以來，由於無正式外交關係，因此在雙邊實質關係的推動與善用人脈資源，即成爲重要課題。眾所周知，中共與葡國政治、經貿，乃至戰略關係極爲緊密，在推動台葡關係上，除應確切掌握人脈外，另須發揮創意思維[13]，始能爲雙邊關係增添動能。葡國行政部門與我方的接觸極爲謹愼，推動台葡關係必須深耕與爭取國會各黨人脈。當此史無前例林火災難發生後，葡國國會友台小組議員，即殷盼我國政府能允伸援手，且時値深秋，夜間氣溫驟降，此對災區孤苦無依老農的健康甚至性命皆頗堪虞。面對此一嚴峻情形，除了人道救援的考量，對於葡國國會議員的請託，自須有所回應。憶及外交部每年均編列有國際人道救援的預

12 https://24.sapo.pt/atualidade/artigos/novos-ministros-da-administracao-interna-e-adjunto-do-primeiro-ministro-tomam-posse, last visited: 2019/8/7.

13 https://www.sabado.pt/mundo/detalhe/china-e-taiwan-inimigos-com-beneficios, last visited: 2019/8/8.

算，向國際社會宣示台灣係國際人道救援積極參與者，遂於災後，即將有關災情專電報外交部，並思如何代為請援。

筆者前於駐菲期間，與慈濟基金會合作密切，不僅將台灣盛產食米捐贈菲國弱勢團體[14]，每於菲國發生重大天災時，如2013年重創菲國之海燕颱風[15]，亦曾立即協調慈濟志工前往伸援。當葡國林火災難發生後，筆者即致函證嚴上師，盼可獲慈濟援助，再將致函慈濟乙事，專電外交部。嗣於11月8日獲部電稱，慈濟評估因災火已受控制，迄無災民遷徙及生活物資缺乏等考量，爰暫無赴葡救災之規劃。但受災極為嚴重的Viseu區國會議員Pedro Alves為災黎請命，請筆者親赴災區實地勘災。筆者抵任周內即全力籌辦國慶酒會，酒會翌日亦忙於參加僑宴，因里斯本市著名白石步道驟雨濕滑，於返回住處途中不慎跌倒，經同仁緊急送醫急診，醫師表示右手肘骨裂且嚴重瘀血，須固定靜養至少3個月。但因時近秋末，老弱無依災農尚無獲妥善安置，Alves議員復再洽請筆者赴災區一探究竟。嗣商定於11月7日前往勘災，出門當天清晨司機因家中突生急事，無法前往，而同仁又不諳駕駛，且葡語溝通有限；筆者抵任尚不足月，右手復因傷不宜任意活動，負責聯繫本案的同仁建議，可因手傷且無駕駛的情形下，暫緩前往。但外交重諾，且雨後山區氣溫驟降，倘因個人手傷而延誤救援時機，甚至將危及孤老無依災民性命，則筆者此生心境難安，是以筆

[14] www.chinatimes.com/realtimenews/20140609005187-260408, last visited: 2019/8/6.

[15] https://www.roc-taiwan.org/public/OM.../312912411471.doc, last visited: 2019/8/6.

者堅決成行。嗣電請處中葡籍雇員Sofia女士同往，終於在11月7日清晨，由筆者駕車，雇員指路，車行近4小時。途經烈焰焚毀山林，滿目瘡痍，令人實難想像在一切指標先進的歐洲國家有此慘狀。經逐一攝影記錄後，與Alves議員會合，由其帶領會晤災區當地政府首長及負責救援工作人員，進一步瞭解受災情形，筆者並要求赴若干災民住處慰問，當時即思考將實地會勘情形報部請援，暨再請慈濟基金會考量賑濟計畫。在慰問多處老弱災民時，驚見災民們一無保險，對葡政府救災行動亦已不抱期待。對於我們的慰問，只見無奈、無語面容及汨汨淚水。老農們或泣訴所飼養百隻牛羊全被燒死，或稱世代務農機械、農舍倉庫均遭焚毀，甚至有一農婦因遭焚燒的樹幹砸傷，拄杖哭訴伊女在住處因遭烈火圍困，撥打手機求助無門，絕望下電告該農婦訣別。所幸及時獲救，但因恐懼過度，神智迄未清明，嗣即掩面失聲。當傾聽及擁抱這些無助災民時，自己突感何其幸運，當時只是右手暫難活動，但這些災民不但身心受創，日後生計何以維持，恐在未定之天，此情更加堅定筆者必須代爲請援的決心。當訪視Vouzela市最後一災區，Rui Ladeira市長陪同筆者在災區山頂俯瞰整遍遭烈火吞噬的山林，是時夜幕與氣溫漸降，災區由於電力系統毀損迄未修復，山路護欄多處坍塌，L市長眼眶濕潤感謝我處的慰問，並以安全考量，親自駕車代爲前導，護送我們轉接往里斯本高速公路。返程一路幾乎無語，駛達里斯本時已近午夜，送同仁回家後，再返回住處停妥車，始驚覺全身煙味濃厚，更見原右手傷處腫脹，疼痛不堪。此與一般人想像中「外交官」優越的生活，差異極大。但人的一生，不必在意他人說長道短，能夠眞正做些有意義的事，能夠設身處地的爲他人著想，即使任勞任怨，甚至任謗，也是値得。台灣人常說「天公疼憨人」，眞誠付出，必有福報。

翌日，將災區所攝相片、所見慘狀，一一詳實專電報外交部，並請允助2萬歐元，先解燃眉之急，並更進一步親電部中主政單位負責人士，剴切說明此一情形，並強調此係平素積極助我推動台葡關係國會議員所託。嗣獲部電稱，以歐盟已承諾鉅額捐助，且外交部當年預算另有規劃，無餘裕支應此一援贈款額。就依章辦事的公務員而言，筆者已盡詳實呈報與提出建議之責，既然外交部表達無法支應，以此轉告請託的葡國會議員與災區地方首長，亦已盡心力與本分。但孤苦無助老農絕望的身影、國會議員殷盼等情景，深印我心。從事外交工作倘若凡事等因奉此，應能平順安然，但難道這就是從事外交工作的初衷？更何況中華民國的外交處境是何等艱困，外交人員在處理各類內外交涉，所遇困難不一，倘因此退卻，則何能承擔外交人員應負之重任？

人生有許多轉折之處，也處處可見機會。雖然縱因國內無法配合，筆者並不以此對救濟林火災民計畫作罷，於是請同仁即刻整理可勻用的辦公費，另也想到前在美服務期間，旅居美東僑領翁雁天兄所成立的「好心人基金會」，此基金會經常配合政府從事人道救援工作。筆者在駐菲期間，翁君亦不時配合濟助受災的弱勢菲人。爰即向翁君說明葡國林火慘狀及代請伸援，不過數日翁兄復電將立即匯款5,000美元救災，筆者除深感其感同身受、情義相挺外，有此款額爲基礎，筆者即再洽慈濟基金會顏執行長博文，並再次詳明災況。數度電話洽繫過程中，顏執行長言辭謙遜和緩，其稱難以想像歐洲先進國家人民，竟也深受落後國度人民的苦難，表示證嚴上人已閱悉筆者前二度致函梗概，亦感不忍不捨，並將審慎規劃赴葡勘災。對於證嚴上人與顏執行長以同理心聞聲救苦的胸懷，筆者隱約可感葡國孤老無依災民，終將感受來自台灣的愛與關懷，嗣接獲顏執行長復函，筆者更深具信心，此一善行終將實現。

伍、劍及履及，聞聲救苦

「劍及履及」與「聞聲救苦」，是慈濟人常年來從事人道救援工作，總在政府行動之前，默默爲之的最佳詮釋。筆者常想，倘若干公務人員均能以慈濟精神處理公務，當可祛除某些對公務員形象的負評，而大環境的變化，也使某些公務人員秉持盡到本分可矣的心境。其實凡事都有相對的一面，如若以「同理心」推己及人，相信許多困境不難迎刃而解。2017年12月5日旅居歐美慈濟志工代表抵葡，隨即依照慈濟勘災程序，本處人員隨行協助各項勘災工作，與地方政府就災損情形，及迄已救援概況，密集交換意見，共歷時3日。此外，志工一行並逐一赴受災老農家戶進行慰問與訪查，過程中老農老婦述及眼見大火呑噬牲口、謀生器具、住處、農舍等情，不僅心有餘悸更掩面痛號。其中述及山區一800公尺長的路段，在大火肆虐下，有分乘汽車企圖逃離的34人，因濃煙烈焰進退難行，而全數命喪惡火。該路段後被稱之爲死亡公路，生者聞之，皆感鼻酸。慈濟志工將災區所見所聞，彙整訪視紀錄，專程返台呈報證嚴上人，筆者亦默祈上蒼悲憐葡國災黎，讓台灣之愛與關懷種子，早日在災區土地生根發芽。

2018年1月9日，筆者將本處撙節之辦公經費暨承美國好心人基金會翁雁天兄立即匯至的善款，親赴受災極爲嚴重的Tondela與Vouzela兩市，並請T市Jose Antonio Jesus與V市Rui Ladeira二位市長分別將賑款彙集於救災專戶。迄此，筆者前親赴災區慰問災民以及此次捐贈之舉，均經葡多家主流媒體廣泛報導[16]。此均見本案已深獲葡人高度重視與肯定，亦已將中華民國眞誠和善的形象，深植葡人心中，尤其在葡國極爲保守的政治文化，以及與中共緊密的政經戰略關係下，只要吾人眞誠付出，誰說小國、弱國無外交？更何況筆者從未以小國、弱國外交人員自居。

隨後，於同年2月初獲慈濟志工正式通知，將於同月24、25兩日赴葡Tondela及Vouzela兩市舉行發放賑濟活動。時値初春，災區氣溫約在零度上下，但筆者深信山區災民定將溫馨感受慈濟人的虔誠善心以及來自台灣的愛與關懷。接連兩天賑濟發放，當筆者兩度清晨從里斯本自行駕車前往災區路上，初冬山區晨間道路濕滑，零下的溫度，即便在高速公路亦時現濃霧，對一個陌生且英語幾難溝通的地區，

16 https://www.publico.pt/2018/01/10/sociedade/noticia/de-taiwan-chegaram-11-mil-euros-para-apoiar-familias-afectadas-1798900, last visited: 2019/8/8. https://ionline.sapo.pt/595878, last visited 2019/8/8.
https://sol.sapo.pt/artigo/595877/vitimas-dos-inc-ndios-vao-receber-ajuda-da-fundacao-tzu-chi-de-taiwan, last visited: 2019/8/8.

GPS導航在葡國山區幾不管用，所以行前妥善規劃和確實掌握相關的聯繫資訊，實屬至要。此即「中庸」所載「凡事豫則立、不豫則廢」之意，與英文「Opportunities are reserved for those who are ready」這句話相仿。外交工作應當如是，而中華民國的外交人員於面對各種「unexpected challenges」，更須隨時因應情勢的變化，因時因勢利導而將國家的尊嚴與利益最大化。

兩天的發放活動，在葡國引起極大迴響。一般葡人對於台灣，幾乎總停留在「Ilha Formosa」二字的印象，而這個在十六世紀被葡水手所發現的島嶼，其人民在二十一世紀所帶給葡人的撼動，絕非當時那幾名水手所可想像。當數百名災民魚貫進入發放會場落座，若干質疑的臉孔不時可見，平面與電子媒體亦密集關注各發放程序與災民的表情。對葡人而言，怎會有來自地球遙遠的另端，送給每一受災戶價值500歐元的救濟券，可以至Intermarche量販店購買小型農具、飼料和種子等物品器具，以期重啓生活，難道此爲夢幻？當慈濟志工井然有序，以手語唱著「一家人」這首歌，並以葡語譯文向災民闡釋，同時播出慈濟長年從事國際人道救援的紀錄影片時，原本狐疑的臉龐，頓時滿溢著笑容，越來越多災民紛紛起立，手牽著手，隨著慈濟志工哼唱「一家人」。媒體人員亦有頻頻拭淚者，同時捕捉這些撼動人心之畫面[17]。當筆者在致詞與接受媒體專訪時表達台葡雖然距離遙遠，但心靈相通，就和慈濟這首歌「一家人」一樣，我們感同身受，更祈

[17] http://portocanal.sapo.pt/noticia/147824/, last visited: 2019/8/8.

願葡國友人早日走出陰霾、重建新的生活。嗣經媒體廣泛報導，之後我處亦頻獲葡國各界的感謝函電，台灣的能見度與人道救援實踐者的形象頓時在葡大增。葡國國會議員不僅聯名感謝我國義行，更在同年2月9日因感念我國對葡國林火災難的協調與救助，在國會甚孚人望的社民黨議員Duarte Pacheco於國會全體大會中提案，對我花蓮大地震傷亡者表達慰問與悼念，並全票通過第480號決議文嗣起立默哀一分鐘，正式列入國會紀錄[18]。

在駐處資源與人力極度短絀情形下，能夠讓對我關係頗爲保守的葡萄牙有此舉措，筆者心想此即印證英文短句「A good deed does not go unrewarded」。頗感欣慰的同時，也證明台葡關係在政治藩籬限制下，仍可經由彼此協心努力，突破瓶頸開展新頁。此際筆者的手傷已漸癒，可短暫提筆，爰勉力扶著右手，再度致函證嚴上人與顏執行長博文申謝，嗣亦以專電報請外交部優予勗勉慈濟基金會。

2018年在里斯本市舉行的中華民國建國107年國慶酒會中，出席的葡國會議員、政界、外交團成員、學界與媒體等人士超越以往，林火災區的市長均專程出席賀我國慶，當受災老農與農婦錄影以極感性、直接的話語感謝來自台灣的愛與關懷，在酒會中播出時，在場人士均頗受感動。葡國會友台小組主席Paulo Rios Oliveira議員於致詞時特稱，葡人對於中華民國的感念，非因賑助金額的多寡，而是當葡人有難時，若干國家雖允諾協助，但我國所即予關注之情與實質的支

18 https://www.youtube.com/watch?v=QmI4vhdDIKM, last visited: 2019/8/9.

援，國際社會應深切瞭解。

之後，若干生活極度困頓的災民，經當地政府再洽筆者希望考量再予濟助，終又促成歐洲慈濟志工於2019年3月16、17兩日，在Tondela與Oliveira de Frades兩市的賑濟活動，此次則與葡國知名超商Pingo Doce合作發放食物券，藉使生活極度困頓災民再獲援助，此一善行再次引起媒體極大的效應[19]。

為了參加此次捐賑儀式，筆者一如上年清晨自里斯本出發。初春鄰近災區的高速公路，仍時現陣陣濃霧，行進山區，若干路面仍有薄冰，但前被大火吞噬的山林，已見樹苗新芽綻放。將抵Tondela市前，陽光乍現，濃霧盡散，一片生意盎然。相對火災後滿目瘡痍的慘境，有天壤之別。在致詞時，除將車行所見有感而發向所有受災老農表示，此際所見已徵台灣之愛與關懷的種子，廣在葡土萌發。縱使兩地距遙，人種、語言與文化不同，也從不影響我對這片土地的感情，祈願葡人在歷此磨難後重新挺立，並將台灣愛與關懷的種子，散播

[19] https://www.dn.pt/pais/interior/fundacao-budista-de-taiwan-solidaria-com-vitimas-dos-incendios-de-2017-10647806.html; http://www.noticiasdevouzela.com/noticia/176-familias-carenciadas-vao-receber-ajuda-vinda-de-taiwan/; https://www.sabado.pt/portugal/detalhe/taiwan-tem-100-mil-euros-para-agricultores-afetados-pelos-incendios; https://www.jornaldocentro.pt/online/regiao/instituicao-de-taiwan-volta-a-entregar-donativos-a-vitimas-dos-incendios-em-tondela/#; https://emissoradasbeiras.pt/mais-de-230-familias-de-tondela-recebem-donativos-de-taiwan/; http://noticiasdeviseu.com/familias-vitimas-do-incendio-de-outubro-de-2017-recebem-ajuda-humanitaria-da-fundacao-tzu-chi/; and http://noticiasdeviseu.com/fundacao-taiwanesa-entrega-donativos-a-vitimas-de-incendios-de-outubro-do-ano-passado/, last visited: 2019/8/9.

於同待救援的土地。在分送食物券之際，時見老弱災農對筆者含淚擁抱，喃喃稱謝，筆者自己亦不覺淚下。年餘來對於此一救援工作，不僅耗盡心力、體力，亦因長時間駕車至感疲憊，況且隔日仍有其他重要工作須規劃與執行，倘得片刻喘息時間，亦感彌足珍貴。我國外交官的生活，現實與理想實在差距甚遠。

陸、忠告與建議

外交工作是藝術而非科學。如果外交可用公式、計算方法來解決，推案如用量化來評量，則中華民國的外交並不難爲。中華民國自建國以來的外交工作從來沒有一天容易過，國際環境詭譎多變、各國現實利益反覆盤算，均使我們的外交工作從無寧日。如果僅願平穩安順於公門，中華民國外交部的工作，絕非上選。面對永無止境的內外挑戰，外交人員除須妥爲因應，更應思考如何在有限資源內，將國家利益極大化。如何達到此一境界，一個有前瞻遠見與擔當的外交官，對於自我的要求，應該更甚於其他公務員。縱使經由不斷的努力，仍不達外交部所列外交完人或達人的標準，但至少不要成爲使人詬病的「外交玩人」。對於外交工作所面臨的困難，若常以國家處境不易、國際現實環境複雜，來解釋難達的外交目標，不是負責的態度。的確，國家處境艱困、國際關係現實等，均爲客觀的事實，也就因爲如此，更需要有識見的外交人員勇於承擔他國外交官認爲極難達標的外交工作。

在構思商請慈濟基金會志工來蔔賑災之前，有謂慈濟救災全球走透透，自有其標準作業程序，吾人不必煩心，靜待配合可矣！如前所述，此類依章辦事的心態，固無可議，但從人道救援、從促進雙邊關係、從爭取人脈、從爲爭取提升台灣在國際能見度等因素考量，倘凡事痴痴地等，甚至吃吃地等，怎能堪稱有識見、理念的外交人員？憶及筆者前於駐菲期間，我國際著名電影導演李安先生，所拍攝的Life of Pi勇得奧斯卡金像獎，這也是李安導演二度榮獲奧斯卡殊榮。筆者亟思邀請李安導演來菲訪問，期爲台灣發聲。此議提出後聞者乍舌，或謂經費不足，或謂接待不易，或謂李安導演行程難以協調等自我設限的困難，對於這一連串之問號，筆者篤定以對。李安不是一夕成名的，他的努力、付出，甚至他所花下去的心血，以及遇到的坎坷，才造就今日在國際影壇的地位。筆者向主凡事一經謀定，如果今天不做，明天必定後悔。之後，花了數月時間，包含親筆致函李安導演及出品Life of Pi的華納電影公司，洽商各有關細節，同時運用在菲國經營的人脈關係，終於洽獲李安導演成行赴菲，更成功宣揚中華民國的巧實力[20]。外交人員平素即須對於駐在國所發生的人事物，時刻留意與觀察，並思如何與我國家利益連結。表面的功夫固易討好，就如各個建築銷售案所搭建的樣品屋一樣，看似華麗舒適，但全然不經強勁風雨的考驗，遑論摧枯拉朽的大地震。但凡著名的建築，從開鑿

20 www.chinatimes.com/cn/realtimenews/20131127004060-260404, last visited: 2019/8/9.

地基、精選建材到精巧裝潢，每一工序，無不品質保證，爰能固如磐石、屹立不搖。外交人員的養成，何嘗不是如此，而且外交工作本來就需要巧思與創意，固守窠臼、人云亦云，甚至自我催眠，凡此對於外交工作皆係負面的影響。今天中華民國的內外處境是如此艱困，外交人員更須對自己要有堅韌的使命感，殷憂啓聖、多難興邦。看看中華民國建國以來的外交奮鬥歷程，外交界的先賢前輩，每在風雨飄搖之際，沉著堅毅地面對每一場硬仗，應對每一回交涉，國家的尊嚴與利益，永遠是他們心目中最重要的考量。也就是因爲這些外交先賢前輩的識見與風範，讓中華民國通過一次次的考驗。

藝術乃藝術家憑藉某些特定的方式，對於現實環境的總體呈現，藝術所要求的即爲一「美」字。藝術美須具有豐富的內涵與鮮明的特性，如果外交是門藝術，有志成爲外交藝術的工作者，尤其是中華民國的外交官，除須熱愛這門藝術，更須隨時充實自身對於這門藝術的內涵，將這門藝術的美，發揮呈現的淋漓盡致。

人的一生在時間的長河，不過是一瞬間，外交藝術工作者的堅毅與內涵，在時間的長河裡定會留下亮麗的身影。

第五章
國際漁業環境變遷與談判——以我國參與IATTC為例

王冠雄

壹、國際漁業環境發展趨勢

1958年的日內瓦「公海公約」（Convention on the High Seas）中，已經明確定出捕魚自由是公海自由中的一個重要項目，後在1982年「聯合國海洋法公約」（United Nations Convention on the Law of the Sea, UNCLOS，以下簡稱「公約」）第87條再度強調了這項早已成爲習慣國際法中的重要原則，也就是所有國家的國民都享有捕魚自由，這也同時表示所有國家均有權利分享公海中的資源。但是「公約」也對公海捕魚自由附加了兩方面的限制：第一，「所有國家均有權由其國民在公海上捕魚」明白地指出了公海捕魚自由的特性。但是這並不保證捕魚作業可以在任何區域及任何時間中進行，這種自由仍須受到條約義務及「公約」中某些條款的約束；第二，另外規定對於某些魚群的捕撈需要受到限制，這些魚群包括了跨界魚群（Straddling Stocks）（第63條第2款）、高度迴游魚種（Highly Migratory Species）（第64條）、海洋哺乳動物（第65條）、溯河產卵種群（第66條）和降河產卵種群（第67條），因此公海捕魚自由並非是毫無限制的。而由國際間的實踐來看，另外還有加諸於公海捕魚自由的限制，例如對公海捕魚漁具漁法的限制、捕撈魚群的限制和作業漁區的限制等。而在這些限制項目的推動和形成上，區域漁業管理組織（Regional Fisheries Management Organizations, RFMOs）的努力和貢獻又是相當重要的推動力，特別是漁業管理組織所通過的決議在其法律意義而言，即是對該組織成員具有拘束力的規範。

在國際社會的實踐層面，以地理區域爲範圍所組成的國際組織也出現著重於養護管理跨界與高度洄游魚群的安排。以新公約新組織型態出現者，在太平洋中西部有「中西太平洋高度洄游魚類種群養護與管理委員會」（WCPFC）；[1]以修約方式之型態出現者，在東部太平洋有透過修約方式之「美洲熱帶鮪魚委員會」（Inter-American Tropical Tuna Convention, IATTC）。[2]當然，也有許多已經存在的區域漁業管理組織或是全球性質的漁業組織。[3]

無論這些區域性國際漁業組織的發展程度或是成立時間前後，推動該組織成立的動力皆是來自於養護與管理海洋中漁業資源的積極

1　開始於1994年12月，經過主席薩加南登大使（Satya N. Nandan）所主持的7次會議（MHLC），在2000年9月5日通過「中西太平洋高度洄游魚類種群養護與管理公約」（Convention on the Conservation and Management of Highly Migratory Fish Stocks in the Western and Central Pacific Ocean），使該公約成爲自1995年聯合國魚群協定（UNFSA）之後第一個具體實踐履行該協定規範公海漁捕體制的國際公約與國際區域漁業管理組織。公約文本見：Convention on the Conservation and Management of Highly Migratory Fish Stocks in the Western and Central Pacific Ocean，http://www.wcpfc.int/key-documents/convention-text。

2　詳細討論見本文之案例探討部分。

3　重要但不限定於以下所提及者有：大西洋鮪類養護國際委員會（International Commission for the Conservation of Atlantic Tunas, ICCAT）、北大西洋鮭魚養護組織（North Atlantic Salmon Conservation Organization, NASCO）、印度洋鮪類委員會（Indian Ocean Tuna Commission, IOTC）、西北大西洋漁業組織（Northwest Atlantic Fisheries Organization, NAFO）、東北大西洋漁業委員會（North East Atlantic Fisheries Commission, NEAFC）、南太平洋論壇漁業局（South Pacific Forum Fisheries Agency, FFA）、南方黑鮪養護委員會（Commission for the Conservation of Southern Bluefin Tuna, CCSBT）、南極海洋生物資源養護委員會（Commission for the Conservation of Antarctic Marine Living Resources, CCAMLR）、國際捕鯨委員會（International Whaling Commission, IWC）等。

訴求。此可以由區域性國際漁業組織的成立宗旨或組織目標中見到對於管轄範圍內漁業資源的重視，並特別強調養護與管理該資源，以求確保永續利用目標的達成。亦即，這些區域性漁業管理組織的發展在事實上是延續著永續生產和利用的軌跡，這與當前對於海洋生物資源的利用植基於養護和管理的原則是相一致。也唯有如此，方能達到永續資源利用的目的。我國的遠洋漁業一向爲國內的重要產業，也是提供國際魚貨市場魚產品的重要供應者，因爲前述的國際漁業法發展背景，形成我國需要積極融入國際漁業組織的動機，我國產官學界也投入在參加區域漁業管理組織方面的努力。然而，也不諱言的是，受到我國在外交方面的限制，參加漁業管理組織當然無法完全依據理想進展，不過這也形成我國在談判參加漁業組織的動力。

貳、我國參與國際組織的考量

國人對於我國參加國際組織的考慮因素往往集中在「名稱」這一焦點上，亦即究竟我國未來在該組織中是被稱爲「中華民國」、「台灣」、「中華台北」或是其他的名字，可以見到的情形是大家對於談判會議的主要內容並不理解，反而將關心的主軸集中在「名稱」上，這也會影響主政者執著於一個特定的稱呼，在無法達到此稱呼的情形下，甚至決定離開談判。本文並無意在評斷此一決定，或是「暗示」我國參與的名稱爲何並不重要，但是「離開談判」後絕對會面臨的結果是意味著切斷與其他談判方的互動關係。除非已經下定決心不再參與該談判或是有「以退爲進」的安排，否則要重啓談判將是另一個繁複的過程，特別是我國在外交方面所受到的限制。

就實際面而言，我國參與國際組織談判的考量因素除了前面所提到的「名稱」之外，還會有是以哪種「地位」參與？進入組織後能夠表現的「能力」爲何？是否能夠實際對組織的決策產生影響力？

「地位」是指加入組織時的身分，例如我國係以「個別關稅領域」（Separate Customs Territory）加入世界貿易組織（WTO），而在亞太經濟合作（APEC）的設計下，所有參與的各方皆以「經濟體」（Member Economies）的方式加入，我國當然也不例外。在考量此一因素時，就需要瞭解特定組織的設計爲何，這可以由成立該組織的公約規定中進行理解。

「能力」則指加入組織後，所需負擔的義務和可以展現的權利爲何。一般而言，任何國家在參加國際組織時必定會考慮到這點，因爲若是權利與義務不均等的話，特別是在權利弱而義務強的情形下，就會減弱參與的意願。這種考慮可以具體地顯示在該組織如何通過決議，即是對於表決（voting）能力的計算和衡量，一般會有幾種可能，包括多數決（majority）、共識決（consensus）、全體一致決（unanimity）和加權投票（weighted voting）等決議方式，國家需要衡量哪種方式有利於本國的運作。以目前多邊性質的國際談判觀察，「共識決」似已成爲普遍運作的模式，透過持續談判並尋求妥協意見，達成各方均認爲合理且可接受的解決方案，這種方式所出現的文字或許會有模糊的呈現，但是存在被接受的可能性。

此外，我國是否能夠參與國際組織還存在若干影響因素，例如我國的實力和他國的支持度。前述的世界貿易組織或亞太經濟合作等經貿性質的組織，由於我國當時經濟實力充沛的緣故，除了我國有透過參與而融入國際經貿體系的必要之外，該組織也需要納入我國以完備國際經貿網絡的建構，也就是雙方對彼此均有所依賴。所以「實力」應該是促成談判的重要因素，也是我國在考慮進行談判之前，衡量本身是否具備談判籌碼的重要參考。

最後建議需要留意國際社會整體的影響因素，也就是談判絕對不是獨立的，它會受到其他事件或類似談判的影響。換言之，若國家同時處理兩個以上類似性質的談判，在立場的堅定程度與是否讓步的條件考慮上，雖然是不同的談判，但卻會發生彼此互動的影響，這在談判過程中不可不慎，國家在面對不同的談判情境時也需要擬定讓人信服的說詞。

參、案例：我國參與IATTC[4]

一、IATTC發展背景

美國與哥斯大黎加於1949年締結「Convention for the

[4] 關於我國參與IATTC的談判過程，特別是關於漁捕實體在談判過程中的發展，請見拙文：Dustin Kuan-Hsiung WANG, "Taiwan's Participation in Regional Fisheries Management Organizations and the Conceptual Revolution on Fishing Entity: The Case of the IATTC," Ocean Development and International Law, Vol. 37, 2006, pp. 209-219。

Establishment of an Inter-American Tropical Tuna Commission」，該公約於1950年3月3日生效，並且依據該公約的規範，建立了「美洲熱帶鮪魚委員會」（Inter-American Tropical Tuna Commission, IATTC），該漁業委員會也是歷史最悠久的區域漁業管理組織（RFMO），目前有21個會員。

1998年，IATTC決議1949年的公約應當進行修約工作，以符合當前國際海洋法發展趨勢，特別是某些新簽署的國際協定，例如1982年的「聯合國海洋法公約」和1995年的「聯合國魚群協定」（UNFSA）。依據該決議，IATTC成立「檢視1949 IATTC公約工作小組」（Working Group to Review the 1949 IATTC Convention，以下簡稱「修約工作小組」）對1949年的公約進行檢視。

雖然我國於1980年代至1990年代時期裡，漁捕作業實績在東部太平洋或是IATTC的公約海域中並不顯著，但是自1973年開始，我國即被邀請參加IATTC的會議，當時邀請我國所使用的名稱爲台灣（Taiwan）或是台灣（中華民國）（Taiwan [Republic of China]）。隨著漁捕作業的需求擴大及漁獲量增長，至1990年代後期時，我國在此一海域的作業漁船數量增加至50到60艘延繩釣漁船（longliner）。因爲IATTC委員會的討論涉及漁捕配額的分配，使得我國有參與配額談判的需求，此外也因爲有意願參與對於鮪類資源的養護與管理合作，因此我國明確向IATTC表達參與修約工作的意願。

由於我國在遠洋漁業上所展現的實力，以及1995年「聯合國魚群協定」談判過程中考慮到我國的漁捕情形而有「漁捕實體」（fishing entities）一詞的創建，IATTC委員會遂於1998年通過決議歡迎我國參與，並且建議委員會創造一個適當機制，讓我國能夠以平等的談判夥伴身分，與其他會員共同參與IATTC修約工作小組的談判。

二、締約方身分：「個別關稅領域」

在1949年IATTC公約的規定中，第5(3)條限制了成爲IATTC會員的資格在官方身分，由於東部太平洋海域漁業活動興盛發展，同時也爲了更有效率地對漁業資源進行管理，IATTC委員會感到有必要擴大其會員資格，其目標對象主要係針對歐盟和台灣，然而1949年公約的規定中並未包含這兩者具有加入（adhere）公約的身分，這乃成爲修約工作小組最重要的工作，但也可能是最複雜的工作。這個問題在1999年1月墨西哥Ensenada召開的第二次會議中被提出並有熱烈的討論。

尼加拉瓜提案將成爲「締約方」（Parties）的身分分爲三個部分：國家、區域經濟整合組織（regional economic integration organization）和個別關稅領域（separate customs territories）。哥斯大黎加和薩爾瓦多的代表支持尼加拉瓜的提案；委內瑞拉表示歐盟可以適用區域經濟整合組織的身分成爲締約方，但是這種身分的安排顯然並不適用於台灣；厄瓜多代表發言表示注意到「個別關稅領域」的概念來自於世界貿易組織，而該組織的主旨在處理貿易問題，並質疑將這樣的術語用於像IATTC這種專注於漁業資源管理的組織是否適當；法國代表認爲台灣應當包括在IATTC中，並提醒留意1995年「聯合國魚群協定」的條文中有「漁捕實體」一詞出現，或許可以提供修約工作參考。

我國發言表示支持尼加拉瓜的提議，因爲可以最大程度地減少「非漁業因素」的影響。在回應對「個別關稅領域」一詞的質疑時，台灣認爲現代漁業不可避免地涉及到魚和魚產品的國際貿易活動，1995年「責任漁業行爲規約」（Code of Conduct for Responsible Fisheries）即對此有清楚說明，該「規約」所規範的範圍不僅限於捕魚活動本身，還包括「從事魚和魚產品加工和銷售的人」，以及「與漁業有關的水生環境的其他使用者」和「魚和魚產品的捕撈、加工和貿易、捕撈作業、水產養殖、漁業研究以及將漁業納入沿海地區管理」因此，我國強調「個別關稅領域」一詞在應用上可以被納入在修約的文字中。

1999年10月於美國加州La Jolla舉行的工作小組第三次會議上，主席Jean-François Pulvenis提供與會者討論使用的「單一談判文本」（Single Negotiation Text），其中將「締約方」定義爲：

「締約方」係指同意受本公約拘束並對其生效的國家、區域經濟整合組織和個別關稅領域。[5]

---

5 "Parties" means the States, regional economic integration organizations and separate customs territories which have consented to be bound by this Convention and for which this Convention is in force.

尼加拉瓜代表發言指出「個別關稅領域」一詞已經在若干國際文書中被使用，例如1994年「世界貿易組織協定」（Agreement Establishing the World Trade Organization）、1995年「穀物貿易公約」（Grains Trade Convention）和1999年「糧食援助公約」（Food Aid Convention），因此是有前例可循。墨西哥代表則提議將「單一談判文本」中關於當事方的定義暫時保留，留待解決其他問題後再恢復討論。[6]美國代表則指出可以接受「個別關稅領域」一詞，並強調墨西哥代表的提議是「保留」該問題以供將來討論，而不是「拒絕」使用該名詞。墨西哥代表回覆同意美國的聲明。

到目前發展階段爲止，雖然出席代表們瞭解「聯合國魚群協定」中有「漁捕實體」一詞之出現，法國代表也明白指出可以參考使用這個名詞，或許會對修約工作有所幫助。不過，我國並不確定是否適合將「漁捕實體」一詞納入修改後的IATTC公約中，特別是考慮到國內的認知和意見。就我國當時的國際組織參與經驗來說，以加入世界貿易組織爲例，我國係以「台灣、澎湖、金門、馬祖個別關稅領域」的名稱申請加入該組織，並被世貿組織大多數會員接受，因此台灣認爲世貿組織模式或許是較佳的參與IATTC模式。有幾個理由可以支持這個看法，首先是可以將世貿組織模式視爲先例，已經在相當程度上克服了國際和國內的政治困難，特別是本國國會的支持程度。其次，以

6 在國際談判過程中，若對草案文字有爭論則將其延後處理，一般做法是在爭議的文字前後加上中括弧（〔〕），表示括弧內的文字留待以後討論。

「個別關稅領域」的能力（capacity），我國在世貿組織中獲得了完整的會員資格，這是台灣參與IATTC的目標。最後，正如前面已經指出的，漁捕活動本身即與經濟和貿易有強大的連結，本來就與世貿組織的功能有著明顯的聯繫，所以在漁業組織中適用此一安排有其正當性。然而，如果談判過程和結果能夠爲台灣參與IATTC做出適當和公平的安排，我國並不排除以「漁捕實體」作爲解決方案的可能性。會有這種思考是因爲幾乎在同一時期，建構中西太平洋漁業管理和保護機制（MHLC）[7]的談判也在進行中，台灣和IATTC修約工作小組的參與者都注意到MHLC談判納入使用「漁捕實體」一詞。[8]

在2000年5月舉行修約工作小組第四次會議，主席Jean-François Pulvenis大使提出了「修訂主席文本」（Revised Chairman's Text），關於「締約方」的定義如同前一次會議的「單一談判文本」所示，只是在「個別關稅領域」一詞前後加上了括弧，表示延後討論。

不過在討論中，墨西哥代表提出新的意見，認爲MHLC和IATTC兩個正在進行的談判之間應該有更多的互動，因爲這兩個組織的管轄水域位於太平洋的中西部和東部兩側，同時也在處理各自海域中養

7　該談判會議的名稱爲「中西太平洋養護與管理高度洄游魚群多邊高階會議」（Multilateral High-Level Conference on the Conservation and Management of the Highly Migratory Fish Stocks in the Western and Central Pacific Ocean, MHLC）。

8　「中西太平洋漁業委員會」（Western and Central Pacific Fisheries Commission, WCPFC）自1994年起歷經7次協商談判，於2000年9月5日在夏威夷檀香山通過「中西太平洋高度洄游魚類種群養護與管理公約」。

護和管理漁業資源的事務。美國代表則回應，兩個太平洋中的次區域在地理上有所不同，涉及不同的參與者，並且具有不同的發展歷史，MHLC目的在創造一個新公約和創建一個新的漁業組織，而IATTC已經存在半世紀，目前工作小組的工作係在進行修約。所以美國代表認爲在考慮建構這兩個漁業管理組織的公約時，沒有必要給予可相類比的想法。至於我國的立場，如同之前所述，當時在「漁捕實體」概念的建構尚未明確，台灣對「個別關稅領域」模式的應用比起「漁捕實體」模式更有信心，所以繼續支持以世貿組織模式的參與立場。

三、締約方身分：「個別關稅領域」與「漁捕實體」同時列入討論

在2000年9月舉行的修約工作小組第五次會議中，主席提出了更新後的「主要待決問題」（Main Pending Issues）供討論，其中包括前幾次會議裡未能解決的爭端議題。第一個議題就是關於「締約方」的定義，主席提出了該名詞的可能處理方式，包括了：考慮將「個別關稅領域」或「漁捕實體」納入「締約方」定義中；考量中西太平洋漁業公約（WCPFC）草案將「締約方」與「委員會成員」加以區別對待的方式；或是考量「大西洋鮪類保育委員會」（ICCAT）的做法，亦即將「非締約方 / 實體 / 合作漁業實體」整合歸爲一類。

當時的國際談判背景是MHLC的談判已經在本次工作會議一週之前完成，通過了「中西太平洋漁業公約」（WCPFC，簡稱「WCPFC公約」），「漁捕實體」的概念與適用在該公約中有明顯的安排，因

此，參加本次工作會議的許多代表對於在IATTC中採用「漁捕實體」模式表示出濃厚的興趣，所以並不會對「主要待決問題」中關於「締約方」的安排有所訝異。不過，我國對此發展仍然有所保留，因爲雖然「漁捕實體」模式在「中西太平洋漁業組織」的談判中被接受，我國參與談判也會成爲該新組織的成員，但考慮到在國內程序上尚未經過國會審查，其前景仍然未定。相對而言，「個別關稅領域」模式已經獲得了國會的同意，在國內接受的程度上會較高。此外，「漁捕實體」的內容在法律上仍然模糊，雖然已經被納入「WCPFC公約」，在理解上提供了相當程度的實質性和明確性，但從當時的觀點來說，「WCPFC公約」未必是更好的選項。因爲在「WCPFC公約」架構下，「漁捕實體」仍有若干權利受到限制。至於「主要待決問題」所提到的ICCAT模式，台灣的地位僅是觀察員（observer），無論在地位上或是能夠表現的能力上均不如前述各模式，我國當然無法接受。

四、締約方身分：「漁捕實體」

2001年3月在哥斯大黎加舉行修約工作小組第六次會議，主席提供了「主席合併文本」（Chairman's Consolidated Text）作爲討論基礎。該文本將未來參與IATTC的做法分爲締約方和委員會成員兩類，國家和區域經濟整合組織可以成爲締約方，而締約方和漁捕實體共同成爲IATTC委員會的成員，亦即參考了WCPFC的架構。

主席在與我國的非正式諮商中解釋，透過這種架構和安排，台灣可以作爲委員會成員與其他締約方共同參加IATTC的工作，但在和

「公約的生命」（life of the Convention）有關的權利行使方面則要有所區別，例如公約的批准或加入，或是關於公約的修訂等事項。主席認爲，這種安排是爲了台灣在履行委員會職能方面享有與其他成員相同的權利，是專門爲台灣設計的，可以避免額外的政治障礙。主席也提供一封信給當時已經是IATTC締約方的國家闡釋前述概念，他表示，未來修約後會在簽署程序上做出區別，簽署行爲保留給國家和區域經濟整合組織，漁捕實體則會另以正式的方式表達其對適用和遵守公約的承諾後，成爲委員會成員，而不是公約的締約方。

2001年9月3日，主席在修約工作小組第七次會議的開幕發言中明確指出，台灣的參與將有助於實現IATTC的養護和管理漁業資源之目標。主席表示IATTC是一個獨立的區域漁業管理組織，它與聯合國之間沒有任何隸屬關係，因此，台灣參與IATTC的議題可以獨立在與聯合國相關的政治問題之外。但是，墨西哥代表表示反對，墨西哥明白表示很難接受台灣以作爲締約方或委員會成員的身分參加IATTC。我國則回應，台灣試圖透過支持「個別關稅領域」或「漁捕實體」的做法來參與IATTC，而不是以國家的身分，目的就在能夠避免某些政治考量以及可能存在的障礙。對於台灣而言，尋求以「個別關稅領域」或「漁捕實體」的身分正足以表明，作爲世界上主要的遠洋捕魚國之一，台灣承諾致力於避免敏感的政治障礙，並願意與IATTC各成員合作，以達長期養護與永續利用鮪魚資源的目標。而對於大多數的代表而言，他們普遍認爲確保台灣參與IATTC是既務實且重要的方向。更進一步來說，台灣的參與並不是問題，問題在台灣應該具有的地位和享有的能力究竟爲何。

五、議題增加：名稱問題

中國大陸要求以觀察員的身分參加2002年2月的第八次工作會議，主席樂觀地對待中國大陸的參加，他認爲可以創造對於敏感問題達成協議的機會，應當給予充分利用。而中國大陸對於台灣的參與有不同的意見，表示依據「一個中國」原則，台灣並不具備參加IATTC的資格。我國則以「普遍原則」（Universal Principle）作爲基礎表達了意見，認爲以區域經濟整合組織、WTO成員或漁捕實體成爲IATTC的締約方，是一種多元的表現。相對地，擁有一個具有包容性和全面性的制度，讓所有願意積極參與者在這個區域漁業管理組織內有普遍性的參與，可以確保未來的修約內容和該組織本身在實踐永續漁業上具備有效性。

六、確立「締約方」和「委員會成員」的雙重體制

2002年9月於尼加拉瓜首都Managua舉行的第九次修約工作會議之前，主席發布了「修訂合併文本」（Revised Consolidated Text），確立了締約方和委員會成員的規範採取雙重體制（two-tier system）之安排，亦即IATTC委員會成員的構成有兩個部分，分別爲締約方和漁捕實體。可以成爲締約方的身分者爲國家和區域經濟整合組織，而漁捕實體表示承諾遵守公約規定後將成爲委員會成員，與其他委員會成員共同討論與議決。然而，某些問題仍然有待解決，例如漁捕實體的義務和權利要如何規定？特別是其表決權會如何安排？漁捕實體退

出公約（withdrawal from Convention）如何安排？若是漁捕實體與其他委員會成員發生爭端，要如何解決？這些均有待更詳細的規劃。此外，在本次工作會議中也對台灣參與IATTC之名稱有所討論。

七、修約工作完成

2003年6月，修約工作小組向IATTC第七十次會議提出所討論通過的「安地瓜公約」（Antiqua Convention）。[9]針對台灣參與所做的安排，「安地瓜公約」相關的規定爲，在參與的身分上，台灣選擇以漁捕實體參加；參加的名稱爲中華台北（Chinese Taipei）；台灣遞交同意接受「安地瓜公約」中規範之正式文件後（第28條），即可加入成爲IATTC委員會成員，除了少數限制之外，台灣與其他委員會成員享有相同的權利與義務。前述的少數限制例如有：選舉主席和副主席（第8條）、無加入條款（第30條）、不計入公約生效所需批准書的數量（第31條）。

除了這些區別安排之外，漁捕實體與其他委員會成員享有相同的權利並承擔相同的義務，例如：委員會會議之提出、召開和構成之法定人數均以委員會成員爲基礎（第8條）；前述會議所作出之決議均應以出席本次會議的委員會成員的共識決決定（第9條）；漁捕實體

---

[9] IATTC Antiqua Convention, https://www.iattc.org/PDFFiles/IATTC-Instruments/_English/Antigua_Convention_Jun_2003.pdf，公約中文版見財團法人中華民國對外漁業發展協會網站，https://www.ofdc.org.tw:8181/web/components/Editor/IATTC/files/%E5%AE%89%E5%9C%B0%E7%93%9C%E5%85%AC%E7%B4%84%E4%B8%AD%E8%AD%AF%E7%89%88.pdf。

應與委員會所有其他成員一起，促進委員會履行第7條規定的委員會所有職能；委員會所有成員在同意的基礎上，依據國際法和平解決爭端（第25條）。

至於在某些特定的國家權利與義務的實踐上，「安地瓜公約」則採取了「比照適用」（mutatis mutandis）的方式，解決台灣在公約中可能會面臨的問題。例如第20條關於船旗國之責任（Duties of Flag States）規定，締約方應依據國際法採取有所需要之措施，以確保懸掛其旗幟之船舶遵守本公約之規定及依據本公約通過之養護與管理措施，及確保此等船舶不從事任何有損此等措施有效性的活動。緊接著在第21條就規定了「本公約第二十條比照適用於係委員會成員之漁捕實體」。第36條第1項規定締約方退出公約的程序，同條第2項則接著規定本條比照適用於漁捕實體。

肆、結論

2003年11月14日，台灣代表與其他簽署者在華盛頓特區共同參加簽署儀式，我國簽署了「漁捕實體參與文書」（Instrument for the Participation of Fishing Entity），基於此份文件，台灣以漁捕實體的身分、中華台北的名稱、IATTC委員會成員的能力，於「安地瓜公約」生效後，在與委員會其他成員平等的基礎上，享有「安地瓜公約」所規定的權利並承擔義務。回顧當時複雜的談判過程，這種安排並不能讓各方獲得均感滿意的結果，但是修約談判的主要目標是確保能夠有效養護和管理東部太平洋海域中的漁業資源，堅定維持在此一原則的路徑上，使得IATTC的修約工作能夠取得最終成功。正如修約工作小組大多數成員所同意的，台灣是世界上主要的遠洋捕魚國之一，將台灣納入IATTC的管理機制，能夠更有效地達到養護和管理東太平洋海域鮪魚資源的目標。

本文透過對於我國參加IATTC修約談判過程的探索，基本上可以理解在國際談判過程中需要留意的面向，特別是在嘗試參與國際組織的談判，包括了要能理解談判議題在國際社會發展趨勢、參與國際組織想要獲得的除了理想的「名稱」之外，還有哪種參與的「地位」，以及進入組織後能夠表現的「能力」爲何；當然本身的實力會是必要的基礎，也是跨越門檻的敲門磚；同時也不能忽略談判當時的外在情況，特別是可能與本談判產生連結的發展。

第六章

南韓在北韓核武戰略威脅下之外交應對——中美角力變數及其影響*

河凡植

* 本文接受科技部專題研究計畫（編號：106-2410-H-390-021-）的補助，特此感謝。

壹、前言

外交政策是一國在國際關係環境下，爲了促進其國家利益，所採取的戰略總和。而外交則指基於其外交政策，一個國家採取多元方法與手段，進行與其他國家的交涉與協商上活動。在無政府狀態的國際體系下，國家所追求的利益主要是安全利益，但安全以經濟力量爲後盾，而發展則在安全基礎之上，因此，外交政策將以安全與發展爲第一要務。由此可見，南韓外交政策的考量主要以促進安全與發展利益爲重心。由於朝鮮半島的地緣關係，南韓的安全、發展利益與北韓、美國以及中國三方有著密切的關係。從安全角度上看，由於韓國戰爭停戰後仍未正式結束戰爭狀態，南韓與北韓保持軍事對峙。美國是南韓的軍事同盟，南韓透過韓美安全同盟關係，應對北韓的軍事威脅。另外，從經濟觀點上看，中國是最大經貿夥件，具有經貿導向經濟結構的南韓，透過韓中經貿合作，確保其發展利益。因此南韓形成「安全靠美國、經濟靠中國」的外交戰略結構。

金正恩上台之後採取「核武發展與經濟發展並進路線」，堅持推動核武發展戰略，對內爭取軍隊與人民的信任與忠誠，以強化其政權，對外則謀求促使美國重啓朝美直接對話，同時，藉由研發非常規武器，拉近兩韓常規戰力上的差距。然而，對與北韓軍事對峙的南韓而言，北韓強化核武力量，造成朝鮮半島局勢的動盪不安，威脅國家安全，因此，南韓爲了抑制北韓的核武戰略，中斷兩韓經濟合作，並推動北韓無核化爲重心的外交政策，強化韓美中的外交合作，以實現北韓無核化。金正恩政權從推動並進路線至今，南韓政府從朴槿惠轉變到文在寅政府。兩個政府對北韓核化的途徑不同，朴槿惠政府採取施壓爲主的外交政策，保持北韓先放棄核武再推動兩韓交流的態度，著重於安全考量，強化韓美安全同盟。文在寅政府採取彈性態度，針對北韓第六次核試爆，儘管臨時部署薩德，提升對北韓安全威脅的警惕，但同時，強調以和平解決北韓核武問題，且提出南韓在北韓問題上扮演主導角色，展開「中介外交」，促成美朝對話。

朴槿惠與文在寅政府的外交政策對於朝鮮半島局勢與南韓的外交情況產生很大的變化。即面對金正恩政權繼續推動核武發展戰略，朴槿惠政府以爲了抑制北韓核武攻擊而強化韓美同盟爲由，決定美軍薩德系統部署在南韓境內，但此決定遭受中國強烈反彈，使得南韓處於外交困境。然而，文在寅政府的「美朝中介外交」不僅促使美朝無核化對話與協商，且著重於韓中在解決北韓問題上具有相似立場，贏得中國對文在寅政府北韓政策的支持，[1]修復韓中合作關係，試圖脫離來自北韓核武問題的外交困境。因此，北韓核武問題的解決途徑影響到南韓外交戰略，南韓外交戰略也連動到美中在朝鮮半島上的戰略利益，同時影響南韓的國家利益與外交空間。因此，本文從南韓國家利益切入，分析中美角力與北韓核武對南韓外交的限制，以及南韓爲了突破外交困境所採取的外交戰略。

1　河凡植，〈從文在寅總統上任來評析南韓與中國大陸關係〉，《展望與探索》，第16卷第1期，2018年，頁33。

貳、南韓的國家利益

國家利益概念是外交政策的主要分析工具之一。國家利益可以內容與重要性來分類，從利益的內容角度上看，國家利益區分爲防禦利益、經濟利益、世界秩序利益以及意識形態利益，依其優先順位分爲生存利益、緊要利益、主要利益、周邊利益。[2]依據南韓憲法，南韓的國家利益內容可分爲國家安全保障、經濟發展、增進南韓的世界價值以及和平統一。[3]有鑑於南韓仍與北韓軍事敵對的狀態，南韓國家利益的內容應用Nuechterlein的國家利益之優先順位，生存利益爲國家安全與和平統一；緊要利益是經濟成長與國家繁榮；主要利益則是維護與發展自由民主體制；周邊利益是獻身於世界和平。

一國的外交政策的目的是追求與維護國家利益，對於國家利益的追求與維護，依據國家利益的優先順位而實現，這樣的優先順位，會隨著國家所面臨的環境與時期的變化而改變。[4]決策者依據國家利益優先順位而判斷與決定，且依據自身與集體的政治利害與政治認識，選擇與改變外交政策。總統制下，總統擔任國家的最高決策者，總統所認知的對內外環境與所追求的國家利益，在外交政策決定過程上產

---

2 Donald E. Nuechterlein, National Interests and Presidential Leadership: The Setting of Priorities, Colorado: Westview Press, 1978, pp. 4-8.

3 《대한민국헌법》, http://www.law.go.kr/lsEfInfoP.do?lsiSeq=61603#, 검색일자: 2018/8/19. (Constitution of the Republic of Korea, last visited: 2018/8/19.)

4 구영록,〈대외정치의 핵심개념으로서의 국가이익〉,《한국과 국제정치》, Vol. 10, No. 1, 1994, p. 10. (Koo Young-nok, "National interests as a core concept of foreign politics," Korean and World Politics, Vol. 10, No. 1, 1994, p. 10.)

生一定的影響。從外交安全角度上看，南韓的國家利益可分爲朝鮮半島層次、東北亞層次、世界層次。朝鮮半島層次的國家利益是解除南北韓對峙結構，實現朝鮮半島的統一；東北亞層次爲將國力提高爲周邊強國無法貪圖朝鮮半島領土的程度，且在此基礎上，固化東北亞地域安全結構，以推動東北亞國家的共處與繁榮；世界層次則維持與先進資本主義的接近性，以防止落後於世界資本主義的發展。[5]南韓國家利益與朝鮮半島局勢息息相關，但北韓核武問題造成朝鮮半島局勢起伏且動盪不安。因此，解決北韓問題成爲南韓國家利益的出發點，從而，南韓將北韓核武問題的解決放在國家利益之優先順位，推動其外交政策。朴槿惠與文在寅政府接近北韓核武問題的途徑不同，即朴槿惠政府側重於安全考量，採取施壓北韓爲主的外交政策，而文在寅政府則在合作考量下，推動美朝中介外交。

參、朝鮮半島局勢變化與朴槿惠政府的外交應對

一、中美角力與朝鮮半島局勢

南韓遭受外交困境與朝鮮半島安全局勢升溫的主要原因在於中美角力與北韓核武戰略。2009年中國提出其核心利益，以維護其核心利益爲名義，從黃海到南海，對周邊採取攻勢外交，在此情況下，中國

---

5 박인휘, 〈동북아 국제관계와 한국의 국가이익: 미.중.일 세력관계를 중심으로〉, 《국가전략》, Vol. 11, No. 3, 2005, p. 22. (Park Ihn-hwi, “Northeast Asian International Relations and Korea’s National Interest: On the Perspective of U.S.-China-Japan’s Power Balance,” National Strategy, Vol. 11, No. 3, 2005, p. 22.)

不惜引起與其周邊國家之間的衝突，甚至與美國紛爭。[6]美國在亞洲追求的利益有五：1.抑制威脅與阻礙美國國家利益的任何支配力量之出現；2.促進自由貿易與市場的接近性；3.穩定、安全以及無擴散的全球核武秩序；4.促進全球價值與規範，例如民主、人權、法治、市場；5.確保航海自由。[7]中國對周邊推動攻勢外交損害美國的國家利益，因此美國採取亞太再平衡戰略，強化與中國周邊國家的安全關係，圍堵中國，藉此試圖遏止中國在東亞擴大影響力，並維護其國家利益。中美在東亞的角力影響到南韓外交與朝鮮半島局勢。換言之，美國歐巴馬政府在亞太再平衡政策考量下，有鑑於安全環境變化、美國的財政困難以及「飛彈防禦」（Missile Defense, MD）體系技術的可行性，改變美國MD政策，推動美日韓MD合作，美國認爲，建構美日韓MD合作體系的關鍵，在於可否形成韓日國防交流合作，因而積極主導與斡旋兩國之間國防交流合作。[8]爲此，美國要求南韓加入美國的「MD體系」，並敦促南韓與日本簽署「韓日軍事情報保護協定」，以形成美日韓三角安保同盟，同時，美國指責南韓接近中國，

---

6 河凡植，〈中國大陸建構新型大國關係戰略與其對南北韓政策的影響：從權力轉移觀點分析〉，《展望與探索》，第12卷第5期，2014年，頁55。

7 Ralph A. Cossa, Brad Glosserman, Michael A. McDevitt, Nirav Patel, James Przystub, Brad Roberts, The United States and the Asia-Pacific Region: Security Strategy for Obama Administration, Center for a New American Security: Washington, DC, 2009.

8 엄상윤,〈한・미・일 MD협력의 양상과 전망〉,《국가전략》, Vol. 20, No. 2, 2014, pp. 48-49. (Eom Sang-yoon, "Aspects and Prospects for the Trilateral Missile Defense Cooperation among Korea, the U.S., and Japan," National Strategy, Vol. 20, No. 2, 2014, pp. 48-49.)

施壓南韓站在美方。然而，南韓認爲，在中美角力下，南韓加入美國「MD體系」並簽訂「韓日軍事情報保護協定」，將會激發中國的反彈，導致中韓關係受損，這對南韓國家利益將產生負面作用。因此朴槿惠政府顧及韓中關係，面對美國的「MD體系」加入與「韓日簽訂軍事協定」要求，採取曖昧態度。

然而，對南韓而言，朝鮮半島的南北在軍事對峙下，由於北韓推動核武發展戰略與朴槿惠政府推動以施壓北韓放棄核武戰略爲首的北韓政策，彼此之間缺乏信任且嚴厲警覺，將雙方關係的僵局日益深化。在此情況下，若北韓擁有核武，不僅對軍事安全產生巨大威脅，且影響到整個南韓社會，導致國家混亂與動盪。朴槿惠政府認爲，爲了維護國家安全，南韓必須加強防衛姿態，抑制北韓的軍事挑釁，因此，朴槿惠政府在外交政策上更加重視安全考量，謀求加強與美國的安全同盟關係，以維持美韓聯合防衛姿態，同時，力求北韓無核化。然而，北韓金正恩政權將核武發展戰略作爲生存戰略。金正恩政權藉由核武發展，彌補兩韓的常規戰力的差距，以平衡兩韓不對稱的軍事實力，同時，以核武作爲與美國的協商籌碼，試圖推動美朝關係正常化、簽訂朝鮮半島和平協定，解除對北韓的制裁，藉此獲得美國的安全保障。因此，金正恩上台後，面對歐巴馬政府的戰略忍耐、南韓的以無核化爲前提的北韓強硬政策以及聯合國的制裁，呈現出核武發展的意志，持續強化核武力量與飛彈射程距離。

面對北韓軍事挑釁，出身於保守黨的朴槿惠政府將美韓安全同盟作爲抑制北韓軍事挑釁的手段，謀求強化韓美軍事同盟，因此無法不理會美國部署薩德的要求。然而，在中美角力下，中國認爲，韓美安全同盟的強化是破壞朝鮮半島上的勢力均衡，進而圍堵中國，因此中國謀求藉由維護北韓政權，保持南、北韓勢力均衡，[9]在此情況下，突顯出北韓在中國地緣政治戰略的價值，如同中美之間的緩衝地帶。對中國而言，北韓的存在將中國與美國勢力隔開，不使北京直接面對美國以及美國在東北亞的同盟勢力，因此希望在朝鮮半島北部仍存在共產政權。中國在此考量下，儘管加入國際社會對北韓的制裁，採取經濟制裁措施，但民生用品與人道主義的支援排除在經濟制裁項目，中國對北韓的支援，不僅造成國際社會對北韓經濟制裁效果不彰，讓北韓經濟還有餘力，使得金正恩政權持續推動核武發展。[10]中美角力結合北韓核武發展，導致2016年朝鮮半島局勢更加升溫。換言之，北韓不顧聯合國的反對，2016年1月進行第四次核試爆。

二、南韓決定部署薩德與外交困境

韓美聯合司令部Curtis M. Scapararotti司令官於2014年6月3日在南韓國防論壇演講時提及在南韓部署薩德的需要性，之後，美國正式要

---

9 이신욱, 〈시진핑 시대 중국의 대외전략과 동북아 국제관계: 북중 관계를 중심으로〉, 《윤리교육연구》, Vol. 40, 2016, p. 272. (Lee Sin-uck, "Foreign Strategy of China Xi Jinping era and Northeast Asian International Relations: Focusing on the relationship between China and North Korea," Journal of Ethics Education Studies, Vol. 40, 2016, p. 272.)

10 河凡植，〈東北亞權力結構的變動下南、北韓軍事安全對峙與外交角力〉，《政治學報》，第64期，2017年，頁9-10。

求南韓部署薩德。[11]然而，對南韓而言，在經貿上或是在北韓核武問題上，中國是另外一個主要夥伴，但南韓加入美國MD體系，嚴重影響到韓中關係。因此朴槿惠政府面對美國的薩德部署要求，維持戰略性模糊態度，有關美國要求部署薩德，青瓦台表示三無（無要求、無協議以及無決定）立場，亦即有關薩德部署南韓，南韓政府無收到美國的要求、南韓與美國無協議、南韓無決定部署薩德，同時，謀求強化韓中合作關係，說服中國領導層阻擋北韓核武開發與軍事挑釁，以促進與維護安全利益與經濟利益。因此，朴槿惠總統上台後，不顧美國的反對，2015年9月2日參加中國戰勝70週年閱兵儀式，且加入由中國主導的亞洲基礎設施投資銀行。然而，美國憂慮朴槿惠政府強化韓中關係，藉由部署薩德，維持韓美同盟，並管理韓中關係。在中國反對美國推動MD政策下，南韓部署薩德成爲美國把握南韓對中美角力的立場指標。[12]

在此情況下，以北韓進行第四次核試爆爲契機，南韓開始協議部署薩德。當時，中國政府認爲，南韓部署薩德的根本問題在於北韓

---

11 한겨레신문, 〈한미연합사령관"사드 한국 배치 초기검토"〉, 2014/6/3, http://www.hani.co.kr/arti/politics/defense/640620.html#csidx3167b2a522bee89b82c27027fb76577,검색일자: 2018/10/15. (Hankyoreh. "Commander of the U.S. Forces Korea Said "Initial Reviewed deployment of the THAAD at South Korea," last visited: 2018/10/15.)

12 김재철, 〈미-중관계와 한국 대미편승전략의 한계: 사드배치의 사례를 중심으로〉, 《한국과 국제정치》, Vol. 33, No. 3, 2017, pp. 10-11. (Kim Jae-cheol, "Changing Sino-U.S. Relations and Korea's Bandwagon Strategy: The Case of THAAD Deployment," Korean and World Politics, Vol. 33, No. 3, 2017, pp. 10-11.)

的核武戰略，因此，北京具有聯合國對北韓維持高度制裁的立場。另外，中國不希望爲了北韓核武局面而破裂韓中關係與失去南韓，因此，面對薩德爭議，中國對美國提出問題，企圖藉由中美協商而解決。[13]針對薩德爭議與韓中關係，朴槿惠政府認爲，韓中雙方的經濟合作日益擴大，且共同對付日本的歷史扭曲，另外，南韓部署薩德，針對北韓核武挑釁，只是強化韓美軍事同盟，並非改變區域安全秩序，因此美軍的薩德部署南韓對韓中關係影響不大，[14]也因此於2016年7月決定薩德系統部署在慶尚北道星州郡。

朴槿惠政府主張，決定部署薩德正是藉由強化韓美同盟而削弱北韓的安全威脅，但美國對薩德部署在南韓而言，是亞太再平衡政策的一環，即在東北亞形成美日韓飛彈防禦體系，建構圍堵中國的架構。薩德雷達模式有二：即長程模式（前置部署）、短程模式（末端部署），前者的監測範圍是2,000公里，而後者則爲600公里，若南韓部署薩德，美國軍隊將能夠監測到部署於吉林、山東的東風系列中程飛彈，使得在監測範圍的中國飛彈無力化。因此中國強調南韓部署薩德爲破壞區域戰略均衡，強烈抗議與堅決反對美韓部署薩德在南韓境

---

13 김흥규,〈4차 북한 핵실험과 사드의 국제정치〉,《통일정책연구》, Vol. 25, No. 1, 2016, p. 19. (Kim Heung-kyu, 2016, "North Korea's 4th Nuclear Test and the Logic of International Relations in the THAAD Debates," Unification Policy Studies, Vol. 25, No. 1, 2016, p. 19.)

14 김태우,〈사드(THAAD) 배치와 한미 및 한중관계 전망〉,《JPI정책포럼》, Vol. 10, 2015, p. 19. (Kim Tae-woo, "THAAD deployment and prospect of Korea-US relations," JPI Policy Forum, Vol. 10, 2015, p. 19.)

內。因此，韓美決定部署薩德在南韓之後，中國把朝鮮半島列為中國核心利益範疇裡，[15]對南韓展開攻勢外交，透過經濟報復，例如南韓在亞洲基礎設施投資銀行原任副行長一職被加拿大取代、封殺韓星在中國的演藝活動、對在中國的韓商進行稅務調查、限制中國觀光團赴南韓觀光，藉此逼迫南韓放棄部署薩德。

中國堅決反對南韓部署薩德，不僅反對美軍雷達監測中國境內，且阻擋南韓完全倒向美國。由於美國軍隊的薩德部署在南韓牽涉到中美兩國的戰略利益，南韓決定部署薩德不僅讓南韓夾在中美戰略利益衝突的地方，且捲入中美角力的漩渦。另外，對北韓而言，南韓部署薩德意味著韓美用軍事強硬手段屈服其核武戰略，而不以對話協商北韓核武，北韓對此強烈反彈，宣布北韓軍隊早已具備精準打擊敵方所有侵略戰爭的手段、對北韓攻擊與後勤基地的能力，並威脅南韓只要上面下令，北韓軍隊隨時發出報復性打擊，將敵方燒成灰燼，[16]且於9月進行第五次核試爆，強化其核武力量。另外，北韓藉由南韓部署薩德，謀求強化朝中、朝俄關係，進而謀求建構韓美日與朝中俄對立結構。儘管朴槿惠政府為了削弱北韓核武而部署薩德，強化韓美安全

15 이민규,〈중국의 국가핵심이익 시기별 외연 확대 특징과 구체적인 이슈〉,《중소연구》, Vol. 41, No. 1, 2017, p. 51. (Lee Min-gyu, "Periodic Characteristics and Issues of China's Core Interests' Expansions," Sino-Soviet Affairs, Vol. 41, No. 1, 2017, p. 51.)

16 環球網，〈朝稱將物理回應部署薩德：隨時報復將敵燒成灰燼〉，2016/7/11，http://mil.huanqiu.com/world/2016-07/9152267.html，最後瀏覽日：2018/8/25。

同盟，但南韓外交夾在美國與中國戰略利益矛盾之間，處於進退兩難的困境，且在朝鮮半島形成「核武」與「薩德」對抗局面，導致朝鮮半島處於一觸即發的局勢。

肆、文在寅政府對北韓核武的態度與外交應對

一、對北韓核武的態度轉變

南韓外交困境原因在於南韓部署薩德，南韓部署薩德主要針對北韓核武，因此，北韓核武戰略是南韓處於外交困境的出發點。2006年10月9日進行第一次核試爆以來，北韓一共進行6次核試爆，北韓核武發展主要在李明博至朴槿惠政府期間。李明博與朴槿惠政府期間，南韓對北韓採取強硬一邊倒政策，推動以北韓放棄核武爲前提的北韓政策，並展開施壓北韓的外交政策，然而，在北韓政權堅持推動核武戰略下，南韓的北韓無核化政策並未獲得成效，反而導致兩韓關係僵局更加惡化。兩韓僵局結合中美角力，朝鮮半島再度顯現地緣政治結構，讓南韓遭遇外交困境。對南韓而言，緩和朝鮮半島地緣政治結構是改善兩韓關係的途徑，改善兩韓關係是脫離外交困境。從此角度來看，如何接近北韓核武問題可說是脫離南韓外交困境的出發點。

保守派朴槿惠總統於2017年3月10日因彈劾而下台後，2017年5月9日自由派文在寅在第十九屆總統大選獲勝，翌日接任南韓總統一職，成立文在寅政府。文在寅政府認爲，改善南、北韓關係能推動朝鮮半島局勢走向和平與穩定，緩和朝鮮半島地緣政治結構，因此，提

出以和平為先的朝鮮半島政策，反對朝鮮半島發生戰爭。文在寅總統上台前後，由於北韓連續進行核武試爆與飛彈試射，美國與其同盟國家對此進行聯合軍演，提升施壓北韓的程度，此加劇了朝鮮半島的緊張局勢。因此，文在寅政府的首要任務正是因應北韓日增的核武與飛彈威脅，以及重新恢復完全斷絕的南、北韓關係，以推動兼顧北韓無核化與雙方交流的北韓政策。文在寅政府在推動北韓政策上，遭遇了三個問題：1.南、北韓關係處於交流完全斷絕與規定雙方關係的規律完全失效的狀態；2.北韓因核武能力即將成熟而遭遇聯合國的高強度制裁；3.由於兩韓軍事衝突與北韓核武發展、飛彈試射而惡化南韓人民對北韓的認知與兩韓統一。[17]

對南韓而言，北韓核武發展威脅國家安全，影響到整個社會的穩定，因此絕對無法接受北韓擁有核武。從此觀點上看，無論是進步派或保守派政府，實現北韓無核化是南韓對北韓政策的最主要考量。保守政黨執政10年來，南韓對北韓採取強硬政策，在兩韓關係方面推動北韓先無核化之後才進行雙方對話與交流的政策，並展開施壓北韓放棄核武為主的外交，但在兩韓關係僵局下，金正恩卻持續推動核武發展，其核武能力即將成熟。文在寅政府認為，以施壓為主的南韓前任政府與美國政府對北韓的無核化政策，無法阻擋金正恩政權的核武發

---

[17] 조성렬,〈문재인 정부 대북정책의 과제와 전망: 한반도 비핵화와 평화체제의 비전을 중심으로〉,《통일정책연구》, Vol. 26, No. 1, 2017, pp. 9-12. (Cho Seong-ryoul, "Moon Jae-in government's Challenge on North Korean Policy: Visions for denuclearizing North Korea and Peace Regime-building on Korean Peninsula," Unification Policy Studies, Vol. 26, No. 1, 2017, pp. 9-12.)

展戰略，且造成朝鮮半島發生戰爭的威脅，據此，強調重啓對話的必要。面對北韓核武所造成的朝鮮半島安全威脅，文在寅總統於2017年6月15日在「615南北韓高峰會談」17週年儀式上，以北韓凍結核武試爆與飛彈試射爲前提，對北韓提出對話提議，並表示願意與北韓同時商討北韓完全棄核、建構朝鮮半島和平體制以及美朝關係正常化的議題，[18]藉此，南韓對北韓政策的重點從制裁轉換爲對話。爲此，文在寅政府提出朝鮮半島駕駛論（Korean Peninsula Driver Theory），試圖讓南韓在朝鮮半島問題上坐鎮駕駛盤，以引導相關國家之間的對話與接觸。朝鮮半島駕駛論起因於面對北韓核武戰略所造成的朝鮮半島安全威脅，由南韓主導朝鮮半島對話的氣氛，遏止朝鮮半島再度發生戰爭，[19]據此，文在寅總統於2018年8月15日在光復節72週年紀念儀式上指出，在朝鮮半島的軍事行動由南韓決定，未經南韓的同意，沒有任何國家可以決定採取軍事行動，政府將不惜一切阻止戰爭發生，且表示北韓核武問題的解決應始於凍結核武試爆與飛彈試射等軍事挑釁。[20]

18 한겨레신문,〈문 대통령 6.15 남북정상회담 17주년 기념식 축사 전문〉, 2017/6/15, http://www.hani.co.kr/arti/politics/bluehouse/798989.html, 검색일자: 2018/10/18. (Hankyoreh, "President Moon's Congratulatory Speech of Celebration for 17th 6.15 Inter-Korean Summit," last visited: 2018/6/15.)

19 차동길,〈문재인 정부의 한반도 운전자론 실행전략연구〉,《한일군사문화연구》, Vol. 25, 2018, p. 64. (Cha Dong-gil, 2018. "Research on execution strategy of Moon Jae-In administration's "Korean Peninsula Driver Theory," Journal of Korean-Japanese Military and Culture, Vol. 25, 2018, p. 64.)

20 연합뉴스,〈文대통령"모든 것 걸고 전쟁 막겠다"......72주년 광복절 경축사〉, 2017/8/15, http://www.yonhapnews.co.kr/bulletin/2017/08/15/0200000000

另外，文在寅政府對北韓政策方面提出朝鮮半島無核化—和平構想，此構想內容包括南韓推動北韓完全無核化與簽訂朝鮮半島和平協定，且透過相互控制軍備，根本地去除戰爭的可能性。爲此，文在寅政府採取兼顧北韓無核化與雙方交流的態度，同時提出以凍結核發爲前提的對話。對文在寅政府而言，北韓凍結核發是重啓南、北韓對話的出發點，換言之，文在寅政府追求實現北韓無核化，但有鑑於北韓核武能力的現實，改變前任政府的北韓政策，例如北韓先無核化後南韓才推動雙方交流，且在北韓核武問題上，提出核凍結入口論。文在寅總統指出，實現北韓無核化是解決北韓核武的最終目標，但實際上難以一次性實現北韓完全無核化，因而應通過階段性途徑到達北韓廢棄核武的階段，因此提出核凍結入口論，即以核凍結爲入口，且以北韓無核化爲出口。[21]

文在寅政府爲了解決北韓核武問題，採取施壓與對話並行戰略。對話是南韓堅持以和平解決北韓核武問題，並通過階段性、綜合性的途徑，引導北韓先凍結核發，後推動完全無核化；而施壓則爲，堅決因應北韓所有軍事挑釁，南韓至北韓廢棄核武爲止，參與聯合國的

AKR20170815026000001.HTML, 검색일자: 2018/10/18. (Yonhap News Agency, "President Moon Said "I will stop the war on everything ......" Speech on 72th National Liberation Day," last visited: 2018/10/18.)

21 한겨레신문, 〈문 대통령 "북핵 로드맵 입구는 핵동결, 출구는 핵폐기"〉, 2018/3/7, http://www.hani.co.kr/arti/politics/bluehouse/835002.html#csidx7ac180e91c6e72e9db91c02d4bb121a, 검색일자: 2018/10/20. (Hankyoreh, "President Moon Said "Entrance of North Korea's Nuclear Roadmap is North Korea Freeze Nuclear, Exit is Nuclear Disarmament," last visited: 2018/10/20.)

經濟制裁。施壓與對話的目的，在於南韓堅決反對北韓繼續進行核武試爆與飛彈試射等軍事挑釁，同時讓北韓坐在無核化對話桌前。因此，面對北韓於2017年9月3日進行第六次核試爆，文在寅政府於9月12日部署4台發射車，[22]完成臨時部署，藉此強化對北韓的軍事防禦，且參與美國提升對北韓的制裁。另外，為了引導北韓的無核化對話，追求在朝鮮半島和平的氣氛，為此，2017年11月19日文在寅總統接受美國媒體NBC專訪時，表示希望北韓派遣代表團參加平昌冬奧，且向美國提出延後韓美軍演。[23]金正恩於2018年1月1日在新年演講上提出北韓有意願派遣代表團參加平昌冬奧，對此文在寅總統於翌日（1月2日）提出高層會談，但北韓無回應，且1月4日美國川普總統宣布延後韓美軍演之後，1月5日北韓接受南韓的對話提議，藉此南韓重啓雙方對話機制並進行平昌冬奧上的雙方交流。

二、推動美朝中介外交

以2018年2月9日至25日平昌冬奧為契機，朝鮮半島局勢從戰雲密布急速轉變為對話局面，其主要原因在於，文在寅政府將平昌冬奧

22 1組薩德體系由6台發射車組成，在朴槿惠總統處於總統職位被停職下，黃交安代理總統於4月26日部署2台發射車，文在寅總統於9月12日完成其餘4輛發射車臨時部署。

23 연합뉴스,〈文대통령“한미군사훈련 연기 검토 가능......美에 제안했다”〉, 2017/12/19, http://www.yonhapnews.co.kr/bulletin/2017/12/19/0200000000AKR20171219188051071.HTML, 검색일자: 2018/10/20. (Yonhap News Agency, “President Moon Said “Possible to review US military exercises ...... I Proposed to the US,” last visited: 2018/10/20.)

作爲融化兩韓僵局的媒介，推動兩韓對話並促成美朝對話，而北韓藉由南韓，尋找美朝對話的線索，擺脫川普政府的極限施壓。在此考量下，以金與正爲首的北韓使節團參加平昌冬奧開幕式之際，文在寅總統邀請使節團赴青瓦台進行會晤，而金正恩透過金與正邀請文在寅總統訪問平壤。然而，在美國對北韓採取極限施壓戰略下，南、北韓對話牽動到韓美同盟，因此，文在寅總統對金正恩邀請訪平壤保持謹愼態度，敦促北韓改變其對核武戰略的態度，同時表示南韓致力於推動兩韓對話與韓美對話溝通，以實現美朝對話。[24]

文在寅政府除了兩韓對話外，促成美朝對話的主要原因在於，文在寅政府所追求的北韓政策是實現北韓無核化與在朝鮮半島建構和平體制，此關係到韓美同盟，因此文在寅的北韓政策必需經過與美國的調節與川普總統的同意，或者最起碼美國不反對。川普政府不反對南韓推動兩韓對話以及改善兩韓關係，但強調其前提就是無核化，[25]値得注意的是，文在寅與川普政府一致認爲，北韓開發核武是爲了其政權的生存，[26]相較於歐巴馬政府，川普政府集中關注解決北韓核武問

---

24 河凡植，〈平昌冬季奧運外交與東北亞局勢〉，《戰略安全研析》，第148期，2018年，頁53-54。

25 이상현,〈트럼프 행정부의 국가안보전략(NSS): 국제정세 및 한반도에 대한 함의〉《국가전략》, Vol. 24, No. 2, 2018, p. 54. (Lee Sang-hyun, "Trump Administration's National Security Strategy: Security Implications for Global Affairs and the Korean Peninsula," National strategy, Vol. 24, No. 2, 2018, p. 54.)

26 정구연,〈트럼프 행정부의 대외정책 및 대북정책 전망〉,《동향과 분석》, 2016/11, p. 32. (Chung Ku-youn, "Prospects for Trump Administration's Foreign Policy and North Korea Policy," KDI Review of the North Korean Economy, 2016/11, p. 32.)

題，且提升北韓核武問題在美國對外政策上的優先順位。[27]另外，金正恩政權改變其態度，表示願意將北韓無核化議題擺在談判桌上，以試圖重啓美朝對話。

隨著朝鮮半島出現對話氣氛的萌芽，文在寅政府爲了讓美朝兩國重啓雙方直接對話，積極展開中介外交，奔走於美朝之間。文在寅政府的特使團於2018年3月4日前往平壤，和金正恩會晤，說服北韓以無核化爲前提，與美國進行雙邊對話，並傳達南韓在朝鮮半島建構永恆和平的意志，金正恩對此表明無核化的意志並表達欲與川普見面，因此文在寅政府的特使於3月7日前往華府，向川普總統簡報與金正恩會談的內容，對此，川普也表示將在5月底前與金正恩會談，以實現永恆的無核化。文在寅總統出身於進步派，南韓進步派著重於民族角度，看待北韓政權，積極推動兩韓經濟合作，且謀求解決北韓核武問題，從中，也出現韓美之間對北韓政策的立場差距，但文在寅總統認爲，爲了解決北韓核武問題，必需要維持堅定的韓美同盟，因此文在寅政府在解決北韓核武問題方面，強調韓美同盟關係。[28]

---

27 이승현,〈문재인 정부의 대북정책: 다섯 가지 핵심어를 중심으로〉,《의정논총》, Vol. 13, No. 1, 2018, p. 178. (Lee Seung-hyun, "Moon Jae-in government's Policies toward North Korea based on five key words," Journal of Parliamentary Research, Vol. 13, No. 1, 2018, p. 178.)

28 최진우,〈하니문의 동학(動學)과 구조의 정학(靜學): 문재인 정부의 외교정책, 변화와 연속성〉,《의정연구》, Vol. 24, No. 2, 2018, p. 21. (Choi Jin-woo, "Dynamics of Honeymoon and Statics of Structure: Changes and Continuity of Foreign Policy in the Moon Jae-In Administration," Journal of Parliamentary Research, Vol. 24, No. 2, 2018, p. 21.)

文在寅政府在解決北韓核武問題上，試圖中介川普政府與金正恩政權對無核化立場與原則，藉此拉近美朝在北韓棄核談判上的立場與思路差距。[29]因此，文在寅政府於2018年4月27日在板門店舉行第一次文金會，發表「板門店宣言」，同意朝鮮半島無核化，進而於5月22日訪問華府，舉行川文會，與川普總統表達金正恩委員長的無核化意志，因此，美朝之間出現對話成熟的氣氛，期待舉行川金會，達成好的成果。然而，川普總統在預定6月12日舉行川金會下突然取消，其原因在於，由於川普政府內部的強硬派持續展開對北韓的攻勢，北韓回擊美國的攻勢，因此朝鮮半島的對話局面突然蒙上黑雲，出現美朝談判破局的可能性。北韓已經修改其核武戰略，4月20日宣布結束「核武、經濟並進路線」，關閉豐溪里核試驗場，且採取「新社會主義經濟建設總力路線」，在此情況下，北韓難以重新推動核武戰略。面對川金會的取消，金正恩委員長與文在寅總統於5月26日舉行第二次文金會，金正恩並在會議上重申無核化的承諾，邀請南韓中介美朝無核化對話，而文在寅總統不僅在此次會談上傳達川普的意志，且會談結束後向川普總統傳達金正恩的無核化承諾，藉此文在寅政府扮演美朝對話中介角色，以引導川金會照常舉行。

藉由文在寅政府的中介，美朝於6月12日舉行川金會，簽署聯合聲明，開創新型的美朝關係，例如金正恩再次重申「徹底地實現朝鮮半島無核化」的承諾，而川普總統向北韓承諾提供安全保障。藉由此

29 圍繞著北韓棄核談判，北韓堅持分階段、同步走，而川普則要求一步到位。

次美朝高峰會，川普與金正恩擺脫於以往的立場，[30]同意雙方同時推動提供安全保障與推動無核化，値得注意的是，藉由此次高峰會議，川普與金正恩之間建構相互信任關係，川普與文在寅總統一致認爲，金正恩確實具有無核化的意志，可以與金正恩進行無核化談判。[31]因此川普與文在寅總統在北韓核武問題上，保持密切溝通，文在寅總統於9月4日與川普總統通電話，商討北韓棄核程序，9月5日派遣特使團赴平壤與金正恩商討第三次文金會的議題。金正恩與南韓特使團會晤時表明北韓願意在川普總統的第一個任期內完成無核化與改善美朝關係。[32]在此情況下，文在寅總統於9月18日至20日訪問平壤，舉行第三次文金會，簽署平壤宣言，同意消除朝鮮半島戰爭風險，以及北韓棄核進入實施階段，包括永久廢棄東倉里飛彈發動機試驗場和發射架、繼續採取永久廢棄寧邊核設施等額外措施。第三次文金會結束後，文在寅總統於9月23日至28日訪美，24日與川普總統舉行川文會，向川普傳達第三次文金會的成果與北韓對棄核具體履行方案，且強調朝鮮半島終戰宣言並不會影響韓美同盟關係，以及南北韓一致確

---

30 美朝雙方都採取單方主義的立場，美國採取北韓首先棄核後才提供補償，而北韓則堅持首先建構和平體制後北韓推動棄核。

31 정성장,〈북미정상회담 성과와 한반도 냉전구조 해체 전망〉,《정세와 정책》, 2018/7, pp. 2-3. (Cheong Seong-chang, “Result of North Korea–United States Summit and Prospects for the dismantling of the Korean peninsula,” Situation and Policy, 2018/7, pp. 2-3.)

32 조선일보,〈靑“김정은, ‘트럼프 첫 임기내 비핵화, 의지 표명”〉, 2018/9/6, http://news.chosun.com/site/data/html_dir/2018/09/06/2018090601948.html, 검색일자: 2018/10/29. (Chosun Ilbo, “Blue House Announce Kim Jung-un Expresses Willingness ‘Denuclearization within Trump’s first term’,” last visited: 2018/10/29.)

認簽署朝鮮半島和平協定之後，才消除停戰協定，以減輕川普參加終戰宣言的負擔，川普也表明，美朝正在商討第二次川金會的場所與時間中，即將發表，藉此公開表示第二次川金會的舉行。爲了促成第二次川金會，川普政府暫停原訂12月舉行的韓美聯合空中軍演「警戒王牌」（Vigilant Ace），保持朝鮮半島的友好氣氛，藉此有利推動預訂於2019年初舉行的第二次川金會。

美國與北韓於2月27日至28日在越南河內舉辦了第二次川金會。雙方在高峰會事前磋商階段，暫定同意締結和平宣言、互設聯絡辦事處、北韓廢除寧邊核設施、美國部分緩和制裁。因此，比起第一次川金會，此次高峰會圓滿舉行，且會議氣氛和和氣氣，川普與金正恩進行兩次單獨會談與記者會，因此在川普與金正恩正式開高峰會之際，美國網路媒體（VOX）報導美朝之間的暫定同意案，正如：雙方同意和平宣言、互設聯絡辦公處等，[33]令人期待此次高峰會獲致成功。儘管如此，雙方在擴大會議時，突然發生變故，原定的工作午餐與聯合聲明簽署儀式被取消，因此舉世矚目的川金會無果而終。此次會議談判破裂的原因在於，圍繞著北韓無核化的推動，川普政府寧願（preper）一籃子推進（all in one），且主張北韓先推動無核化後美國才解除制裁，而北韓堅持分階段、同步性的措施。

由於金正恩政權與川普政府之間立場分歧，美朝仍未達成任何協

33 Vox, “Exclusive: here’s the tentative deal Trump and Kim Jong Un may strike in Vietnam,” 2019/2/26, last visited: 2019/3/13.

議，雙方談判再次陷入僵局，因此文在寅政府尚未達成美朝中介外交的目的，正如：美朝雙方交換無核化與安全保障，造成朝鮮半島的和平共處，藉此促進地緣經濟利益與安全利益。然而，值得注意的是，第二次川金會結束後，川普總統與文在寅總統通電話對此次峰會結果進行溝通，並表示今後爲了讓朝鮮將無核化決心付諸實踐，將與韓國緊密合作，希望文在寅在朝美之間發揮積極的中介作用。[34]由此可見，文在寅政府藉由中介外交，發揮在美朝談判上的南韓角色，藉此擴大南韓在朝鮮半島安全議題上的外交空間。

伍、結論

朴槿惠政府外交政策的著重點放在施壓北韓棄核，因此除了強化韓美同盟關係外，加強韓中合作關係，朴槿惠對中國外交著重於讓中國施壓北韓，加深金正恩政權的政治經濟孤立。但在中美角力下，由於以北韓共產政權生存爲主的中朝共同利益，朴槿惠對中國的外交成效不彰，且由於北韓核武發展所引發的南韓安全需求增加，南韓不得不採取「聯美牽中」外交，決定部署薩德。但美國軍隊的薩德部署在南韓，牽涉到中國與美國的戰略利益，擠壓南韓的外交空間。因此，儘管南韓爲了遏止北韓核武威脅，決定部署薩德，但導致其經濟利益的受損，且使得朝鮮半島地緣政治對峙更加升溫，引發南韓安全威脅

34 聯合新聞網，〈與金正恩峰會破局後川普第一個打電話給他〉，2018/2/28，https://udn.com/news/story/6809/3670718，最後瀏覽日：2019/3/1。

的加劇。

對南韓而言，北韓核武問題是加劇朝鮮半島緊張局勢的導火線，限制外交政策與損害國家利益，必須要解決，但北韓核武牽涉到金正恩政權的生存，因此無法無條件地施壓北韓棄核。文在寅政府著重於此，推動美朝中介外交，促成美國與北韓的對話，謀求北韓棄核與美國提供安全保障，藉此試圖解決北韓核武問題，以及維護朝鮮半島的和平與穩定。另外，美國與北韓都願意透過南韓的中介外交，重啓對話，因此美國延後或縮小韓美軍演的時間與範圍，而北韓則解除部分核試爆設施，藉此雙方保持朝鮮半島對話氣氛。然而，由於韓戰停戰60多年以來北韓與美國不僅處於敵對狀態，且政治價值觀天壤之別，雙方毫無形成信任關係。因此，美朝儘管推動無核化談判，但在北韓無核化路徑上堅持自我想法與立場，即川普主張「一次性達成協議」，而金正恩則強調「分階段、同步性的措施」。此外，美國爲了施壓北韓改變其態度而持續主導國際社會嚴厲經濟制裁北韓，北韓對此堅持其態度卻要求美國採取相應措施，因此雙方無核化談判限於陷於停滯狀態。

美國與北韓正是美朝無核化談判的當事人，圍繞著實現北韓無核化路徑和方式，雙方之間的分歧始終沒有得到有效消除，因此文在寅政府中介外交雖然促使美朝保持進行無核化談判，但無法讓美朝得逞無核化談判。另外，美朝無核化談判陷於僵局，北韓爲了脫離美國的壓迫，要求文在寅政府推動兩韓交流，美國對此反對南韓推動兩韓交流，因此文在寅政府的中介外交處於艱難困境，引發外界的質疑。但值得注意的是，美國與北韓藉由南韓中介角色，試圖尋找無核化對話的線索，南韓、北韓以及美國數次舉行兩韓高峰會、韓美高峰會以及美朝高峰會。圍繞無核化的高峰會緩和朝鮮半島緊張局勢，在朝鮮半島局勢從對峙局面轉換爲對話局面之際，南韓確保朝鮮半島安全議題上的外交地位，進而維護其國家利益。

第七章 韓國禁止進口日本核輻射漁產品爭端之研究

洪德欽

壹、案例事實

一、案例介紹

本案爭議涉及2011年3月11日，日本發生強烈地震導致福島第一核電廠（Fukushima Daiichi Nuclear Power Plant, FDNPP）大量輻射外洩至大氣層、陸地及海洋中。在200英里（Miles；相當於320公里）範圍內，很多食物包括菠菜、茶葉、牛奶、魚蝦、牛肉等皆檢測到放射性汙染。韓國在核災事故發生後，就福島附近海域部分魚類產品陸續實施進口禁令及額外測試要求，影響到日本漁產品的出口利益。自韓國採取其措施以來，韓國進口日本魚類產品的總額從109億日圓下降至84億日圓。[1]日本主張韓國違反世界貿易組織（World Trade Organization, WTO）「食品安全檢驗與動植物防疫檢疫措施協定」（Agreement on the Application of Sanitary and Phytosanitary Measures；SPS協定）規定義務，向WTO提出控訴。WTO爭端解決機構（Dispute Settlement Body, DSB）於2015年9月28日依據爭端解決瞭解書（Dispute Settlement Understanding, DSU）第4條、第6條、第8.7條成立爭端解決小組（Panel）審理此一案件。[2]

---

[1] Reuters, *South Korea WTO appeal succeeds in Japanese Fukushima food dispute*, 11 April 2019, available at https://www.reuters.com/article/us-japan-southkorea-wto/south-korea-wto-appeal-succeeds-in-japanese-fukushima-food-dispute-idUSKCN1RN24X, last visited: 2019/6/10.

[2] WTO, "Korea – Import Bans, and Testing and Certification Requirements for Radionuclides," complaint by Japan, Report of the Panel, WT/DS495/R, 22 February 2018, para. 1.2.

在福島核災事故發生後，日本採取了一系列嚴格措施管制福島與周邊地區的特定產品之銷售，並重新評估放射性同位素（Radionuclides）的標準值及調整對食物及海水監測機制。另外，日本也禁止在福島第一核電廠20公里內進行海岸漁撈及海底拖網捕魚（Bottom Trawling）。任何超過標準值的食品都無法以銷售爲目的加以生產、加工、使用、儲存或展示。2011年4月，核能災害對策本部（Nuclear Emergency Response Headquarters, NERH）針對食品中放射性同位素含量的控管及食品的行銷限制發布了指導方針，並於2011年6月建立有關食品出口的驗證系統。[3]日本水產廳（Fisheries Agency）及日本水產研究中心（Fisheries Research Agency）持續對廣泛的魚類進行鍶、鈽、銫及碘含量的測試。[4]

爲因應福島核災事故，韓國總理辦公室成立專案小組（Task Force），並自2011年3月25日起，陸續採取一些相關緊急應對措施，包括：在機場及港口監控日本進口產品之放射性汙染程度、建立食品的安全管理機制、即時向大眾報告偵測結果。韓國農林水產食品部（Ministry for Food, Agriculture, Forestry and Fisheries, MIFAFF）及韓國食品藥品監督管理局（Korea Food and Drug Administration, KFDA）採取禁令，限制福島附近地區13縣之部分食品暫時性進口。另外，要求該等產品在進入韓國市場前需通過特定測試與驗證標

3 Panel Report, para. 2.67.

4 Panel Report, para. 2.77.

準。[5]

2013年8月，媒體報導指出，每天仍有大約300噸以上放射性汙水流至海洋，而東京電力公司（TEPCO）未儘早公布此消息。韓國在2013年9月9日另採取了三項額外措施，包括：1.增加對日本漁產品及畜產品之測試要求；2.將銫容許值降低至每公斤100貝克（Bq），相當於日本之保護水準；3.全面禁止進口（Blanket Import Ban）日本福島、青森、茨城、岩手、宮城、群馬、櫪木及千葉等8個縣的漁產品。若在來自日本任何縣的漁產品及畜產品中檢測到極微量的銫或碘，則必須進一步針對其他核種（Nuclides）進行檢測並提供輻射證明。[6]

日本對韓國措施提起控訴，包括：1.2011年針對非魚類產品採取的額外測試要求；2.2012年對福島的阿拉斯加鱈魚及青森、岩手、宮城、茨城及福島的太平洋鱈魚採取的特定產品進口禁令；3.2013年對漁產品及畜產品採取的額外測試要求；4.2013年針對來自8個縣的28項漁產品採取的全面進口禁令。[7]日本主張韓國之應對措施違反SPS協定第2.3條、第5.6條、第7條、第8條、附件B及附件C等相關規定。

爭端解決小組於2018年2月22日公布一審判決報告，認爲韓國採取之應對措施不符合SPS協定義務。2018年4月9日，韓國依據爭端解決瞭解書第16.4條及第17條向爭端解決機構提出上訴，上訴報告並於

5 Panel Report, paras. 2.86-2.87.

6 Panel Report, para. 2.100.

7 Panel Report, para. 2.8.

2019年4月11日公布。[8]

二、主要爭議

（一）日本指控要點[9]

1. 韓國措施對日本產品造成過當的貿易限制（Trade-restrictive），不符合SPS協定第5.6條。

2. 韓國措施對日本產品構成恣意或無理的歧視，並形成對國際貿易的隱藏性限制（Disguised Restriction），因此違反SPS協定第2.3條。

3. 韓國違反SPS協定第7條及附件B規定有關透明化義務。

4. 韓國於2011年及2013年採取的額外測試要求違反SPS協定第8條及附件C等相關規定。

（二）韓國在上訴審查之主張[10]

1. 其採取之措施未違反SPS協定第5.6條規定。

2. 小組錯誤解釋SPS協定第2.3條。

3. 其未違反SPS協定第7條附件B。

---

8 WTO, "Korea – Import Bans, and Testing and Certification Requirements for Radionuclides," Report for the Appellate Body, WT/DS495/AB/R, 11 April 2019, para. 1.6.

9 Appellate Body Report, para. 1.3.

10 Appellate Body Report, para. 5.

（三）本案主要系爭法律條款

1. SPS協定第2.3條規定：「會員應保證其檢驗與檢疫措施不會在有相同或類似情況（identical or similar conditions）的會員之間，包括其境內及其他會員之間，造成恣意或無理的歧視。檢驗與檢疫措施之實施應不致對國際貿易構成隱藏性的限制。」

2. SPS協定第5.6條規定：「在對第三條第二項規定不存有偏見之前提下，會員於制定或維持達成適當檢驗或檢疫保護水準的檢驗或檢疫措施時，應在顧及技術與經濟可行性下，保證該等措施對貿易的限制以不超過達成檢驗或檢疫保護的適當水準爲限。」

3. SPS協定第7條規定：「會員應將其本國的檢驗或檢疫措施的變更公告，並依附件B之規定，提供有關該國的檢驗或檢疫措施之資訊。」

4. SPS協定第8條規定：「會員應遵守附件C之規定，以執行管制、檢驗及核可等程序，包括核可添加物的使用，或制定食品、飲料或飼料中汙染物容許量的國家制度；及以其他方式保證該等程序與本協定之規定並無不一致。」

貳、小組裁決內容

一、韓國措施是否產生過當的貿易限制效果

SPS協定第5.6條規定會員應考量技術與經濟可行性，制定或維持達成適當保護水準（Appropriate Level of Protection, ALOP）的措施，

並保證該等措施對貿易的限制不超過達成適當保護水準。若指控國欲證明進口國之措施違反SPS協定第5.6條規定，必須根據該條款註解3規定的三項要件，提出替代措施，該等要件包括：1.具技術與經濟可行性；2.可達成進口國之ALOP；3.相較於進口國之措施，替代方案對貿易限制性明顯較小。[11]

韓國表示其ALOP並未有明確的量化標準，而是將「韓國人在正常環境下（即無核事故造成核輻射外洩）從飲食攝取之放射性核種，盡可能維持於最低合理可行（as low as reasonably achievable, ALARA）的程度」作爲考量基礎。根據ALARA原則，韓國認爲一般大眾暴露於放射性同位素之總量，每年低於1毫西佛（mSv/yr）爲其最高容許標準。[12]

日本考量到事故當時及事後放射性同位素的絕對位準（Absolute Level）、銫與其他放射性同位素之間的比例、環境與食品中銫與其他放射性同位素的實際含量，認爲僅需透過檢測產品中的銫含量，並將銫含量控制於每公斤100貝克以下，即能確保韓國人從飲食攝取之放射性核種每年低於1毫西佛。因此，日本提出將銫含量檢測作爲替代方案，以控制產品受銫及其他放射性同位素汙染之程度。[13]日本表示將會繼續於出口前及邊境實施銫含量的測試，但是要求韓國取消在產品經測試發現含有微量銫（每公斤0.5貝克）時，需進一步對其他

[11] Panel Report, paras. 7.114-7.117.

[12] Panel Report, paras. 7.162-7.163.

[13] Panel Report, para. 7.120.

放射性核種進行額外測試之要求。[14]

小組認爲日本之替代方案可達成或顯著低於韓國對放射性同位素之攝取量每年低於1毫西佛的規定，並指出若產品經測試銫含量確實控制於每公斤100貝克以下，則能確保其他核種之含量不超過韓國之容許值。小組認爲日本提出的替代方案已可達成韓國ALOP，因此判定韓國採取的進口禁令與額外測試要求違反SPS協定第5.6條規定，該等措施產生超過適當保護水準的貿易限制。[15]

二、韓國措施是否構成恣意或無理的歧視

SPS協定第2.3條規定會員之措施不應在有相似情況之會員間，包括其境內及其他會員境內之間，造成恣意或無理的歧視。日本主張韓國採取之進口禁令與額外測試要求不符合該條款，進而構成對國際貿易的隱藏性限制。日本認爲其產品及其他國家之產品皆含有銫或其他放射性核種，因此具有相似的風險。

韓國認爲應將相關生態（ecological）與環境（environmental）條件納入考慮，並著重於福島第一核電廠事故後日本的特定環境情況。小組同意該事故確實對海洋環境造成空前的影響。然而，小組指出先前也曾發生放射性物質洩漏流入海洋的重大事件。例如，將放射性廢棄物置於愛爾蘭海與北大西洋，或在太平洋進行核子武器測試等。[16]

---

[14] Panel Report, para. 7.125.

[15] Panel Report, para. 7.7.8.

[16] Panel Report, para. 7.292.

放射性物質若外釋暴露於環境中，可能汙染農產品及畜產品，並產生全球影響，因此小組認為全世界的食品皆具有受到放射性物質汙染的潛在風險。[17]

小組指出，日本產品的銫含量有逐年遞減之趨勢，從2012會計年度的0.86%降低至2014年的0.18%，且大部分食品的銫含量已降低至每公斤100貝克以下。儘管日本厚生勞動省（Ministry of Health, Labour and Welfare, MHLW）及農林水產省（Ministry of Agriculture, Forestry and Fisheries）之資料顯示，其28項漁產品銫含量自2013年10月3日起，經過測試皆無超過每公斤100貝克之容許標準，韓國卻又於2013年新增管制或繼續實施額外測試要求及進口禁令。[18]

小組認為韓國之進口禁令使得日本產品無法進入韓國市場，由於其產生超過適當保護水準的貿易限制。小組指出韓國持續對太平洋鱈魚及阿拉斯加鱈魚實施的特定產品進口禁令，以及2013年針對來自日本8縣的28項漁產品採取之全面進口禁令，對日本產品造成歧視性待遇（Discriminatory Treatment）。[19]

在韓國額外測試要求方面，小組指出韓國要求所有銫或碘含量超過每公斤0.5貝克之日本產品，需進一步對鍶及鈽進行測試。然而，若第三國之產品於邊境測試時發現含有銫或碘，韓國仍允許進入市場。日本認為該措施對其產品構成「法理上」（*de jure*）的歧視。小

[17] Panel Report, para. 7.298.

[18] Panel Report, para. 7.307.

[19] Panel Report, para. 7.8.2.1.

組判定韓國於2013年採取的額外測試要求及持續實施的額外測試要求造成對日本產品的歧視性待遇。[20]

由於小組認爲韓國措施與目的之間無合理關聯（Rational Connection），判定其措施對日本產品構成恣意或無理的歧視，進而對國際貿易造成隱藏性限制。[21]

三、韓國額外測試要求是否違反SPS協定第8條

日本認爲韓國違反SPS協定第8條有關管制、檢驗與核可程序之規定，主張韓國之額外要求測試不符合附件C第1項第a、c、e及g款。該等條款規定各會員應保證：

「(a) 該等程序如期執行與完成，並以不偏袒本國相同產品方式對待進口產品；

(c) 資訊要求事項僅限於適當管制、檢驗與核可程序所需的程度，包括對添加物使用的核可或食品、飲料或飼料中汙染物之容許量的訂定；

(e) 對個別產品之樣品之管制、檢驗與核可之要求應以合理與必要爲限；

(g) 程序中使用的設施位置與進口產品樣品的選擇基準，宜與本國產品者相同，以減少申請人、進口商、出口商或其等之代理人的不便。」

---

[20] Panel Report, para. 7.327.

[21] Panel Report, para. 7.8.3.

日本主張韓國僅針對其產品實施額外測試要求，在法理上涉及對產地的歧視。韓國表示確實會根據產地的不同而調整產品在邊境的檢驗頻率（Frequency of Inspection）。例如，韓國在車諾比（Chernobyl）事件後特別對烏克蘭、白俄羅斯及其他周邊國家之食品進行密切監控。小組認爲韓國措施考量了受汙染食品的潛在風險，而非以產地爲唯一基礎。[22]

另外，小組也指出韓國食品法典（Korea Food Code）第8條明確規定了食品驗證的相關程序，確保其食品安全措施之實施。由於日本無法有效證明韓國之措施不符合附件C第1項第a、c、e及g款，小組判定韓國在2011年及2013年的額外測試要求符合SPS協定第8條及附件C。[23]

四、韓國措施是否符合透明化義務

根據SPS協定第7條，會員應將其本國的檢驗及檢疫措施的相關變更公告，並應依附件B之規定，提供利害關係會員有關其措施之資訊。日本主張韓國未盡符合附件B第1項及第3項有關透明化義務之規定。

（一）韓國措施是否符合附件B第1項

附件B第1項規定，會員應保證迅速公布所有業經通過的食品衛生檢驗與動植物檢疫法規，俾利害相關的會員得以熟知。日本主張韓

---

22 Panel Report, para. 7.400.

23 Panel Report, paras. 7.381 & 7.383.

國發布的新聞稿中未提供有關全面進口禁令、特定產品禁令及額外測試要求的充分資訊。另外，日本也指出韓國將新聞稿發布於不同政府部門的網站，使其業者無法從確切管道取得有關韓國措施之適用範圍的相關資訊[24]。

日本認為韓國就全面進口禁令發布的新聞稿未涵蓋有關該措施的完整資訊，並指出韓國公布的內容中僅說明該措施適用於「所有魚類產品」，而未定義確切的產品範圍。[25]小組認為韓國的新聞稿雖然涵蓋了有關產地及適用條件的相關資訊，卻沒有詳細說明該措施適用來自日本8個縣的產品。小組也指出韓國將新聞稿公布於總理辦公室之網頁，不利於日本取得相關資訊，且該機構並非負責制定進口禁令的機構。另外，日本也主張韓國就額外測試要求公布的內容未說明產品之銫含量在超過何標準的情況下必須進行額外測試、必須對何種放射性核種進行額外測試、該措施適用的產地、必須在何處進行額外測試、測試的方法與條件。[26]因此，小組判定韓國措施不符合附件B第1項規定之義務，進而違反SPS協定第7條。

（二）韓國措施是否符合附件B第3項

附件B第3項規定會員應保證設置一個查詢機構（Enquiry Point），負責答覆來自利害關係會員提出的合理問題，並提供下列

[24] Panel Report, para. 7.448.

[25] Panel Report, para. 7.480.

[26] Panel Report, para. 7.488.

有關的相關文件：

1. 其境內採行或擬行的任何檢驗或檢疫法規。

2. 其境內施行的防治與檢驗程序、生產與檢疫處理、農藥殘留容許量與食品添加物之核可程序。

3. 風險評估程序、考慮因素，以及對檢驗與檢疫適當保護水準之決定。

4. 會員或其境內的相關機構，在國際與地區性食品衛生檢驗、動植物檢疫組織與體制的會員資格與參加情形，及在本協定範圍內的雙邊與多邊協定，以及該等協定的本文。

日本主張韓國查詢機構沒有提供有關進口禁令與額外測試要求的文件，且未充分回答其提出的問題。日本表示，韓國查詢機構不僅未針對2014年6月24日日本第一次提出之問題提供完整的答覆，也未對2014年11月13日日本第二次提出之問題作出任何回覆。然而，韓國認爲其查詢機構單次未回覆的實例不應構成違反附件B第3項之要素。[27]

小組認爲判定會員之措施是否符合附件B第3項有兩項適用要件，包括：1.會員是否成立查詢機構；2.該查詢機構是否確實提供利害關係會員相關文件[28]。小組同意日本之主張，表示韓國查詢機構未針對日本在2014年6月24日提出的問題提供完整答覆，也未回覆日本在2014年11月13日提出的問題，因此判定韓國未盡符合附件B第3項

[27] Panel Report, paras. 7.504 & 7.506.

[28] Panel Report, para. 7.510.

規定之義務，進而違反SPS協定第7條有關透明化義務之規定。[29]

五、小組建議

小組認定韓國措施違反SPS協定第2.3條、第5.6條及第7條相關規定。

小組依據DSU第19.1條規定，建議韓國對有關進口禁令與額外測試要求的措施作出修改，使其符合SPS協定規定之義務。[30]

參、上訴機構裁決內容

一、一審是否錯誤適用SPS協定第5.6條

韓國主張小組於一審時將錯誤的量化標準作爲其ALOP，並以該標準衡量日本提出之替代方案。韓國強調其ALOP實際上是由定性與量化的三個面向構成，以評估韓國消費者飲食中放射性核種含量是否符合最高容許標準，包含：1.在正常環境下；2.將放射性核種含量維持於ALARA的程度；3.暴露於放射性物質之總量每年低於1毫西佛。[31]

SPS協定將ALOP定義爲「適當的食品衛生檢驗或動植物建議保護程度─係指爲保障其境內的人類、動物或植物生命或健康而制定某一檢驗或檢疫措施的會員所認爲允當的保護水準」，許多會員另以

---

29 Panel Report, para. 7.10.3.3.

30 Panel Report, para. 8.7.

31 Appellate Body Report, para. 5.18.

「可接受的風險水準」指稱這種概念。上訴機構將ALOP視爲會員之政策目的，其採取措施爲達成目的之手段；會員具有制定適當保護水準之「特權」（Prerogative），以達成其政策目的。雖然SPS協定未強制要求會員制定量化的保護水準，但會員必須盡符合該協定規定之義務。[32]

上訴機構指出，儘管小組於審理時已認定韓國之ALOP確實包含不同要件，卻仍側重於其中的量化標準，即暴露於放射性物質之總量每年低於1毫西佛，忽略了其他兩項要件。上訴機構認爲小組未完整評估日本之替代方案是否能達成韓國ALOP的所有要件。因此，上訴機構撤銷小組有關「韓國採取之全面進口禁令、2013年新增之額外測試要求及所有措施之持續實施，爲不符合SPS協定第5.6條」之認定。[33]

二、一審是否錯誤解釋SPS協定第2.3條

韓國主張小組對SPS協定第2.3條之適用範圍作出過於狹隘的界定，未完整考慮其他相關情況。韓國指出小組於一審時採用了錯誤的標準，將產品受汙染的程度作爲風險評估的唯一要件。由於有關事故後日本生態與福島第一核電廠的資訊尙不充足，韓國認爲小組在評估日本是否與其他國家具有相同或類似的情況時，應將相關的環境與生態條件納入考量，特別是在日本核輻射汙染物質持續外洩的情況

---

32 Appellate Body Report, paras. 5.22-5.23.

33 Appellate Body Report, paras. 5.38-5.39.

下。[34]

小組在一審時確實指出，在福島第一核電廠事故後，外洩的核輻射汙染物質伴隨洋流擴散，使得北太平洋的核汙染程度持續提高，並有部分放射性核種沉積於福島海岸。[35]小組也提及核輻射汙染物質的外洩可能產生地域性效果，以致越接近汙染源的輻射值越爲集中。小組在報告中表示輻射外洩事件可能導致特定區域內食品的核汙染程度提高。[36]

上訴機構認爲小組在已知該等事實的情況下，仍將「產品風險」作爲評估日本是否與其他國家具有相同或類似情況的唯一相關條件，並判定日本與其他國食品的核汙染程度皆低於或顯著低於韓國每公斤100貝克之最高容許標準，而忽略了其他相關條件，例如地域因素。上訴機構認爲小組於一審時錯誤解釋及適用SPS協定第2.3條，故撤銷小組有關「韓國採取之全面禁止禁令、2013年新增之額外測試要求及所有措施之持續實施，爲不符合SPS協定第2.3條」之認定。[37]

三、一審是否錯誤適用SPS協定第7條及附件B

（一）一審是否錯誤適用附件B第1項

小組於一審時指出，在所有情況下，會員就其措施的相關變更公

---

34 Appellate Body Report, paras. 5.53-5.54.

35 Appellate Body Report, para. 5.70.

36 Appellate Body Report, para. 5.74.

37 Appellate Body Report, para. 5.2.4.

布之內容應涵蓋適用於出口產品之條件，包括特定原則及方法。然而，韓國認爲僅需提供有關檢驗或檢疫措施之資訊，主張小組對附件B第1項作出錯誤的解釋。韓國也指出小組提出的要求要件不在該附件規定義務之範圍，屬於額外義務。[38]

上訴機構同意小組對附件B第1項之解釋，認爲公布內容應涵蓋有關檢驗及檢驗措施之充分資訊，包括該措施適用的產品範圍及要求要件，使利害關係會員得以熟知其相關變更。另外，上訴機構表示應針對特定管制措施、適用的產品範圍、潛在風險及其他相關情況，決定實際公布內容。[39]

小組指出韓國在有關全面進口禁令的新聞稿中僅說明了該措施適用於「所有魚類產品」，卻在向WTO提出的通知中將魚類產品定義爲「作爲食品之水生動物及藻類」。由於藻類未被涵蓋在協調制度（Harmonized System, HS）第三章「魚、甲殼類、軟體類及其他水產無脊椎動物」之中，小組認爲韓國發布之新聞稿無法使日本知悉有關全面進口禁令的相關資訊。[40]小組也指出韓國於2011年及2013年就額外測試要求發布之新聞稿未包含有關該等措施的完整內容，使利害關係會員無法瞭解相關變更[41]。上訴機構認爲小組未錯誤適用SPS協定第7條附件B第1項，因此上訴機構維持小組有關「韓國措施違反該條

[38] Appellate Body Report, para. 5.157.

[39] Appellate Body Report, para. 5.151.

[40] Appellate Body Report, paras. 5.163-5.164.

[41] Appellate Body Report, para. 5.169.

款透明化義務規定」之裁定。

（二）一審是否錯誤適用附件B第3項

小組於一審時判定韓國違反SPS協定第7條附件B第3項，由於其查詢機構未完整回覆日本在2014年6月24日第一次提出的問題，也未回覆日本在2014年11月13日第二次提出的問題。韓國主張其查詢機構有確實答覆日本於2014年6月24日第一次提出的問題，小組不應基於其單次未回覆的實例，判定韓國未盡符合該條款規定之義務。[42]

上訴機構表示，附件B第3項旨在確保會員建立查詢機構，以負責提供相關答案及文件。上訴機構認爲在評估查詢機構是否盡符合該條款之義務時，應將所有相關要件納入考量，包括：查詢機構收到的問題總數、回答問題的比例、資訊的性質與範疇、查詢機構是否持續未作出答覆。[43]上訴機構認爲小組在沒有完整評估該等要件的情況下，無法對韓國查詢機構是否有答覆利害關係會員提出之問題，並提供相關文件作出結論，進而無法判定韓國是否盡透明化義務。因此，上訴機構撤銷小組有關「韓國查詢機構未回覆日本第二次提出之問題，乃違反SPS協定第7條附件B第3項」之認定。[44]

四、上訴機構之建議

綜上所述，上訴機構撤銷小組有關韓國措施違反SPS協定第2.3

---

42 Appellate Body Report, para. 5.206.

43 Appellate Body Report, paras. 5.210-5.211.

44 Appellate Body Report, para. 5.214.

條、第5.6條及第7條附件B第3項之認定；僅維持小組針對第7條附件B第1項之認定。

上訴機構建議DSB要求韓國依據此報告及修改後的小組報告，修正其違反SPS協定之措施，使其措施符合該協定規定之義務[45]。

肆、案例評析與影響啓示

一、案例評析

（一）對「相同或類似情況」之界定

根據SPS協定第2.3條，會員應保證其檢驗與檢疫措施不會在有相同或類似情況的會員之間，包括其境內與其他會員之間，造成恣意或無理的歧視。日本與韓國對系爭法律條款所謂「具有相同或類似情況」抱持不同的觀點。日本認爲小組應分析產品風險，以判斷其產品與其他國家產品是否具有相同或類似的情況；韓國則認爲小組應考量日本與其他國家的「地域因素」，並評估福島第一核電廠事故是否在環境與生態方面造成影響。[46]

核汙染食品含有游離輻射，對人類健康有負面影響，在科學證據上是無可爭辯的，尤其低輻射劑量最嚴重的效應是輻射長期累積而導致潛在癌症風險將大幅提高。核災區對環境及生態產生汙染，因此具有較高不確定風險，其產品對人類生命及健康具有潛在「健康風

---

[45] Appellate Body Report, para. 6.9.

[46] Panel Report, para. 7.262.

險」。

一審階段認爲，韓國採取進口禁令及額外測試要求之單一目的爲確保韓國人民不會因攝取受放射性核種汙染之食品而受到負面影響。因此，小組將日本與其他國家之產品是否皆具有受放射性核種汙染的潛在風險，作爲評估會員之間是否具有相同或類似情況的相關條件，並判斷日本產品放射性核種含量是否低於韓國的容許標準。

韓國認爲小組在衡量SPS協定第2.3條之適用性時，應著重於該條款「區域」（Territorial）的普遍情況。韓國也認爲小組應將第5.2條規定有關風險評估的基本要素納入考慮，特別是「相關的生態與環境條件」，原因在於福島第一核電廠已洩漏及未來可能持續外洩的放射性核種與環境有直接相關。[47]

上訴機構指出，一審不應將國際貿易中的產品風險作爲判定SPS協定第2.3條之適用性的唯一要件，並認爲小組應考量不同會員的所有相關條件，包括與管制目的及特定SPS風險相關，但尚未對產品造成影響之地域性因素。上訴機構認爲小組在一審時檢視相關地域性因素之目的僅是爲了指出國際貿易中的產品風險，以致未完整解釋系爭條款。[48]例如，小組報告雖然提到福島第一核電廠事故導致的放射性核種外洩可能產生地域性效果，使越接近汙染源的輻射值越爲集中，其結論卻只說明該事故與歷史上的核輻射外洩事故仍持續造成全球影

---

[47] Panel Report, paras. 7.264-7.265.

[48] Appellate Body Report, para. 5.64.

響，因此全世界的食品皆具有受銫、鍶及鈽汙染的潛在風險。[49]上訴機構認為小組對SPS協定第2.3條規定「相同或類似情況」之適用範圍作出過於狹隘的界定，所以撤銷小組有關韓國採取之進口禁令及額外測試要求，為不符合該條款之認定。[50]

（二）韓國措施之法律正當性

DSU第17.6條規定，提起上訴，限針對小組報告之法律爭議及小組所為之法律解釋爭議。由於設置上訴機構的目的在於救濟小組報告可能存有的嚴重法律錯誤，[51]上訴機構無法要求審查新的事實證據（factual evidence）或重新審查既有的證據，其僅能對有關小組報告及法律解釋的爭議進行審查。由於上訴階段無法進行證據評估及事實推定，上訴機構並未就小組對本案事實議題的法律審查提出意見。該等議題包括：日本食品受汙染的程度、有關福島第一核電廠事故的不同放射性核種之間的關係及比例、韓國消費者膳食攝入放射性核種之暴露風險。[52]

WTO爭端解決小組認為韓國措施對日本產品造成歧視性待遇，進而對國際貿易構成隱藏性限制，故判決韓國違反SPS協定第2.3條。小組認為日本提出之替代方案已可達成韓國ALOP，判定韓國措施對

---

[49] Appellate Body Report, paras. 5.70 & 5.74.

[50] Appellate Body Report, para. 5.90.

[51] 洪德欽，《WTO法律與政策專題研究》，第三版，台北：新學林，2017年9月，頁518。

[52] Appellate Body Report, para. 5.37.

日本產品造成超過適當保護水準的貿易限制，故不符合SPS協定第5.6條。小組也做出韓國措施為不符合SPS協定第7條規定透明性義務之判決。由於韓國發布的新聞稿未詳細說明進口禁令及額外測試要求的確切適用範圍，使利害關係會員無法熟知有關該等措施的相關變更，故判定韓國違反附件B第1項。另外，小組認為韓國查詢機構未針對日本在2014年6月24日提出的問題做出完整答覆，也未回答日本在2014年11月13日提出之問題，因此認定韓國未盡符合附件B第3項之義務。

韓國在2018年4月9日向WTO提出上訴。上訴機構認為小組有錯誤解釋及適用SPS協定第2.3條、第5.6條、第7條及附件B，故撤銷一審認定韓國違反該等條款的主要裁決。WTO爭端解決機制採二級二審制，本案最終以韓國沒有違反SPS協定規定之義務定讞。在此情況下，韓國可繼續實施其進口禁令及額外測試要求，而無立即調整該等措施之壓力。

（三）WTO解釋的重要性

貿易爭端一般是WTO不同會員針對WTO協定及條款之適用，存有事實認定及法律解釋之差異性，而引起法律見解及利益之衝突。WTO之法律解釋往往也左右WTO案件小組及上訴機構之認定及裁決。本案小組及上訴機構針對SPS協定第2.3條「地域」（Territory）解釋之差異性，導致小組認定韓國措施違反SPS協定被撤銷，韓國出現「逆轉勝」之結果，亦即，上訴機構認為日本福島等地區之漁產品在核災之後，得將災區視為特殊地區，而非「相同或類似」於其他

WTO會員之情況。在解釋SPS協定第2.3條時，針對核災區，應同時包括食品本身以及食品地域等因素，以評估日本食品是否與其他會員食品具有相同或類似情況。

美國以第三國意見書援引印度—農產品（India-Agricultural Products）案小組見解，支持第2.3條之適用，會員得兼採產品與地域等因素，認定日本食品是否與其他會員食品具有相同或類似情況[53]。

本案上訴機構之認定揭示SPS協定第2.3條「相同或類似」情況之要件比GATT一般「同類產品」（like products）之要件更廣，除了同類產品傳統關稅分類、物理特性、最終用途、消費者習性、是否具有替代性及相互競爭性之外，另外包括「地域」以達到SPS協定追求食品安全及降低健康風險之目標[54]。韓國所採取SPS限制措施因此不構成隱藏性限制，對日本也不導致恣意或無理歧視。韓國針對SPS協定的解釋與論證具有前瞻性及創新性，突顯核災區食品的風險不確性及存有較高潛在健康風險，合法化WTO會員針對日本核災區食品的地域管制。

53 詳見Oral Statement of the United States of America at the Third-Party Session of the First Substantive Meeting of the Panel with the Parties, 12 July 2016；以及楊培侃，〈從WTO日韓輻射案探討日本輻射食品進口管制的貿易法爭議〉，2016年12月8日，https://web.wtocenter.org.tw/Mobile/page.aspx?pid=287425&nid=126，最後瀏覽日：2019/6/18。

54 賴珮萱，〈試析「韓國—輻射案」—以SPS協定第5.6及2.3條爲中心〉，《經貿法訊》，第231期，2018年4月25日，頁35-36。

二、本案之影響與啓示

（一）對日本之影響

1. 對日本漁產貿易之影響

北太平洋是世界最大的漁場之一，該海域的漁獲量占全球的23%，而日本的專屬經濟海域（Exclusive Economic Zone, EEZ）也位在於此。日本漁業提供其國內不可或缺的糧食來源，同時扮演著維持地方經濟的重要角色，特別是沿太平洋海岸地帶。雖然日本有90%的漁獲量供應其國內市場，該國仍是世界主要的水產出口國，其產品多輸出至香港（29.8%）、美國（14.3%）、中國（14%）等地區[55]。日本漁業出口量於1980年代達到高峰，隨後卻因產業總產量下降及日幣升值而減少。雖然其產量與產值在2000年後獲得了復甦，然該產業的出口量在2008年金融危機及日幣升值的影響下再次減少。另外，2011年的福島第一核電廠事故也對日本漁業造成打擊，該產業的產量與產值較2010年分別降低了25%及11%。[56]

日本福島核災事故嚴重影響沿太平洋海岸的福島、北海道、青森、岩手、宮城、茨城及千葉等7縣，對其漁業造成的損失預估高達1,263.7億日圓。[57]日本政府在2014年發表《海洋基本計畫》，並分配1.03兆日圓的追加預算，協助漁業與水產養殖相關領域的復興。2016

---

[55] Policy Department for Structural and Cohesion Policies, *Research for PECH Committee – Fisheries in Japan*, Brussels: European Parliament, 2017, pp. 15-20.

[56] Policy Department for Structural and Cohesion Policies, *supra* note 55, pp. 41-42.

[57] *Ibid.*, pp. 51-52.

年，岩手、宮城及福島的漁業產量與產值已恢復到事故前的74%及93%；大部分漁產品的放射性物質含量也穩定降低至限制標準。[58]雖然全世界對魚類產品的需求持續增加，使得日本漁業出口得到了復甦，但許多國家仍實施管制日本產品進口的措施。

爲了擴大出口，日本乃藉由向WTO起訴以證明其漁產品的安全性，上訴機構卻以小組錯誤解釋及適用SPS協定而撤銷大部分的一審認定。日本認爲上訴機構的裁決對其產品的安全性造成負面影響，並使全球消費者對日本漁產品的不信任持續擴散。[59]本案二審最終認定韓國沒有違反SPS協定之問題，韓國可繼續實施進口禁令及額外測試要求，而無立即調整的壓力。本案也使目前23個國家及地區仍然實施限制日本食品入境的措施，得以繼續維持。[60]本案裁決有效釐清各國針對日本核輻射食品進口管制之合法性，這也是WTO爭端解決之一項功能，如同WTO「爭端解決規則與程序瞭解書」第3條揭示，WTO爭端解決制度乃提供多邊貿易體系的安全性及可預測性的重要因素，以維護會員國在WTO架構下之權利義務平衡，並促進WTO之有效運作。

---

58 *Ibid.*

59 Mainichi Japan, *Editorial: Japan needs to do more to convince people overseas about safety of its food*, 13 April 2019, available at https://mainichi.jp/english/articles/20190413/p2a/00m/0na/022000c, last visited: 2019/6/10.

60 Reuters, *supra* note 1.

2. 對日本食品信譽之影響

本案亦可作爲各國繼續禁止日本產品進口的判定標準。本案對日本核食產品採取限制之其他23個WTO會員國具有重大意涵與影響。日本原本期待透過WTO爭端解決機制，排除其他國家之限制措施，但是結果事與願違，反遭敗訴。事實上，日本核災區食品出口數量及金額皆不大，日本如果採取自願性嚴格地域管制，反而可以繼續維持日本整體食品高品質形象。日本核食案敗訴，反而加深其他國家消費者對日本出口食品的不信任。日本誤判SPS協定之解釋以及核災區食品的健康風險，可說得不償失。

台灣在福島核災事故後完全禁止日本福島、茨城、櫪木、群馬、千葉的產品，並加強相關措施，包括：源頭管理、邊境查驗與市售管理、加強台日雙方食品安全合作、持續針對輸入日本食品及我國漁獲進行輻射檢測並上網公告、建立日本食品管理工作專區。[61]2018年11月，台灣的反日本核食公投案以779萬同意票、223萬不同意票，有效同意票數39.44%通過，我國將繼續實施對日本核食產品進口的管制措施。[62]我國維持對日本的貿易限制，可能會影響兩國合作關係，例如，日本放話將影響台灣加入跨太平洋夥伴全面

61 行政院，〈日本食品輸臺說明〉，2016年12月2日，https://www.ey.gov.tw/Page/5A8A0CB5B41DA11E/32832bac-22f2-45fa-8ec2-59db11fc03fa，最後瀏覽日：2019/6/11。

62 中央選舉委員會，〈公告全國性公民投票案第7案至第16案投票結果〉，2018年11月30日，https://www.cec.gov.tw/central/cms/bulletin/29586，最後瀏覽日：2019/6/13。

進步協定（Comprehensive and Progressive Agreement for Trans-Pacific Partnership, CPTPP）的機會。[63]台灣與日本當然可以就此議題進一步溝通，惟貿易合作仍應與食品安全及健康風險分開處理，如同日本自1997年以後，也以台灣是口蹄疫區，長期嚴格禁止台灣豬肉之進口。所以，台日經貿談判，我國仍應堅守以國民健康、食品安全、消費者權利保障等作為談判原則，才得以建立國人對政府之信賴並維護國家尊嚴。

（二）對台灣之啓示

1. 核災地域管制的重要性

烏克蘭車諾比核電廠於1986年4月26日發生重大核災意外後，歐盟推定事件地點方圓1,000公里（以核災中心點半徑1,000公里）為核輻射感染區，禁止東歐國家牲畜、肉類及生鮮食品之進口，影響到匈牙利等眾多國家出口利益。GATT支持歐盟立場，認定其措施符合科學方法及不歧視原則，用以保護歐洲人民的健康及安全。歐盟措施雖然有法律領域外適用之嫌，仍然被認定為符合GATT第20條規定。[64]

福島核災事故中，日本僅對福島第一核電廠半徑60公里地區以及20公里海域採取管制。然而，海洋汙染區域，隨著黑潮洋流將會傳

---

63 Kyodo, *Taipei faces tension in ties with Tokyo after Taiwan passes 'political' referendum to maintain food ban*, 26 November 2018, available at https://www.japantimes.co.jp/news/2018/11/26/national/taiwan-passage-japanese-food-ban-referendum-affect-relations/#.XP9NS4gza70, last visited: 2019/6/11.

64 前揭註51，頁275-276。

輸到更遠地區。另外，海洋區域由於環境開放性，迴流魚類經過災區而在災區以外捕獲，仍有汙染可能性，其管制也較爲困難。事實上，本案爭端解決小組也承認福島第一核電廠事故後排放到海洋汙水之影響，確實無法加以忽視。[65]核災區具有較高不確定風險，核災區產品因此具有事實上及潛在性「高風險」特性，得視爲高風險性產品。各國對日本核災區漁產品之限制措施自有必要。我國針對日本核災區產品應採取核災區（福島等特定縣）「地區管制」爲主要管制方法，並兼採「風險產品」管理，雙重並行管理制度，以確保我國食品安全及國人健康，才足以建立國人對日本產品及政府食安政策的「信心」。

2. SPS措施的重要性

SPS協定前言明確認肯WTO會員爲了保護人類、動植物生命或健康，可以採取必要措施，包括限制進口等。在美國—蝦／龜案（US-Shrimp/Turtle），上訴機構認爲WTO會員有權採取SPS協定及GATT第20條相關措施，用以保護人類、動植物的生命及健康，避免瀕危物種之滅絕或自然資源之枯竭等。這些是WTO會員權利，不需要WTO的授權。[66]

韓國限制日本核災區產品進口，用以保護其國民之生命安全及健康，乃其在WTO架構下之合法權利，也無導致恣意限制或形成隱藏性限制。韓國禁止日本核災區產品進口案將核災區「地區」特殊因素

---

[65] Panel Report, paras. 7.291-7.292.

[66] WTO, US—Shrimp/Turtle, WT/DS58/R, 15 June 2001; WTO, WT/DS58/AB/R, 22 October 2001.

納入考量，具有重要意涵，乃是一項具有「科學基礎」的開明決定，得視為一項「法律進步」，值得喝采與肯定。

3. Codex標準及WTO判例的重要性

本案涉及專業性科學標準、健康風險及食品安全等問題，日本及韓國皆希望爭端解決小組參考相關國際組織標準及專家意見。SPS協定第11.2條規定，SPS協定下之爭端，在涉及科學或技術問題時，小組宜向經由爭端當事國諮商後選定的專家徵詢意見，也可以請教相關國際組織。SPS協定前言亦提及WTO會員採取SPS協定措施，宜參考國際食品法典委員會（Codex Alimentarius Commission, Codex）、世界動物衛生組織（World Organisation for Animal Health, OIE）等國際標準作為基礎，並從事各會員檢驗與檢疫措施之調和。

本案小組向Codex、FAO、國際原子能總署（International Atomic Energy Agency, IAEA）、聯合國原子輻射效應科學委員會（United Nations Scientific Committee on the Effects of Atomic Radiation, UNSCEAR）及世界衛生組織（World Health Organisation, WHO）等國際組織徵詢意見，並邀請日本與韓國雙方同意的5位專家就本案提供相關科學及技術性意見。[67]針對放射性核種含量標準，日本與韓國皆參考Codex「放射性核種含量限值標準」（Guideline Levels for Radionuclides in Foods Contaminated Following a Nuclear or Radiological Emergency, Codex Radionuclide GLs）並以貝克／公斤

67 Panel Report, paras. 2.77 & 2.79.

（Bq/Kg）計量。[68]

Codex標準與食品安全及健康風險最爲相關，在本案用以界定人體暴露情況下，每年有效劑量少於1毫西佛、不同放射性核素每日平均個人攝取量（Acceptable Daily Intake, ADI）等標準，以決定食品之風險，以及是否足以有效維持韓國「適當保護水準」及符合SPS協定附件A第5項ALOP之規定。

本案對台灣的啓示是，台灣由於外交限制，沒有參與Codex食品安全相關活動。但是，我國仍應採取Codex及國際標準，針對日本核食產品，從事嚴格把關，以保護國人生命健康及消費者權益，並與國際規則及標準接軌。値得注意的是，食源性健康風險不一，尤其核災區食品存有較高「不確定風險」及「健康風險」，針對核災區得以「區域」因素採取限制措施，在本案已被上訴機構所認肯。因此除了Codex標準，我國亦得援引WTO案例，同時採取「地域管制」及「高風險食品管制」，維持特定日本核災區食品之進口限制，以維護國人健康、食品安全及國家尊嚴。

伍、結論

韓國限制日本核食產品進口案（DS495）乃WTO第一件有關核輻射汙染食品的爭端案件，深受日韓及WTO會員之重視。WTO於2015年9月28日成立本案爭端解決小組，小組報告至2018年2月22日才

---

[68] Panel Report, para. 2.28.

正式公布，大大超過小組原則上需於6個月（最長9個月）向WTO會員公布報告之期間。本案涉及核輻射對健康影響、安全標準之界定及SPS協定之解釋，具有法律與科學的複雜性；另外，涉及食品安全及國民健康等重大國家利益，具有政治敏感性及經貿利益關聯性。

韓國對日本核食產品採取之進口限制措施，包括：產地證明、地域管制禁止進口、出口驗證、邊境管制、市場販售等多層級管制，相當嚴格。爭端解決小組認定韓國地域進口禁令及其他放射性核種檢驗要求，對日本核食產品出口造成專斷或不當歧視性，且措施超過必要的貿易限制。小組因此裁定韓國違反SPS協定第2.3條、第5.6條、第7條及附件B第1項及第3項。本案小組報告經韓國上訴，上訴機構裁定韓國抗告有理，終審日本敗訴。

韓國抗辯主要理由是福島事故後，輻射外洩情況仍不確定，且後續仍有輻射水外漏流入海洋的情況，日本核災區仍具有潛在高風險汙染。尤其福島等核災區使日本並不具備與其他WTO會員「相同或類似」區域之條件，不能單獨以產品風險及放射性核種含量做認定，而是改採以「區域」爲主要認定條件。韓國此一論證及SPS協定第2.3條之解釋被上訴機構所認肯，這是韓國在本案逆轉勝之主要原因。所以，日本於2013年後之核災地區食品放射性核種含量，雖與其他國家相比並無過高情況，也符合國際標準，但是因爲「核災區」之特殊地域因素，韓國相關限制措施並無違反SPS協定相關規定。韓國仍得維持進口禁令等措施，以維護「國民安全」。

WTO上訴機構在本案相關認定，可能於其他案件被參考及援引而形成類似判例效力。韓國在本案的論證因此反映韓國在適用及解釋SPS協定的邏輯性，展現了圓融的論證能力及談判藝術，透過爭端案件，爭取到最大「國家利益」，並大幅提高韓國的「國家形象」。本案對台灣的啓示是，政府應嚴格把關食品進口，以國人生命健康、食品安全及消費者權益作為最高考量。我國參考本案，針對核食產品進口應同時採取「地域管制」及「高風險食品管制」，維持特定日本核災區食品之進口限制，以維護國人健康、食品安全及國家尊嚴。

第八章

WTO爭端解決機制下第三國之參與以及我國之實踐

陳在方

世界貿易組織（World Trade Organization, WTO）是我國在艱困的國際環境下，得以直接參與最具重要性的國際組織。WTO在主要的國際組織中，歷史並不算悠久，但在經濟全球化的時代，係最具有影響力的國際組織之一[1]。我國參與世界貿易組織的運作，除了在各個領域充分參與WTO爲其會員所提供之談判場域中進行貿易協商，以及積極參與貿易政策審查機制（Trade Policy Review Mechanism）的運作以外，在WTO運作上具備核心地位的爭端解決機制，我國也充分參與。我國於WTO爭端解決機制上，以當事國參與案件進行的數量不多，亦爲學界研究之焦點，學界有充分討論。我國在WTO爭端解決機制上的參與，除了以當事國身分參與外，我國歷年來積極以第三國身分參與爭端解決程序，則是實務上我國參與WTO爭端解決程序的重要管道。藉由擔任第三國方式參與WTO爭端解決程序，對於瞭解個案的進行、掌握WTO規範解釋的形成與發展、充實我國參與WTO爭端解決機制的能力等各方面，都有重要的意義，亦爲本文所欲探討之主題。以下本章係就WTO對於第三國參與爭端解決程序之規範、我國擔任第三國參與爭端解決程序之狀況、我國以第三國身分參與爭端解決程序之影響等面向，探討此一議題。

1 林彩瑜，《WTO制度與實務—世界貿易組織法律研究（三）》，2011年，頁2。

壹、第三國參與爭端解決程序之規範

WTO爭端解決機制中，對於第三國之參與有所規範。「爭端解決程序與規則瞭解書」（Understanding on Rules and Procedures Governing the Settlement of Disputes, DSU）之規範設計上，對於諮商、爭端解決小組程序，乃至於上訴機構程序，均提供第三國程序上參與之機會，以下分述之。

一、第三國於諮商程序之參與

諮商之請求正式開展WTO之爭端解決程序[2]。DSU之規範設計上，於諮商階段，即認爲有利害關係之第三國如能在相關國家進行諮商時參與程序，對於該等爭議之整體性解決有重大之助益[3]，並提供具參與諮商利益之第三國程序上之權利。所謂具參與諮商利益第三國之情形，包括例如系爭措施對該第三國之貿易利益亦造成損害、該第三國可能從系爭措施中受有利益，或該第三國採行與系爭措施類似之措施等情況，均屬於第三國可能具備參與諮商利益之情形[4]。

DSU因而規定進行諮商之會員國以外之會員國，如認爲其於某一諮商之事項中，有實質之貿易上利益（has a substantial trade interest），如該諮商係依照特定程序下所進行者，該會員國在通知刻正進行諮商之會員國以及DSB後，除被要求進行諮商之當事國拒絕以

---

2 前揭註1，頁50。

3 羅昌發，《國際貿易法》，2010年，頁678。

4 前揭註1，頁52。

外，原則上得參與諮商程序[5]。所謂特定之程序，係指開啓該諮商程序之要求諮商之當事國，如該請求係基於GATT第XXII:1條、GATS第XXII:1條及其他涵蓋協定之相當條文所進行者，該具有實質之貿易上利益之會員，得以第三國身分請求參與諮商。應加以注意者爲，於GATT 1994下，請求進行諮商之當事國，得選擇依據GATT第XXII:1條與第XXIII:1條提出諮商請求。因此，請求進行諮商之當事國，得選擇其提出諮商之法律基礎，據以決定是否允許其程序中，由第三國加入諮商程序[6]。而如請求進行諮商之當事國，選擇依據GATT第XXII:1條提出諮商之請求，則第三國得否加入諮商程序，則係由被要求諮商之當事國（亦即被控訴國）決定是否拒絕其加入[7]。換言之，該被控訴國，實質上享有否決權[8]。由於該否決權不受審查，並無行使之時間限制，DSU亦無就實質貿易上利益之要件規定有舉證責任之分配規範，因此被控訴國幾乎有片面與絕對之否決權，僅受「誠信原則」限制而已[9]。

其後，加入之請求即使被拒絕，該第三國仍得自行依照相關條文要求進行獨立之諮商，僅是不得加入原本之諮商程序[10]，惟此時該等

5 DSU，第4.11條；前揭註3，頁678。

6 前揭註1，頁52，註66。

7 前揭註1，頁52，註66。

8 彭心儀，〈以「第三國」參與WTO爭端解決程序之研究〉，《月旦法學雜誌》，第105期，2004年，頁147。

9 前揭註8。

10 DSU，第4.11條。

程序即非以第三國之身分進行諮商，而是自行以當事會員國之角色進行諮商程序。此一針對第三國參與之限制規定，係著眼於諮商程序尚未正式進入爭端解決小組程序，期待相關會員國自行解決爭議[11]，加上諮商程序上保密之需求[12]，而對程序之參與有部分之保留。而且，於諮商階段的參與與否，不影響該國參與小組程序階段之權利[13]。因此，被控訴國之否決權，雖對於第三國參與之程序有所限縮，惟整體而言，其規範取得程序參與者間之平衡，有其正面效益[14]。

二、第三國參與爭端解決小組程序

而於爭端解決小組之程序，第三國參與的空間更大。爭端解決小組程序雖係由控訴國對被控訴國提起控訴而進行，但受到貿易措施所影響之國家，往往不只一國，其所引致之爭端，亦往往不限於程序上的控訴國與被控訴國之間而已。因此，爲了透過一次之程序，可以一次解決相關之爭議，DSU設計有第三國參與爭端解決程序之規定[15]。雖然爭端解決小組之所以有權對系爭案件進行解決程序，係基於當事國之委託[16]，裁決的結果亦不會直接對當事國以外之會員國產生直接效果。然而，DSU也肯認第三國在程序上有參與之實益。因此，在

11 前揭註3，頁678。

12 DSU，第4.6條。

13 前揭註8。

14 前揭註8。

15 前揭註3，頁686。

16 前揭註3，頁684。

DSU之規定下，小組程序必須充分考量爭端當事國以外其他會員國之利益[17]。於程序上，第三國的利益即以第三國身分參與之方式體現於DSU規範上。於DSU程序上，得以第三國身分參與爭端解決小組程序者，不限於已經參與諮商程序之WTO會員國[18]。DSU就第三國參與程序，係規定就系爭事件有實質利益（substantial interest）之任何會員國，若已將其利害關係通知DSB，則此第三國應有機會參與小組之審查程序，有請求聽審之權利，並得以提出書面文件於第三國與爭端解決小組，爭端解決小組亦應於其小組報告中將其意見反應[19]。就此規範言之，得以第三國身分參加爭端解決程序之WTO會員國，需滿足「實質利益」要件。此一第三國參與爭端解決小組程序之要件，當事會員國並沒有否決權[20]，且爭端解決小組實務上並未就此一要件進行實質檢驗，而係採取相當開放之態度[21]。因此，WTO會員以第三國參加爭端解決小組程序，並無規範上之限制，亦無須正當化該國於個案上的利害關係。此實係第三國得以作爲WTO會員參與程序並藉由該程序建構爭端解決程序能力的主要原因。

第三國參與程序，可獲得當事國於首次審理會議中所提出之文

---

17 DSU，第10.1條。

18 前揭註1，頁53。

19 DSU，第10.2條。

20 前揭註8，頁147，註14。

21 前揭註8，頁148。

件[22]，藉此獲得本應屬於機密的程序上相關資訊[23]，以掌握與瞭解當事國於該爭端中的措施與主張。小組亦應以書面邀請所有曾經向DSB通知其利害關係之第三國，在首次實體會議（first substantive meeting of the panel）中提出其意見，並得在此會期中全程在場[24]，以瞭解當事國與其他第三國在首次實體會議中所提出之意見與論點。由於爭端解決小組之程序係以審理不公開爲原則[25]，爭端解決小組之審理不對外公開，爭端當事國以及利害關係國僅在受邀請時始得在場[26]，在當事國所提出之文件應受到保密的規範下[27]，第三國程序參與之相關規範，係WTO會員國參與爭端解決程序之重要管道。實務的發展上，更超越DSU所規範第三國的程序上參與權利，第三國得以參與所有實質會議、獲得所有當事國文件，並得以在第二次小組實體會議中發表簡短陳述等，均屬於爭端案例發展出來，形成第三國權利擴大化之結果[28]，更有助於第三國程序上參與之權利。

三、第三國參與上訴機構程序

就上訴機構之程序而言，第三國並無權針對小組報告上訴，但已

---

[22] DSU，第10.3條。

[23] DSU附件3「工作程序」（Working Procedures）第3項。

[24] 前揭註3，頁688。

[25] 前揭註3，頁690。

[26] DSU附件3「工作程序」第2項。

[27] DSU附件3「工作程序」第3項。

[28] 前揭註8，頁156。

經依據DSU第10.2條就其利害關係通知DSB之第三國，得向上訴機構提出書面意見，並應有機會出席上訴機構之審理並提出意見[29]。此一規定進一步的確保第三國於爭端解決程序中的程序上參與，但僅限於曾經就其實質利益通知爭端解決小組程序之第三國始得以參與上訴機構程序，排除第三國於上訴程序始加入程序之機會。因此第三國之參與，應注意此規範。實務上做法係規定於上訴審查工作程序（Working Procedures for Appellate Review）[30]。過去實務做法，第三國提出書面意見之期限，與被上訴國提交其訴狀之期限係爲同一天，因此造成第三國不一定能於遞狀前先行閱覽被上訴國文件之情形[31]，亦造成第三國經常無法在上訴階段及時提出第三國意見書之情況[32]。於2010年9月15日實施之新規範就此有所修正，亦即將相關日期調整，將被上訴國提出書狀的時間（上訴通知後18天內）[33]調整於第三國提出書面意見的時間（上訴通知後21天內）之前[34]。然而，即使有所調整，對於第三國而言，閱覽被上訴國所提出書狀的時間，仍然非常緊迫，對於及時提交書狀，有其困難存在。

就此問題，上訴機構實務規範，允許未能及時提出意見之第三國

---

29 DSU，第17.4條。

30 Working Procedures for Appellate Body Review, WT/AB/WP/6, available at: https://www.wto.org/english/tratop_e/dispu_e/ab_e.htm.

31 前揭註8，頁150。

32 前揭註8。

33 Working Procedures for Appellate Body Review, *supra* note 30, Rule 22(1).

34 *Id.*, Rule 24(1).

仍得以參與部分上訴程序，亦即第三國在上訴通知後21天內通知上訴機構秘書處其參與口頭辯論之意願[35]，即使該國並未提出書面意見，仍有權參與口頭辯論以及提出口頭聲明[36]。若第三國未提出書面意見，亦未在上述期限通知上訴機構秘書處，仍得儘速提出其參與口頭辯論以及提出口頭聲明之意願[37]，而得參與口頭辯論[38]，並依據上訴機構之裁量，於考慮正當程序要件下，容許該第三國在口頭辯論中提出口頭聲明，並回覆相關問題[39]。

上訴審查工作程序之設計，顯示其儘量提供第三國參與上訴機構程序之方向，第三國在最大的可能內，得參與口頭辯論，瞭解其他當事國與第三國就上訴程序所提出之主張，並得提出其主張，以在最大程度內，讓上訴機構於裁決時，將其意見納入考慮[40]。

貳、我國擔任第三國參與爭端解決程序之狀況

由前所述，第三國於程序上之參與，係WTO爭端解決機制下重要的設計，屬於WTO會員國參與個別爭端解決程序的重要管道，得以具體影響對於該國而言具備重要性之案件之進行。同時，第三國程

---

35 *Id.*, Rule 24(1).

36 *Id.*, Rule 24(2); 前揭註1，頁58，註107。

37 Working Procedures for Appellate Body Review, *supra* note 30, Rule 24(4).

38 *Id.*, Rule 27(3)(b).

39 *Id.*, Rule 27(3)(b); 前揭註1，頁58，註107。

40 *See* Working Procedures for Appellate Body Review, *supra* note 30, Rule 24(2).

序亦屬於會員建構參與爭端解決程序能力的重要方式，藉由參與程序的本身，得以具體瞭解WTO爭端解決程序實務，學習其他國家參與程序之做法，以增進該國未來具體個案上的程序參與能力。就此而言，第三國之參與，係屬於具備積極意義之作爲。我國向來亦積極參與WTO爭端解決程序上之第三國程序。以下將就我國歷年來以第三國身分參與爭端解決程序之狀況，加以分析。

根據本研究審視我國所參與之WTO爭端解決案件所進行之統計，我國自2002年成爲WTO會員至2020年2月底，我國以第三國身分參與WTO爭端解決程序之數量，已達124件，係屬於相當積極參與案件進行之會員國。而於該124件案件中，我國共於27件案件中提出書面意見書，其中可能僅係於爭端解決小組階段或僅在上訴階段提出。如前所述，於DSU之規範中，第三國參與程序，提交書面意見書並非第三國之義務，而係其權利。第三國參與爭端解決程序，其中一項重要之功能係獲得當事國之書狀，並參與口頭辯論程序，就此而言，我國並未於每個案件均提出書面意見書，屬於正常之情形。當然，如能提出書面意見書，對於特定個案之影響力將較強，也較能讓爭端解決小組或上訴機構能夠較爲完整的瞭解我國於特定案件之立場，屬於相當正面之情形，應多予以鼓勵。

另外如前所述，小組程序必須充分考量爭端當事國以外其他會員國之利益，於第三國提出書面意見書之情形，爭端解決小組亦應於其小組報告中針對其意見有所反應。惟在相當案件中，所謂將意見反應，可能僅係略微提及而已。大部分的第三國意見書的提交，在爭端解決實務上，不容易具體呈現意見書於具體案件中的影響力。但如第三國提出較爲特殊的觀察或論點，致使小組或上訴機構對於第三國所提意見書，有較爲詳盡的處理，此則係一項該國所提意見書對於爭端解決小組或上訴機構裁決產生具體影響之指標，亦係該國於其所參與爭端解決程序影響力之展現。經檢視爭端解決小組之報告，其中有數個案件係經爭端解決小組或上訴機構特別處理我國所提出之意見者。其中主要係針對我國以第三國身分提出書面意見書所加以回應者，亦有爭端解決小組針對第三國所提出問題，我國加以回應後，小組加以處理者，亦屬於我國以第三國參與程序影響力之展現。我國所提出之第三國意見書或針對爭端解決小組之提問，與爭端解決程序上之實務相符，大多僅由爭端解決小組在程序上提到而已，但細查我國以第三國身分參與之小組或上訴機構報告中，有數件案件中，獲得較具體的肯認或引用者。以下本文將就我國所提出第三國書面意見書，並經爭端解決小組特別處理之案件，加以分析，以就我國以第三國身分參與爭端解決機制所表現之影響力，有更具體的瞭解。

一、US－Cotton爭端解決小組報告

US－Cotton案[41]係補貼措施之重要案例，我國於該案爭端解決小組程序中，針對小組就構成補貼協定第5(c)條嚴重危害（serious prejudice）之認定，是否即同時構成GATT第XVI:1條下嚴重危害之議

---

[41] Report of the Panel, United States-Subsidies on Upland Cotton, WT/DS267/R, Sep. 8, 2004 [*hereinafter* US-Cotton Panel Report].

題，表達肯定之意見[42]，此意見亦獲得該案爭端解決小組肯認[43]。此外，我國於該案中所提出之第三國意見書中，針對農業協定第13條之舉證責任問題，提出主張，認爲農業協定第13條不應被定性爲正當化事由（affirmative defense）或例外規定（exception），而應由控訴國負舉證責任[44]。我國於該第三國意見書中所提論點，係由WTO規範中之性質對於舉證責任分配之基本原則出發[45]，論點擲地有聲，值得肯定。我國所提意見基本上與同樣爲該案第三國歐體所提意見[46]結論相同，而與其他第三國如阿根廷[47]、澳洲[48]、貝南[49]、中國[50]與印度[51]所提應由被控訴國盡舉證責任之見解不同。在此議題上，爭端解決小組最後所持見解，與我國見解一致，認爲農業協定第13條非屬正當化事

---

42 US-Cotton Panel Report, ¶ 7.1469.

43 *Id.*, ¶ 7.1475.

44 Chinese Taipei's written submission to the first session of the first substantive meeting, ¶ 8.

45 *Id.*, ¶¶ 2, 8.

46 European Communities' written submission to the first session of the first substantive meeting, ¶¶ 8-14.

47 Argentina's written submission to the first session of the first substantive meeting,¶¶ 43-46.

48 Australia's written submission to the first session of the first substantive meeting, ¶¶ 5-15.

49 Benin's written submission to the first session of the first substantive meeting, ¶¶ 21-36.

50 China's written submission to the first session of the first substantive meeting, ¶¶ 3-9.

51 India's oral statement at the first session of the first substantive meeting, ¶ 8.

由，而應由控訴國盡舉證責任[52]。我國於本案所提出之第三國意見書以及於爭端解決程序上之參與，對於本案爭端解決小組的裁決，有達到積極之貢獻與肯認。

二、EC—Trademarks/GIs案

EC—Trademarks/GIs案[53]中，針對TRIPS協定第3.1條國民待遇之適用，應於何等國民間比較，加以處理。TRIPS協定第3.1條規定，「會員就智慧財產權之保護，對其他會員之國民所賦予之待遇，不得低於其所賦予本國國民之待遇。」由於地理標示之保護，牽涉所欲尋求之地理標示是否位於採行措施國境內，此與是否屬於採行措施國之國民，係屬二事，此時對於地理標示智慧財產權之國民待遇，究竟應如何加以比較，有其理論上的複雜性與困難度，成爲一重要之議題。我國於第三國意見書中，提出一比較之分析架構，並提出一表格方式清楚呈現分析之架構，對於理論架構的建立有重要之貢獻，並對於協助小組釐清TRIPS協定下國民待遇義務之分析，提供重要之協助。我國第三國意見書之價值，經小組肯認我國所提出之分析方法，提供本議題非常有用之分析架構（The Panel finds that the following graphic, based on one set out in Chinese Taipei’s third party submission, provides

---

52 US-Cotton Panel Report, ¶ 7.285.

53 Report of the Panel, European Communities-Protection of Trademarks and Geographical Indications for Agricultural Products and Foodstuffs, WT/DS290/R, Mar. 15, 2005 [*hereinafter* EC-Trademarks/GIs Panel Report].

a useful framework for its analysis of this issue.）[54]以該架構作爲向當事國提出之問題[55]，並以該架構作爲其後續分析的基礎[56]。

我國於本案所提出之第三國意見書，係我國以第三國身分參與爭端解決程序最顯著的成果。於重要議題上建立理論架構，並經爭端解決小組採用，對於我國經貿法律的成果與能力，做出重大的貢獻。

三、US－DRAM案

於US－DRAM案[57]中，上訴機構雖未直接引用我國所提第三國意見書，作爲其判斷之依據，惟仍於其判斷上，提出我國所提第三國意見書之內容，與上訴機構之認定一致。此係上訴機構針對該案小組就補貼認定是否構成補貼協定第1.1(a)(1)(iv)條下所稱委託或指示私人之證據，提出特別嚴格之證明程度要求，指出小組並未有針對此一要件提出特別嚴格要求之議題，所爲之分析。我國於第三國意見書中表示，小組指出證據應具有證明力以及有力的（probative and compelling）證據，並非加諸額外的證明要求，此一主張經上訴機構指出，與其見解一致[58]。我國於第三國意見書中所提出之意見，對於

---

54 EC-Trademarks/GIs Panel Report, ¶ 7.212.

55 *See, e.g.*, Question 101, WT/DS290/R/Add.1, Page A-187.

56 *E.g.*, EC-Trademarks/GIs Panel Report, ¶¶ 7.213-7.216.

57 Report of the Appellate Body, United States-Countervailing Duty Investigation on Dynamic Random Access Memory Semiconductors (DRAMS) from Korea, WT/DS296/AB/R, Jun. 27, 2005 [*hereinafter* US-DRAM Appellate Body Report].

58 US-DRAM Appellate Body Report, ¶ 139, n257.

上訴機構的判斷，亦建立了重要的支持。

參、我國以第三國身分參與爭端解決程序之正面意義與未來展望

第三國的程序上參與，係WTO爭端解決程序上的重要管道。誠然，第三國之參與，畢竟與控訴國及被控訴國身為爭端解決當事人之狀況不同，其對於程序上的影響力仍屬有限。蓋受限於小組授權條款（terms of reference）之範圍，第三國之主張未必係小組所得以納入其判斷之內者[59]。此外，小組裁決亦不會對第三國產生拘束力[60]。然而，第三國之主張，仍可能被小組報告之論點部分，加以反應[61]，而我國之前積極參與第三國爭端案件，亦係我國以控訴國身分利用WTO爭端解決程序的準備[62]。

我國以第三國身分參與WTO爭端解決程序的案件確實有相當數量。於爭端解決程序以第三國身分參與，對於參與程序有重要的價值，除了對於具體個案上得以影響其程序之進行以及裁決之結果以外，對於WTO準司法程序之能力建構，也有具體的貢獻，值得鼓勵。其中，尤其以EC—Trademarks/GIs案之表現，最值得稱許，亦為我國多年以來於WTO爭端解決程序上的耕耘下，最為亮眼的成果。

---

59 前揭註8，頁160。

60 同前註。

61 同前註。

62 同前註。

較爲可惜的是，我國於第三國程序上，具體提出第三國意見書的數量較少，尤其近年來提出意見書的密度似有下滑的趨勢，此點甚爲可惜。提出第三國意見書對於參與程序能力的建構，有具體成效，即使未於程序中均能發揮具體影響力，但仍應持續進行。或許，於我國已經成爲控訴國參與WTO爭端解決程序之後，第三國程序的準備作用的功能已經不如以往。而人力之不足，亦對於我國能參與相關程序的深度，造成一定影響。然而，提出第三國意見書，是得以具體影響爭端解決程序的重要機會，如得提出重要意見，供爭端解決小組或上訴機構採用或認可，亦可增加我國於爭端解決程序上之能見度，不應因我國已經成爲爭端解決控訴國後有所變化。況且，如能對於相關案件積極參加，更能擴充我國未來參與爭端解決程序的能量。此係我國少數有參與機會之國際爭端解決程序，因此日後如能更積極參與，對於我國國際上之參與，應有更爲正面的貢獻。

誠然，WTO因爲上訴機構的停擺，除了爭端解決機制產生危機，更對WTO組織本身的存續造成重大衝擊與不確定性。但是無論WTO的未來發展如何，國際經貿的談判與爭端解決仍爲我國最重要的國際參與空間。主管機關應投入更多人力，並於爭端案件中，挑選對我國而言具備重要性的案件類型，有系統的長期關注，以提出更具備深度與新意的第三國意見書方式，具體參與程序，在我國多年以來所建構的經貿能力上，更進一步的充實我國政府體系內部的國際經貿爭端解決人力，以及擴大我國的經貿外交的影響力。

第九章 跨國投資爭端之談判與求償機制研究——以越南排華暴動案為例*

王震宇

* 本文原刊登於《中華國際法暨超國界法評論》，第12卷第2期，2016年12月，頁271-295；由於2019年12月台灣與越南新修雙邊投資保障協定，使過去較爲不足的投資保障內容大幅翻修。本文即針對此一新修協定加以補充，作爲案例分析的前後比較。

壹、背景與問題提出

越南位於中南半島東部，北面接中國大陸，西面接寮國，西南面接柬埔寨，邊界線共長4,639公里，海岸線長達3,260公里。2012年年底，越南人口共約8,878萬人，居世界第十三位，[1]越南爲社會主義國家，政治及社會相對其他東南亞國家而言較爲穩定，民眾未經核准不得在街頭遊行示威及抗議。近年來越南政府爲吸引外來投資，對外商態度友好，加入WTO後，對外商之規定更儘量與本地廠商持公平待遇。[2]然而，2014年5月13日卻發生大規模之排華暴動事件，另許多外商措手不及，檢討其成因，除越南與中國大陸南海糾紛之遠因外，越南本地勞工對於陸商及台商不滿之近因亦導致此事件的發生。[3]

越南一直是台商在東南亞的重要投資國家，目前在越南台商人數約爲4萬人，其中越南南部就有3萬。另外根據越南計畫投資部之統計，自1988至2014年間，台商赴越南投資的累計件數達到2,301件，占全部外人投資案件之15%，累計投資金額達273億美元，占所有外人投資總額之12%，僅次於日本、南韓、新加坡等國家，位居投資越南大國的第四位。[4]越南所吸引的外資半數以上集中在房地產及服務

---

1 經濟部投資業務處，全球台商服務網，越南投資環境簡介。

2 越南於2007年1月11日起正式加入WTO，成爲第150個會員，參考WTO官方網站，https://www.wto.org/english/thewto_e/countries_e/vietnam_e.htm，最後瀏覽日：2016/10/1。

3 參考楊崇正，〈越南反臺商事件之成因與影響分析〉，《展望與探索》，第12卷第6期，2014年6月，頁1-7。

4 前揭註1。

業，唯獨台灣投資逾八成在製造業暨生產事業，台商多半集中於越南南部，以河靜省、平陽省、同奈省及胡志明市等南部地區爲主要投資地點，根據越南計畫投資部資料，投資產業主要爲製造業，包括紡織成衣業、木製家具、製鞋業、煉鋼業、機車製造業、食品加工業、農林水產業、橡膠塑膠製品業、木製家具業、電機電子機械業等勞力密集產業，上述多項台商投資之產業，在越南南部已形成完整的產業供應鏈。值得注意者，除位於河靜省之台塑集團一貫作業煉鋼廠爲最大投資案外，[5]台商在該地投資絕大多數均以中小規模製造業爲主，而胡志明市及同奈省則有較大型之製造業及營建業投資案，平陽省則多爲中小型投資案，近來台商亦積極前往北越地區投資，尤以資訊電子產業最爲明顯。總體而言，台商於越南所進行之投資多數爲「勞力密集之中小型製造業」，此類經營模式係以設工廠及聘任當地勞工爲主，與其他外商所投資之房地產服務業經營模式大不相同。台商的進駐除引入越南資金和技術外，亦帶動了當地的經濟發展，也提供了許多就業機會，對越南經濟發展貢獻良多。基本上，台商投資越南主要考量，乃在於越南內需市場大，亦可以當作前往東協市場之跳板，加上越南勞工薪資與土地低廉，勞工薪資幾乎只有中國大陸的三分之一，以及擁有美國貿易最惠國待遇等好處；而相對的劣勢包括有工資逐漸上升、勞工罷工頻仍、與中國衝突加劇等。[6]

---

5 台塑集團之一貫作業煉鋼廠第一期投資金額已高達99億美元，第二期投資金額則高達270億美元。

6 宋鎮照，〈越南排華反中暴動的政經分析：民族主義、帝國主義、和資本主本次事件經過雖有許多複雜之因素，但一般普遍認爲與中國大陸及越南在南海之爭端有關。[7]更何況，2014年適逢中越西沙之戰40週年，中國大陸之強勢作爲迅速地激起越南民眾的反中情緒，更在越南政府默許下，縱容其人民對華商廠房恣意破壞，藉以宣洩民族情緒，終使和平示威變成對外資企業與工廠之暴力攻擊行爲，這是越南政府始料未及之事，外媒以「九八一號鑽油平台危機」（HD-981 Crisis）統稱這一連串的爭議。[8]整個排華暴動事件的發生，始於2014年5月11日民眾大規模反中示威，接著在13日突然規模擴大，群眾對華人開設之企業及工廠大肆破壞，並進行搶奪焚燒等暴動行徑。暴動地區從平陽蔓延到同奈、河靜、巴地頭頓和胡志明市，18日群眾更進行全國串連發動遊行，雖然越南總理下令制止非法抗議，五一八示威遊行亦未如預期的威脅，但據台北駐胡志明市經濟文化辦事處統計指出，平陽省地區的抗議人數大約有16,000人，有15家工廠遭到燒毀，約有200

義發展的對抗與矛盾〉，《海峽評論》，第282期，2014年6月，頁34-39。

7 2014年5月間中國國營海洋石油公司（China National Offshore Oil Corporation，簡稱中海油）一款擁有突破性深海開採技術的鑽油平台981號開始對西沙群島向越南一面的海域進行探勘，位置距西沙群島內的中建島17海浬，離越南海岸線150海浬，所處位置極爲敏感，兩國分別主張對該海域擁有管轄權，導致兩國間之領海主權爭議再起，中國大陸態度強硬，派出優勢船艦保護鑽油平台，除強勢執行驅離作業外，並宣布平台方圓3英里內皆爲禁航區，此舉引發越南強烈不滿，雙方上百艘船艦發生相互衝撞並互以水砲攻擊，越南政府在外交交涉無效後，事件一發不可收拾。參考洞見報告：越南排華暴動：國際法視角與中越爭端，http://www.insight-post.tw/insight-report/20140605/8115，最後瀏覽日：2016/10/1。

8 有關中國大陸與越南於南海鑽油平台之衝突問題，參考HD-981 Crisis, see The Diplomat, http://thediplomat.com/tag/hd-981-crisis/, last visited: 2016/10/1.

家台商遭受群眾攻擊。而在五一八後，越南政府已出動軍、警、鎮暴警察保護台商安全，然而，軍警人力仍遠遠不如抗議群眾。多家台商辦公室被大火燒毀，群眾丟擲汽油彈，砸壞汽車、玻璃，甚至到台幹宿舍逐間敲門，搶奪財物。台商工廠之中文標示遭當地民眾誤認爲陸商，致損失慘重，抗議民眾搶奪及破壞廠區內之原物料、半成品、成品及機械設備等，甚至廠房遭到焚毀。初步估計約有224家台商遭受侵入損害，其中18家遭縱火，受害台商以平陽省、同奈省最多。[9]

越南暴動事件導致台商遭受巨大損失，衍生後續之賠償問題，由於此案件並非一般普通之搶劫放火個案，而係大規模的群眾暴動事件，受損害的企業又以外國投資人爲主，因此，在外交保護及投資爭端解決等程序問題上，有進一步探討之必要，本文以下將探討本事件所引發之幾項國際投資法上問題：（一）本案中受害投資人有何保障管道與措施？法律上有何求償機制？（二）台灣與越南於1993年起簽有雙邊投資保障協定，本案如何依台越投資保障協定向越方請求賠償？請求模式爲何？受損害之台商與政府於求償機制中之角色爲何？（三）越南政府非以回復原狀或金錢損害爲賠償方式，而改以其他補

---

[9] 五一三越南排華暴動台商最新情況，暴動事件演變到後來，即使將中文招牌取下，掛上越南國旗，仍被群眾攻擊。特別是台商投資的七成都集中在同奈省、平陽省及胡志明市，也是越南排華暴動最嚴重的地區，導致台商成爲暴動的主要受害者。此外，暴動事件所及，已不限於中國大陸或台灣廠商受害。平陽省內由越南與新加坡共同開發的越南新加坡工業園區（Vietnam Singapore Industrial Park），以及多數爲在當地之日商、韓商也無端遭到攻擊。參考天下雜誌官方網站，http://www.cw.com.tw/article/article.action?id=5058154，最後瀏覽日：2016/10/1。

償措施彌補台商損失，是否能有效保障台商權益？（四）2019年台灣與越南新修正雙邊投保協議，是否能提供台商在未來類似衝突事件的投資保障？

貳、國際投資爭端解決之處理模式

投資人於海外進行投資時，經常面臨比其母國還要更高之風險，除投資人對於地主國之法令規範較不熟悉外，歷史文化、政治環境、地緣經濟等因素都將影響投資安全與穩定。自二次大戰結束後，國際間漸次發展出保障投資人之國際標準與機制，透過已開發國家與開發中國家之談判諮商，形成不少多邊投資保障機制或簽署雙邊投資保障協定。雖然目前國際間仍然對於建立一套多邊投資保障協定（Multilateral Investment Agreement，簡稱MIA）存有爭議，[10]但此趨勢並不妨礙全球化下越來越多元化的跨國投資行爲。伴隨著跨國投資之方興未艾，爭端解決案件亦層出不窮，由早期的徵收補償爭議，到晚近的投資市場開放與不歧視原則之違反等，國際投資法無論在實體

[10] See OECD, *Multilateral Investment Agreement*, "Negotiations on a proposed multilateral agreement on investment (MAI) were launched by governments at the Annual Meeting of the OECD Council at Ministerial level in May 1995. The objective was to provide a broad multilateral framework for international investment with high standards for the liberalization of investment regimes and investment protection and with effective dispute settlement procedures, open to non-OECD countries. Negotiations were discontinued in April 1998 and will not be resumed." Available at http://www.oecd.org/investment/ internationalinvestmentagreements/ multilateralagree mentoninvestment.htm, last visited: 2016/10/20.

法律原則的演進，以及爭端解決程序機制的運作，均益臻成熟，此現象亦構成當代國際投資法之蓬勃發展，使得各國無論在對外洽簽多邊或雙邊投資協定或對內改善內國投資法令上，均有顯著進步。

在新一代投資保障協定中，爭端解決機制設計可謂最重要也最為敏感之內容，以投資爭端解決程序中涉及的主體作為區分，大致可分為三種模式：第一為私人間投資爭端解決（Private to Private，簡稱P-P），此類爭議通常透過相關國家地主國法院（通常係契約選定或當事人合意之法庭）、國際商務仲裁或國際替代性紛爭解決制度解決之；第二為投資人與地主國政府間爭端解決（Investor-State Dispute Settlement，簡稱ISDS或P-G），此類爭議通常透過一般國際仲裁機構或聯合國附屬之世界銀行集團中的國際投資爭端解決中心（International Center for the Settlement of Investment Disputes，簡稱ICSID）；第三為政府與政府間爭端解決（Government to Government，簡稱G-G），此類爭議則在聯合國憲章所要求的和平解決國際爭端之最高宗旨下，透過斡旋、調解、調停、仲裁或司法方式解決（例如與貿易有關之投資爭議，可透過WTO爭端解決機制為之）。上述三種模式之爭端解決都有不同之實體及程序法律適用，且投資爭端除訴諸法律途徑解決外，以政治（外交）協商管道談判亦是實務上常見的方式。[11]由於國際貿易爭端之涉及層面太廣，本文以下

[11] 李貴英，《國際投資法專論—國際投資爭端之解決》，台北：元照，2004年，頁9-12。

將討論聚焦於2014年越南排華事件所引發之投資爭議爲核心，並從國際投資法之實務觀點出發，探討在台越投資保障協定下P-P、P-G、G-G等三種模式之爭端解決機制對於地主國政府（越南政府）、投資人（台商）、投資母國政府（中華民國政府）間之法律關係與因應策略。

參、投資人之投資保障措施

一、台越雙邊投資保障協議下之「投資」與「投資人」定義

在越南台華暴動事件發生後，首先要確認的第一個法律關係是該受損害之企業或廠商是否適用台越投保協定？依1993年台越投保協定第2條第1項規定，「本協定只適用於任何一方有關地區之投資者在另一有關地區經由締約一方或其指定之任何代理機構、機關、法定組織或公司核准之投資，並於此條件下，視情形指認爲合適之投資」，是以，對於2014年5月排華事件受有損害之台商而言，若係經由越南政府或其指定之代理機構、機關、法定組織或公司核准之投資，均在適用範圍內；但若係經由第三地轉投資至越南的台商（如在中國大陸設廠之台商再轉投資越南），則無法適用當時舊版的台越投保協定。在2019年新簽訂的修正台越雙邊投保協議中，包括台商在越南直接投資及透過第三地間接投資越南，且在越南的新型投資型態（如期貨、選擇權、衍生性金融商品）皆受保障；至於投資時點之規範認定上較爲

寬鬆，適用於本協定生效前和生效後在有關地區之所有投資，因此，只要是台商於越南直接投資者，無論時間在2019年台越投資保障協定生效前或後，都可以適用該新版協定之範圍，沒有影響。只是在2014年已經和解，或已完成爭端解決之事項，則仍依一事不再理原則適用舊版協定，不得因協定修正而重新提起法律程序。

第二個要確認的法律關係是該台商是否符合台越投保協定中之「投資」與「投資者」。依台越投保協定第1條第2項規定，「居民」爲有關地區具有永久居留權之自然人，或「公司」爲在有關地區合法設立或組成之公司或法人，故主張法律關係之台商必需爲具有中華民國國籍者；或該公司或法人係基於中華民國法律合法設立或組成。而滿足該上述任一要件之投資人，其投資標的係謂由有關地區（中華民國或越南）合法許可之各種資產，該資產包括，但不限於：1.動產和不動產；2.對於金錢或對於任何具有經濟價值之契約；3.智慧財產權；4.新型投資型態（如期貨、選擇權、衍生性金融商品）。經由上述二個法律關係確認後之台商，始可透過投保協定中之爭端解決機制進行法律求償。而新版協定擴大適用範圍，涵蓋「直接投資」及「透過第三地間接投資」越南（轉投資）之台商皆可納入保障範圍。

二、投資人之基本保障——海外投資保險與訴訟

在國際實踐中，雙邊投保協定並不會規範私人間之投資爭端解決機制（P-P），因此，受損台商欲進行私人間求償行動時，通常係基於二種情況：1.在可以舉證之情況下，對恣意破壞、搶奪、偷竊、傷

害等行為之人，依越南刑法或相關社會安全法律提出告訴；2.在有投保相關險種的情況下，向保險公司提出理賠，若保險公司拒不理賠時，向法院提出告訴。上述二種情況均非台越投保協定中所適用之範圍，故以下僅簡單敘述其法律主張上與實務面臨之困難。

在第一種情況中，由於群眾暴動之特性在於許多不特定多數人所實施之暴力行為，除非在錄（攝）影蒐證等能清楚找出犯罪嫌疑人，或有犯罪嫌疑人（包含特定人或該公司雇傭之員工）利用排華暴動之機，繼而預謀性（或臨時起意）進行竊盜（包含竊取營業機密）、暴力傷害等犯罪行為時，台商宜透過越南當地精通刑事法律之律師協助，但此法律訴訟意在懲罰犯罪嫌疑人，產生嚇阻之效果，實際上透過此方式可得之賠償不多（甚而即使犯罪人定罪入監服刑亦無財產可賠償），對於投資保障有限。

而在第二種情況中，台商若要透過商業保險公司理賠，則前提必須是該台商已作正確之投保且提供精確的財產損失估價。以本案而言，台商在越南投資多半係投保一般商業保險公司之財產保險中之「罷工、暴動、民眾騷擾、惡意破壞行為保險附加條款（商業火災險適用）」，[12]以我國國內有提供此類險種之商業公司承保範圍而言，對於保險標的物在上開附加條款有效期間內，直接因下列危險事故所致之毀損或滅失，依本附加條款之約定，負賠償責任。依上述原則，

12 詳細保險條款內容，參見各家商業保險公司中關於「產物罷工、暴動、民眾騷擾、惡意破壞行為保險附加條款」。

暴動事件在認定上包括：1.任何人參加擾亂公共安寧之行爲（不論是否與勞方之罷工或資方之歇業有關）；2.治安當局爲鎮壓前述擾亂或爲減輕其後果所採取之行爲；3.任何罷工者爲擴大其罷工或被歇業之勞工爲抵制歇業之故意行爲；4.治安當局爲防止前述行爲或爲減輕其後果所採取之行動；5.任何人非因政治、宗教、信仰、意識形態或其他類似意圖之目的之故意破壞或惡意破壞行爲。[13]

本次越南排華事件中針對第1.項及第2.項之認定較無問題，且與第3.項及第4.項之罷工或被歇業之勞工較無關聯，但對於第5.項中「非因政治、宗教、信仰、意識形態或其他類似意圖之目的之故意」使得台商能否獲得理賠陷於不確定之情況，蓋本次越南排華事件是否可歸類爲係因「政治意識形態之目的」而採取之行爲，將直接影響到商業公司理賠出險事由之認可。不過，由於越南政府將此次排華暴動事件定位爲「非政治暴動」（non-political revolt/riot），似有意排除該次事件係與反越南政府有關，亦排除此事件爲恐怖活動，故就保險公司理賠出險事由而言，上述問題似可解決。[14]另外值得注意者，雖

13 國內各商業保險中之條款規定略同，如：國泰產物罷工、暴動、民眾騷擾、惡意破壞行爲保險附加條款，https://www.cathayholdings.com/insurance/age2/2-5-f--01-07asp，最後瀏覽日：2016/10/1；富邦產物罷工、暴動、民眾騷擾、惡意破壞行爲保險附加條款，https://tran.518fb.com/portal/products/car_list.asp?index2=5817，最後瀏覽日：2016/10/1。

14 一般商業保險公司對於「產物罷工、暴動、民眾騷擾、惡意破壞行爲保險附加條款」中將「任何直接或間接爲抑制、防止、鎮壓恐怖主義者之行爲或與其有關之行動所致之任何損失、費用支出或賠償責任」列爲不保事由。恐怖主義（Terrorism）係指任何個人或團體，不論單獨或與任何組織、團體或政府機構共謀，運用武力、暴力、恐嚇、威脅或破壞等行爲以遂其政治、宗

然上述保險似可提供台商立即之補償，但由於此類保險之保險期間極爲短暫（通常爲1年）且又爲附約條款而非火險之主約，台商必須年年加保，否則無法在有效期間內主張。

在國際間，提供較爲完善保障之保險機構爲世界銀行下之多邊投資擔保機構（Multilateral Investment Guarantee Agency，簡稱MIGA），不但保險期間可增長爲15年，保險費亦較低，可惜我國並非世界銀行之成員國，依我國法令所設立或籌組之法人亦無法向MIGA投保。退而求其次，一般國家均有由政府籌設之公營保險機構，例如我國於1979年1月11日成立之中國輸出入銀行（簡稱輸銀），在財政部監督下，辦理專業性的中長期輸出入融資、保證及輸出保險業務，其中「海外投資保險」一項係針對台商於投資地遭遇「戰爭危險」時，所給予之保險賠償。依該保險條款規定，承保範圍包括被保險人之投資企業因戰爭、革命、內亂、暴動或民眾騷擾而遭受損害，或不動產、設備、原材料等物之權利，礦業權、商標專用權、專利權、漁業權等權利或利益，爲其事業、經營上特別重要者，被外國政府侵害遭受損害，而有下列任一情事發生者：1.企業不能繼續經營；2.破產或其類似情事；3.銀行停止往來，或其類似情事（以債務顯著超過其財產爲限）；4.停業6個月以上。上述輸銀之海外投資保險係協助台商規避海外投資所遇到之政治危險，其賠償最高可達

教、信仰、意識形態或其他類似意圖之目的，包括企圖推翻、脅迫或影響任何政府，或致使民眾或特定群眾處於恐懼狀態。

保險價額之85%，保險期間爲7年至10年，較一般商業保險公司之條件爲優，但審查程序較爲嚴格。[15]

本案發生後我方之金管會旋即要求越南國泰產險公司及富邦產險公司成立緊急應變小組，提供24小時暢通之聯絡管道，受理受損台商理賠申請，並積極瞭解保戶受損情形。而越南政府於2014年6月6日及22日分別於平陽省及同奈省舉辦保險公司預付賠款儀式，富邦產險越南子公司對其主簽單案件於該年6月6日及22日分別宣布預付6家台商計150萬美元及7家台商計28萬美元之保險理賠。惟後續實際理賠情形尚須視客戶是否配合辦理理賠相關作業而定。[16]越南財政部保險事業監管局於2015年3月26日宣布2014年越南政府對於包括平陽省、同奈省、河靖省等地370家於當年5月13日爆發越南民眾示威事件，而遭受到部分示威民眾暴力破壞工廠設備之企業（包含各國外資），預付約4,300億越盾理賠金（約2,000萬美元；或約6億新台幣）。

肆、投資人與地主國政府間之求償機制

國際間對於投資人與地主國政府間之爭端解決機制（ISDS）機制之運作與發展，通常係透過雙邊投保協定或自由貿易協定（FTA）

---

15 參見中國輸出入銀行網站之海外投資保險產品介紹，https://ei.eximbank.com.tw/ Product/Pages/product7.aspx，最後瀏覽日：2016/10/20。

16 經濟部投資業務處，〈越南513暴動事件後政府對受損台商之協助措施〉，《工商會務季刊》，第96期，2014年7月，頁32。

中之投資專章來規範，ISDS機制設計之精神在於藉由保護投資人免於地主國政府恣意之行爲，如徵收等，來換取外人投資（foreign investment），以促進經濟成長與就業。[17]本案中依台越投資保障協定第8條第1項規定「締約一方與另一締約一方投資者之間因該投資者在該締約一方領域內所爲投資所引起之任何爭端或異議應由爭議當事者經由友好商議解決，未能解決時，應交由國際商會仲裁解決，仲裁之程序應適用一九八八年國際商會仲裁規則。」因此，就上開條文觀之，越南政府（締約一方）與台商（另一締約一方投資者）應優先就投資爭端經由友好商議來解決，值得注意者，此項談判（友好商議）並非由中華民國政府出面談判，而係由台商個別或聯合就其因五一三暴動之損失與越南政府進行商議。事實上，於事件發生後各國商會已積極進行聯合求償，例如平陽省台商會已經聯合日本、美國、南韓等國家之商會，向越南政府進行交涉。[18]因越南分別與日本、美國、南韓均簽訂有投保協定，各自投保協定中亦包含「最惠國待遇條款」（Most-Favor-Nation Clause，簡稱MFN），故各國商會聯合求償是相當明智的做法，一旦越南政府承諾某一投資者之賠償方式、數額、標準等待遇，亦應給予其他同樣具有MFN條款之投資人，以台越投資保障協定爲例，該協定中第3條第3項規定「給與依第二條規定核准之

17 投資專章及服務業MODE III向爲美國在FTA談判中的重點議題，近年再納入「投資人與地主國之爭端解決機制」（ISDS）議題，由於美國對於雙邊投資規範之立場，向來均包括投資人與地主國之投資爭議，得優先尋求國際仲裁管道之選擇。

18 彭媁琳，排華暴動求償台商：杯水車薪，中國時報，2014年6月26日，版B2。

投資待遇應不低於其給與任何第三方投資者之待遇」。[19]同時，台越投資保障協定第5條亦規定「對於根據第二條規定核准之投資由於戰爭、武裝衝突、國家緊急狀態、暴亂、叛亂或騷亂所受之損失，任一締約一方給與投資者有關恢復原狀、賠償、補償或其他之清償，應不低於該締約一方給與任何第三方投資者之待遇」。[20]由上觀之，台越投資保障協定中之MFN條款並未明確規範越南政府之責任與賠償範圍，未來仍需視越南政府因五一三暴動事件賠償各國投資人之具體作爲，據以主張最惠國待遇；除非越南政府對於有關恢復原狀、賠償、補償或其他之清償，各國間有差別待遇（或歧視），否則斷難直接認定越南政府違反上開條文。[21]

其次，台越投資保障協定第3條第2項規定「根據第二條規定核准之投資應依據有關地區之法律給與公平、公正之待遇和保護」。[22]此條文中所謂之「保護」（protection）係屬於較爲舊式的投保協定規範，新一代之投保協定多將此法條中文字擴充爲「完整保障與安全」（Full Protection and Security），而在國際仲裁之實踐經驗中，對於上述地主國政府是否已盡責提供（due diligence）外國投資人「完整保障與安全」，國際仲裁庭多數均不採嚴格之無過失責

19 台越投資保障協定，第3條第3項參照。

20 台越投資保障協定，第5條參照。

21 關於投資保障協定下MFN條款之類型與適用，參考Lza Lejárraga, *Deep Provisions in Regional Trade Agreements: How Multilateral-friendly?*, 168 an overview of OECD findings OECD trade policy papers 33-34, 2014。

22 台越投資保障協定，第3條第2項參照。

任（Strict Liability），而是用一般保護之責任（General Standard of Protection），易言之，對於提出法律主張之投資人而言，恐需提出「地主國政府有故意或過失作爲或不作爲」，始能符合上開舉證責任之要求。[23]以本案事實觀之，越南政府雖於五一三當日未能及時控制暴動之發生與蔓延，但其於3日內出動軍警將此暴動事件平息，而五一八群眾再次遊行時，情況顯然已有控制之趨勢。因此，台商若欲向越南政府提出國際仲裁，則必須能舉證越南政府在五一三排華暴動中明顯有「故意或過失之作爲或不作爲」，而在國際仲裁實務上，投資地主國發生「暴亂或騷亂」等情況下，投資人無論是在「工廠被占領或破壞」、「地主國暗地支持或鼓勵暴動」、「地主國政府未盡職保護外國投資人」等主張中，[24]均難以被仲庭接受地主國政府負有國家責任。就我方所提出之談判條件而言，本案中越南政府已與我方進行談判，並承諾部分賠償或補償措施，雖仍未能讓我方滿意，但其實際作爲已超越上述案例中的地主國政府，台商欲找出更有利之法律主張相當困難。

最後，依台越投資保障協定第8條第1項後段規定「……經由友好

---

23 Katia Yannaca-Small ed., Arbitration under International Investment Agreements: A Guide to the Key Issues 30-34, UK: Oxford University Press, 2010.

24 *See AAPL v. Sri Lanka*, 27 June 1990, 30 ILM (1991) 577, *paras*. 45-78; *Wena Hotels v. Egypt*, Award, 8 December 2000, 41 ILM (2002) 896, *para* 84; *AMT v. Zaire*, Award, 21 February 1997, 36 ILM (1997) 1531, *para* 6.02; Tecmed v. *Mexico*, Award, 29 May 2003, 43 ILM 133 (2004); *Noble v. Romania*, Award, 12 October 2005.

商議解決，未能解決時，應交由國際商會仲裁解決，仲裁之程序應適用一九八八年國際商會仲裁規則」。此處之國際商會（ICC）係指位於法國巴黎之國際仲裁機構，係當前世界上提供國際經濟貿易仲裁服務較多的和具有廣泛影響的國際仲裁機構，亦可謂國際商事仲裁的一大中心。[25]然而，倘若進入ICC仲裁，其收費係屬於全球最昂貴之仲裁，對於歐美日國家之跨國企業或許是可以一搏之機制，但若以台商之中小企業經營模式而言，ICC之高額仲裁費用，將使台商望之卻步，因此，實務上對於非經濟實力雄厚之大企業投資人行使ISDS之機會微乎其微。以ICC於2015年之仲裁收費表爲例，對ICC仲裁收費之計算和大致比例說明如下。申請人在遞交仲裁申請的同時，應支付一筆3,000美元之預付管理費（advance payment on administrative expenses），此筆費用不予返還，但可充抵申請人預付仲裁費之一部分，仲裁庭將在裁決書中將費用之負擔比例作出決定。

例（一）：倘若台商之仲裁標的以100萬美元（約折合3,000萬新台幣）爲計算，若案件由獨任仲裁人審理，則仲裁費用之範圍和數額大致如下：管理費（administrative expenses）爲21,715美元；仲裁人之費用（arbitrator's fees）約爲39,378美元（取最低14,627美元及最高64,130美元之平均值計算），三項費用合計爲64,093美元（約折合210萬新台幣），大致相當於案件總標的價值之6.7%（以上費用未包含

[25] *See* International Chamber of Commerce, http://www.iccwbo.org/, last visited: 2016/10/1.

仲裁人實際開支、證據取得、聘僱律師出庭及撰寫仲裁書，以及會計師鑑價估價之費用）。

Requested estimation	
Amount in dispute	1,000,000
Number of arbitrators	1
Year (scale)	2010
Fees per arbitrator	
Min	$14,627
Avg	$39,378
Max	$64,130
Advance on costs (without arbitrator expenses)	
Advance payment on administrative expenses	$3,000
Average fees multiplied by number of arbitrators	$39,378
Administrative expenses	$21,715
Total	**$64,093**

（資料來源：國際商會官方網站ICC Cost Calculator）

例（二）：倘若台商之仲裁標的以100萬美元（約折合3,000萬新台幣）爲計算，若案件由3位仲裁人審理，則仲裁費用（不包括仲裁員之實際開支）之範圍和數額大致如下：管理費（administrative expenses）爲21,715美元；仲裁人之費用（arbitrator's fees）約爲118,134美元（取最低14,627美元及最高64,130美元之平均值之3倍計算），以上三項合計爲142,851美元（約折合433萬新台幣），大致相當於案件總標的價值之14%（以上費用未包含仲裁人實際開支、證據取得、聘僱律師出庭及撰寫仲裁書，以及會計師鑑價估價之費用）。

Requested estimation	
Amount in dispute	1,000,000
Number of arbitrators	3
Year (scale)	2010
Fees per arbitrator	
Min	$14,627
Avg	$39,378
Max	$64,130
Advance on costs (without arbitrator expenses)	
Advance payment on administrative expenses	$3,000
Average fees multiplied by number of arbitrators	$118,136
Administrative expenses	$21,715
Total	**$142,851**

（資料來源：國際商會官方網站ICC Cost Calculator）

伍、雙邊投保協定下政府間爭端解決模式

依聯合國憲章之宗旨，國際間和平解決國際爭端之方式，一般可分為談判、斡旋、調解、調停、仲裁，以及司法解決等方式。[26]在本

26 丘宏達著、陳純一修訂，《現代國際法》，台北：三民，2010年，頁997-1062。

案中，由於此投資爭端之性質並非二國政府間之衝突，越南政府亦非直接拒絕做任何補償或賠償措施，故透過斡旋或藉由第三國介入而實施國際上調停之情況並不存在。同時，依台越投資保障協定第8條第2項規定「締約雙方之間關於本協定之解釋或適用之爭端應盡可能由爭議當事者友好商議解決，未能解決時，應在任何一方要求下，以雙方同意之條件提交仲裁」。若依上開投保協定之內容觀之，台越雙方宜先進行友好商議解決（settled amicably through negotiation），未能解決時，始得經由合意提交仲裁程序，故以下僅就談判、仲裁及司法解決等方式進行分析。[27]

一、雙邊談判與諮商

中華民國政府與越南政府雙方在五一三暴動事件發生後，外交部部長林永樂於2014年5月間四度召見駐台北越南經濟文化辦事處代表裴仲雲。外交部表示，已再三要求越南政府必須以負責任的態度及具體的行動道歉、懲凶及賠償；林永樂部長向越南政府提出下列四項嚴正要求：「第一，要確實保障台商及僑民的人身安全；第二，要迅速賠償台商所有財產損失；第三，要全力維護台商及僑民的合法權益；第四，要積極恢復台商在越南的投資信心」。針對越南這次排華暴

27 本案亦有學者提出，我方宜特別針對五一三排華暴動所引發之台商求償問題，與越南政府另外議定諒解備忘錄（MOU），並優先適用之。此外，雙方應儘速商定「聯合調解及賠償委員會」之組成與運作規則，並務實確保賠償機制之進展及成效。參見李貴英，〈乾坤含瘡痍，憂慮何時畢—五一三越南排華暴動與台商投資求償問題〉，《月旦法學雜誌》，第231期，2014年8月，頁8-9。

動，對於我方嚴正要求，越南政府已做出明確、正面回應。雙方於6月11日首次進行官方協商，我方提出二十四項訴求，但越方僅針對其中十項具體回應（如越方承諾設立單一窗口、加速行政流程、確保台商人身及財產安全等），其餘仍持續協商。雖然越方已展現初步善意，但我方仍繼續協商以求達到台商滿意之程度，尤其要求越方加速處理損害認定，而讓台商能盡快獲得理賠。

對於我方提出之要求，越南政府表示其已經逮捕和起訴1,000多名滋事分子，也將會儘速評估台商的損失情況，未來將會按照越南法律和國際法來協助賠償。值得注意者，越南政府考慮之賠償措施並非以金錢損害賠償，而係以包括減免土地稅、營業稅之減免、協助優惠貸款，或不計算逾期貸款等，越南政府也承諾將盡可能賠償台商損失。[28]

除越南中央政府之承諾外，越南平陽省人民委員會墊付重災廠商保險理賠金，並退還加值稅；而5月22日同奈省人民委員會也宣布，對省內所有受災台商「預付保險理賠金」（390億越盾）、「退還加值稅」（950億越盾），以及「減免土地租金」等三項補償，約新台幣1.8億元；總計平陽省與同奈省支付之賠償金約新台幣5億元。但依據我方經濟部統計，台商在這次暴動中的直接損失大約在1.5億到5億

---

28 公眾外交協調會，外交部部長林永樂與越南駐臺代表裴仲雲有關越南暴動事新聞說明會新聞稿，2014年5月26日。參見外交部網站，http://www.mofa.gov.tw/News_ontent_M_2.aspx?n=70BCE89F4594745D&sms=700DE7A3F880BAE6&s=85EA2C0D3D74E5CC，最後瀏覽日：2016/10/1。

美元之間，而間接損失更高達10億美元（約新台幣300億元）；相對於台商的損失，越政府退還的金額可說是微乎其微。

故即使越南各地方政府已祭出補償措施，但我方並不滿意也不能接受作爲「完成」對台商之賠償，尤其對台商而言，首先，同奈省與平陽省的賠償金額只是「保險金預付」而非「保險理賠」，未來保險金理賠到底是多少尚未確定，因此不能說是「理賠完成」。其次，對於退還加值稅部分，台商進口之原料與半成品在經過加工之後再出口，可沖銷退稅，這部分才會涉及退還加值稅；但台商廠房之進口原料和半成品幾乎都被燒掉，所以物品並未出口，此與加值稅無關，越方不能以退稅替代賠償。甚至同奈及平陽兩省政府近期宣布土地租金減免部分也不夠落實，台商對土地租金減免是一次付清，預付30年或50年租金，「這部分是不會退還的，越方的意思只是說，未來再租可以減免」。[29]基於以上之分析可知，越南政府初步提出之賠償金額與經濟部粗估台商損失之差距過大，恐無法爲我方接受，雙方政府亦持續溝通商議，以求對台商迅速、實質、有效賠償。

二、國際仲裁

依台越投資保障協定第8條第2項後段規定「締約雙方之間關於本協定之解釋或適用之爭端……未能解決時，應在任何一方要求下，以雙方同意之條件提交仲裁」。[30]上開條文有二項提交仲裁之前提要

---

[29] 自由時報財經版，反中暴動損失逾300億僅願賠1.8億，2014年6月26日。

[30] 台越投資保障協定，第8條第2項參照。

件，第一個要件係雙方間關於「本協定之解釋或適用之爭端」，因此，我方若要將本案提交國際仲裁時，無法單純以越南群眾之暴動行爲作爲仲裁事由，而必需係以我方就「台越投保協定中個別條款之解釋或適用」與越方產生衝突時（如對於第5條中關於暴動之定義，或針對第1條第2項關於投資人之認定等爭議），始能作爲交付仲裁之依據，因此，得仲裁（arbitrability）之事項多數係以法律解釋與適用有關，而非損害賠償之請求權；第二個要件係必須「以雙方同意之條件提交仲裁」，由於兩國政府間過去並未對於國際仲裁程序進行討論，亦無合意仲裁機構，故倘若我方欲提出國際仲裁時，雙方仍應先就所有仲裁程序達成協議後始得進行（如仲裁人之選任、機構仲裁或任意仲裁、準據法選擇等議題）。姑且不論過去我國從未有因投資地主國暴動而對該政府提交國際仲裁之經驗、越南政府是否同意將此案交付仲裁？即使雙方同意交付仲裁，目前有無國際仲裁機構同意受理本案？一旦仲裁判斷作成後，基於我方並非「承認及執行外國仲裁裁決公約」（The New York Arbitration Convention of the Recognition and Enforcement of Foreign Arbitration Awards，簡稱紐約公約）[31]之締約國，越南法院又是否願意承認並執行該仲裁判斷？以上種種問題未能解決前，我方若執意提交國際仲裁，恐怕衍生之問題更多；故G-G之國際仲裁只能作爲最後不得已之手段，若真走上國際仲裁之路，我方

---

[31] The New York Arbitration Convention of the Recognition and Enforcement of Foreign Arbitration Awards (New York Convention), 330 UNTS 38; 21 UST 2517; 7 ILM 1046 (1968).

與越南政府依投保協議規定，仍必須對「如何進行仲裁」重上談判桌。

三、司法解決爭端

一般在國際間進行司法解決之場域不外乎是國際法院（International Court of Justice），然而，國際法院成案必須經由二項法定之程序要件，其一爲爭端當事雙方必須爲國際法院規約之會員國；其二爲爭端當事雙方必須基於合意管轄始能成案，國際法院並無強制管轄權。以本案而言，由於我國國際地位特殊，並非國際法院規約之成員國，雖然基於國際法院規約第93條第2項之規定，「非會員國得爲國際法院規約當事國之條件，應由大會經安全理事會之建議就個別情形決定之」，[32]我國自退出聯合國及國際法院規約後，從未申請加入國際法院規約之締約成員國，自無至國際法院提告之權利；即使上述限制條件不存在，越南政府是否同意將此案移交國際法院管轄亦不無疑問。然而，就提交國際法院之程序問題而言已是困難重重，就實體法律爭點而言，我方如何具體主張提告之法源亦是訴訟中的重點，依本案之兩國關係（越南及中華民國）觀之，雙方並無正式外交關係，除台越投保協定外，並無其他適合之國際法淵源可供援引。2001年國際法委員會經多年研議後向聯合國大會提出關於「國家對國際不法行爲的責任條款草案」（Draft Articles on Responsibility of International

---

32 國際法院規約，第93條第2項參照。

Wrongful Act），係國際上針對「國家責任」（State Responsibility）之重要國際公約，[33]但由於該條款尚需經會員國通過始能生效，故其所揭櫫之國家責任原則雖可作爲本案法律上之參考（如談判時可援引作爲籌碼），但卻沒有實際之強制拘束力。[34]

其次，越南於2007年1月11日正式加入WTO，我國與越南同爲WTO正式會員，關於烏拉圭回合各項協定下之權利義務受到減損時，自可透過WTO爭端解決機制處理之，且因WTO爭端解決機制係強制管轄，故會員間之貿易爭端必需依WTO法律架構解決。然而，綜觀本案之事實，WTO對於一會員境內發生暴動而致投資人受損之情況，並無任何規範；再以「與貿易有關之投資措施協定」（Agreement on Trade-Related Investment Measures, TRIMs）觀之，該協定僅涉及在GATT下有關投資措施涉及限制與扭曲貿易效果（如採取國民待遇歧視、數量限制等）之情形，並無提供政府間就投資保障問題進行爭端解決之條文，故本案實無法透過WTO爭端解決機制進行。[35]

---

[33] *Draft Articles on the Responsibility of States for Internationally Wrongful Acts*, 53 UN GAOR Supp. (No. 10) at 43, U.N. Doc. A/56/10 (2001). The International Law Commission began addressing the question of state responsibility at its first session in 1949. The Draft Articles were adopted by the International Law Commission at its 53rd session, and reported to the General Assembly in November 2001. This site links to the text of the Draft Articles, an analytical guide to the drafting process, commentaries, and the ILC Report to the General Assembly.

[34] James Crawford, State Responsibility: The General Part 41-44, New York: Cambridge University Press, 2013.

[35] Agreement on Trade-Related Investment Measures (TRIMs), 1994, 34 I.L.M. 360 (1995).

陸、結論與建議

越南雖仍爲社會主義國家，然而其政治環境及投資風險原本在東南亞國家中相對處於穩定狀態，2007年加入WTO後更加對外開放市場並吸引外國投資，此次五一三暴動事件實在始料未及，可見海外投資之風險多半具有無法預測之特性。而即使投資地主國與投資人母國間簽訂有投資保障協定，但事件發生後，欲透過該協定求償機制進行索償，又有一定之門檻與條件，對於多半以中小企業爲主之台商不見得能有立即且實質之幫助。本文分析雙邊投保機制下之求償機制後，提出以下建議，作爲實務運作上之參考：

一、政府於越南暴動事件發生後，第一時間必須與越南政府依台越投保協定展開談判協商，此時應廣泛蒐集受損程度不同之台商的需求，以政府對政府之談判達到保障台商投資之目的。本案最終要提出政府對政府之法律求償非常困難，且倘若投資爭議進入實質法律求償程序後（P-P或P-G），政府能介入的層面則越來越少，台商反而要獨立完成相關法律求償程序。然而，即使政府能採取之方式主要以談判協商爲主，由於本次事件責任主要歸屬於越南政府，我方反而可以有較高的談判籌碼，要求對方正視台商損害之事實，並給予實質有效之賠償或補償。長遠而言，我國應再積極與貿易夥伴簽訂新一代雙邊投資保障協定，並檢討過去九〇年代與東南亞及中南美洲國家所簽訂之舊協定，展開與該等國家議定新約之工作，以2012年及2013年台日投保協定與兩岸投保協議爲師，納入更多與更完善的投資保障內容。2019年台越投保協定之新修正版即將相關內容加以翻修，強化了台商的投資保障。

二、雙邊投保協定對於保障投資人有重要的功能，尤其我國外交地位特殊，在無法參與聯合國及相關附屬機構之情況下，雙邊投資保障協定成爲重要的法源依據。然而，依本文分析可知，在越南暴動事件類型特殊情況下，欲透過台越投保協定進行求償相當不易。除ISDS機制之高額費用台商恐無法負擔外，國際仲裁庭過去對於暴動騷亂等案件之裁決亦不利於投資人之主張，因此，由受損外資企業聯合與越南政府談判協商，並依據雙邊投保協定中之最惠國待遇條款請求賠償與補償，似爲較務實可行之策略。

三、對一般海外投資而言，如何規避不可預期之政治、戰爭等風險至關重要，投資商機越高的地區往往也伴隨著高度風險，台商多以中小企業爲主，事前針對出口與投資保險之購置成爲不可或缺的一環。本案中對於受損企業可立即獲得部分賠償之關鍵，往往係台商購買足夠之「產物罷工、暴動、民眾騷擾、惡意破壞行爲保險」，在我國未能加入世界銀行多邊投資擔保機構（MIGA）之現實環境下，台商應建立投保相關險種作爲避險之經營策略，而政府更應加強中國輸出入銀行之功能，以完整的事前投資保障預防機制替代耗時漫長又充滿不確定性之投資爭端解決。

四、2015年由中國大陸籌設的亞洲基礎建設投資銀行（AIIB）已經成立，我國應密切注意該組織之發展，除積極成爲正式會員外，未來對於如何參與亞洲基礎建設之投資亦應及早規劃，尤其一帶一路沿線對於基礎建設需求高的國家，多半也是政治或戰爭風險較高的中亞或東南亞地區，事前投資保障規劃至爲重要。目前國內各界討論僅集中於名稱與參股問題，較少關注於投資保障的議題，倘若未來亞投行章程出爐後，吾人更應關注此區域多邊經貿組織中是否納入ISDS機制、是否成立類似MIGA之機構、是否建立更完整的政府間協商平台，此類問題均對於台商海外投資保障至關重要。如果亞投行能完成上述投資保障措施之設置，將對於我國參與亞投行帶來更深遠的實質意義。

附錄一：中華民國對外簽署之投資保障協定列表

與我國簽署投資保障（證）協定國家一覽表						
	國家	協定名稱	簽訂日期	生效日期	我方主簽	對方主簽
1	美國	中美關於保證美國投資制度換文	06/25/1952	06/25/1952	外交部長 葉公超	美國駐華大使 Howard P. Jones
2	新加坡	臺北投資業務處和新加坡經濟發展局投資促進和保護協定	04/09/1990	04/09/1990	經濟部投資業務處處長 黎昌意	新加坡經濟發展局局長 陳振南
3	印尼	中印尼投資保證協定	12/19/1990	12/19/1990	駐印尼經濟貿易代表處代表 鄭文華	印尼駐臺北商會主席 Alinoerrasjid
4	菲律賓	中菲投資保證協定	02/28/1992	02/28/1992	駐菲律賓臺北經濟文化辦事處代表 劉達人	馬尼拉經濟文化辦事處主任 Joaquin R.Roces
5	巴拿馬	中華民國與巴拿馬共和國投資待遇及保護協定（已廢止，由FTA投資專章取代）	03/26/1992	07/14/1992	經濟部長 蕭萬長	巴拿馬工商部長 Roberto Alfaro Estripeaut
6	巴拉圭	中華民國政府與巴拉圭共和國政府相互投資保證協定	04/06/1992	09/11/1992	外交部長 錢復	巴拉圭外交部長 Alexis Manuel Frutos Vaesken
7	尼加拉瓜	中華民國政府與尼加拉瓜共和國政府投資保證協定（已廢止，由FTA投資專章取代）	07/29/1992	01/08/1993	經濟部長 蕭萬長	尼加拉瓜經濟暨發展部部長 Julio Cardenas

與我國簽署投資保障（證）協定國家一覽表						
	國家	協定名稱	簽訂日期	生效日期	我方主簽	對方主簽
8	馬來西亞	中馬投資保證協定	02/18/1993	02/18/1993	駐馬來西亞臺北經濟文化辦事處代表 黃新壁	馬來西亞友誼及貿易中心代表 Dato‘ Syed Mansor Syed Kassim Barakbah
9	越南	駐越南臺北經濟文化辦事處和駐臺北越南經濟文化辦事處投資促進和保護協定	04/21/1993	04/21/1993	駐越南臺北經濟文化辦事處代表 林水吉	駐臺北越南經濟文化辦事處代表 Dao Duc Chinh
10	阿根廷	臺北經濟部與布宜諾斯艾利斯經濟暨公共工程與服務部關於投資促進及保護協定	11/30/1993	11/30/1993	經濟部次長 許柯生	阿根廷經濟暨公共工程與服務部次長 哈德內克
11	奈及利亞	中華民國政府與奈及利亞聯邦共和國政府間投資促進暨保護協定	04/07/1994	04/07/1994	經濟部長 江丙坤	奈及利亞聯邦共和國商務暨觀光部部長 奧吉洛
12	馬拉威	中華民國政府與馬拉威共和國政府投資保證協定	04/22/1995	05/14/1999	外交部長 錢復	馬拉威共和國外交部長 柏納里Hon. E.C.I. Bwanali
13	宏都拉斯	中華民國與宏都拉斯共和國投資待遇及保護協定	02/26/1996	10/20/1998	外交部長 錢復	宏都拉斯共和國外交部長 烏必索S.E. Lic. J. Delmer Urbizo
14	泰國	中泰投資促進及保障協定	04/30/1996	04/30/1996	駐泰國臺北經濟貿易辦事處代表 許智偉	泰國駐臺北貿易經濟辦事處代表 柴司瑞

與我國簽署投資保障（證）協定國家一覽表						
	國家	協定名稱	簽訂日期	生效日期	我方主簽	對方主簽
15	薩爾瓦多	中華民國與薩爾瓦多共和國相互促進及投資保障協定	08/30/1996	02/25/1997	外交部長 章孝嚴	薩爾瓦多 外交部長 龔薩雷斯
16	塞內加爾	中華民國政府與塞內加爾共和國政府間相互促進暨保障投資協定	10/24/1997	05/17/1999	行政院長 蕭萬長	塞內加爾總理 狄安
17	史瓦濟蘭	中華民國政府與史瓦濟蘭王國政府投資促進暨保護協定	03/03/1998	09/03/1998	經濟部長 王志剛	史瓦濟蘭王國政府企業兼就業部長 Rev. Absalom Muntu Dlamini
18	布吉納法索	中華民國政府與布吉納法索政府間相互促進暨保障投資協定	10/09/1998	11/20/2003	外交部長 胡志強	布吉納法索外交部長 魏陶哥
19	多明尼加	中華民國政府與多明尼加共和國政府間投資促進暨保護協定	11/05/1998	04/25/2002	駐多明尼加大使 國剛	多明尼加 外交部長 拉多雷
20	貝里斯	中華民國政府與貝里斯政府投資促進暨保護協定	01/16/1999	—	行政院長 蕭萬長	貝里斯總理 穆沙
21	哥斯大黎加	中華民國與哥斯大黎加共和國間促進暨相互保障投資協定	03/25/1999	10/18/2004	經濟部長 王志剛	哥國對外貿易部部長 古索斯基
22	馬紹爾群島	中華民國政府與馬紹爾群島共和國政府投資促進暨保護協定	05/01/1999	05/01/1999	外交部長 胡志強	馬紹爾群島共和國外交暨貿易部長 Philip Muller

與我國簽署投資保障（證）協定國家一覽表						
	國家	協定名稱	簽訂日期	生效日期	我方主簽	對方主簽
23	馬其頓	中華民國政府與馬其頓共和國政府投資促進暨相互保護協定	06/09/1999	06/09/1999	經濟部長 王志剛	馬其頓共和國 貿易部長 格魯夫斯基
24	賴比瑞亞	中華民國政府與賴比瑞亞共和國政府投資促進暨相互保護協定	06/17/1999	08/06/2000	外交部長 胡志強	賴比瑞亞共和國 外交部長 開普頓
25	瓜地馬拉	中華民國政府與瓜地馬拉共和國政府間投資促進及保護協定	11/12/1999	12/01/2001	駐瓜地馬拉 大使 吳仁修	瓜地馬拉共和國 經濟部代部長 Jose Guillermo Castillo Villa-corta
26	沙烏地阿拉伯	臺北經濟部與利雅德財經部間促進暨保障投資備忘錄	10/31/2000	07/25/2001	經濟部次長 陳瑞隆	沙烏地阿拉伯基本工業公司副總裁兼執行董事 穆罕默德・哈邁得・馬迪
27	印度	駐新德里臺北經濟文化中心與駐臺北印度—臺北協會間投資促進及保護協定	10/17/2002	03/18/2005	駐新德里臺北經濟文化中心 錢剛鐔	駐臺北印度—臺北協會會長 Ranjit Gupta
28	聖文森	中華民國政府與聖文森國政府投資相互促進暨保護協定	12/17/2009	02/01/2010	駐聖文森 大使 李澄然	聖國副總理 兼外長 Sir Louis Straker
29	甘比亞	中華民國與甘比亞共和國投資促進及相互保護協定	06/08/2010	09/30/2010	經濟部長 施顏祥	甘國經濟計畫暨企業發展部長 Yusupha Alieu Kah

與我國簽署投資保障（證）協定國家一覽表						
	國家	協定名稱	簽訂日期	生效日期	我方主簽	對方主簽
30	日本	亞東關係協會與財團法人交流協會有關投資自由化、促進及保護合作協議	09/22/2011	01/20/2012	亞東關係協會會長彭榮次	財團法人交流協會會長大橋光夫
31	中國大陸	海峽兩岸投資保障和促進協議	08/09/2012	02/01/2013	財團法人海峽交流基金會董事長江丙坤	海峽兩岸關係協會會長陳雲林
製表單位：經濟部投資業務處（2013年9月）						

附錄二：台越投資保障協定新舊版之差異說明（經濟部）

一、擴大投資保障範圍：包括台商在越南直接投資及透過第三地間接投資越南，且我商在越南的新型投資型態（如期貨、選擇權、衍生性金融商品）亦受保障。

二、新增國民待遇：確保台商獲得與越南國民相同之待遇。

三、新增「禁止實績要求」：越南政府不得要求台商必須購買一定比例的越南產品，才能繼續營運工廠。

四、明確規定「投資人與地主國爭端解決」程序：倘發生投資爭端，台商可先與越南政府進行諮商，若6個月內未能解決爭端，台商可向地主國提出將該爭端尋求國際仲裁救濟。

五、新增法規透明化：越南應即時對外公布投資相關法規或措施，且應答覆我方對新法規的任何疑問，使我商能即時掌握越南投資環境。

六、新增政府協調機制：台商遭遇投資問題或障礙時，我政府可洽越南政府提供協助。

七、全面提升保障標準：將投資待遇、徵收補償、武裝衝突或內亂等項目納入提升保障標準，例如越南政府承諾給予台商「公平公正之投資待遇」、越南政府依法徵收時，應給予台商「即時、充分且有效的補償」。

洽簽更新「台越投資協定」之優點：

一、建立政府協調機制：簽署此協定後，倘台商遇到任何與投資相關之問題，可提請我政府協助與越南政府溝通，必能更迅速、更有效率的處理投資問題。

二、全面提升保障標準：擴大投資保障範圍、新增國民待遇、禁止實績要求、法規透明化等事項，並將投資待遇、徵收、損失補償等項目提升保障標準，例如越南政府承諾給予台商「公平公正之投資待遇」、越南政府依法徵收時，應給予台商「即時、充分且有效的補償」。

三、規範投資人與地主國爭端解決機制：倘台商與越南政府發生投資爭端，台商可先與越南政府進行諮商，或交由雙方政府進行協調，倘6個月內仍未妥適解決爭端，台商可將該爭端提交國際仲裁。

第十章
台灣區域經濟整合之路

劉大年

壹、前言

本文主要分析台灣參與區域經濟整合，建構自由貿易協定歷程，台灣參與區域經濟整合時間雖不長，但其中牽涉的因素複雜，除了要考慮市場開放經濟層面的問題外，排除中國大陸的干擾更是關鍵，可說是一非常獨特的個案。

本文主要的重點有三，第一是瞭解全球區域經濟整合現狀，以及未來發展的趨勢，第二是說明台灣參與區域經濟整合的進展及台灣所處的環境，第三則以台灣爲實例，說明台灣建構FTA過程所面臨的問題。

由於未來全球區域經濟整合的趨勢仍會加溫，台灣有機會與他國建構FTA。藉由過去的經驗，有助於台灣未來在區域經濟整合競賽中可以急起直追，甚至可以迎頭趕上。

本文的架構如下，除前言外，第二部分將分析全球區域經濟整合的發展，除了說明近年來區域主義興起侵蝕WTO功能外；也將探討美國在川普總統上任後的變化。第三部分將分析台灣參與區域經濟整合的歷程，以瞭解台灣所面臨的挑戰。第四部分則以台灣經驗爲實例，研析台灣進行自由貿易協定談判歷程，以及由此衍生的問題。本部分將以ECFA爲重點，說明當時推動架構協定及服務業貿易協議（以下簡稱服貿協議）的考量，最後第五部分則爲本文的結論。

貳、全球區域經濟整合之趨勢

一、多邊自由化vs.區域經濟整合

多邊自由化與區域經濟整合是推動全球經貿自由化兩大主軸。大致可以1995年世界貿易組織（World Trade Organization, WTO）成立爲分水嶺，在WTO成立之前，全球貿易自由化主要是依靠關稅暨貿易總協定（General Agreement on Tariffs and Trade, GATT）多邊機制所啓動，區域經濟整合著力有限，所形成FTA數目不多。

不過在WTO成立之後情勢有所轉變，因爲WTO成立之後推動自由化進展不順，特別是在2001年WTO啓動杜哈回合（Doha Round）多邊談判，雖然無論就自由化的深度與廣度均爲WTO（GATT）歷次貿易談判之最，但談判困難度也更高，談判迄今仍無重大突破。僅分別在2013年及2015年完成貿易便捷化協定（Trade Facilitation Agreement, TFA）與擴大資訊科技協定（Information Technology Agreement, ITA II）。

在WTO多邊談判停滯不前的情況下，各國紛紛由「多邊」轉爲「雙邊」，[1]建構雙邊的自由貿易協定，區域主義形成潮流[2]。根據

1　Crawford, J., & Fiorentino, R. V. The Changing Landscape of Regional Trade Agreements. WTO Discussion Paper, 8, 2005. Trakman Leon E. The Proliferation of Free Trade Agreements: Bane or Beauty? Journal of World Trade, 42(2), pp. 367-388, 2008.

2　Lee, J., I. Park and K. Shin, “Proliferating Regional Trade Arrangements: Why and Whither?”, The World Economy, 31(12), pp. 1525-1557, 2008. Whalley John, “Recent Regional Agreements: Why So Many, Why So Much Variance in Form, Why Coming So Fast, and Where Are They Headed?”, The World Economy, pp.

WTO統計，如表10-1所示，1950年至2020年2月，全球實際上共有476個已經生效的區域貿易協定[3]，其中在1995年WTO成立之後有425個，占已生效區域貿易協定近九成；在2005年迄今則形成315個，占總數約三分之二，反映出建構FTA已成爲多數國家貿易政策的主軸。

表10-1　全球區域貿易協定數目成長趨勢

年份	區域貿易協定數目
1950-1959	2
1960-1969	2
1970-1979	11
1980-1989	10
1990-1994	26
1995-1999	38
2000-2004	72
2005-2009	128
2010-2014	104
2015-2020.2	83
合計	476

（資料來源：www.wto.org）

517-532, 2008. Nicolás Albertoni, "The New Dynamics of the International Trading System", Global Policy 9(1), pp. 156-158, 2018.

3 區域貿易協定以自由貿易協定（FTA）爲主，關稅同盟（Customs Union）較少。

以全球區域整合趨勢來看，已形成歐洲與美洲兩大板塊，亞洲雖未形成明顯的板塊，但整合的速度也在加快。以下分別說明歐盟、美國與亞洲整合概況：

（一）歐盟

歐盟在2010年公布「歐盟2020策略」（Europe 2020 Strategy），強調以具有市場潛力的經濟動機選擇FTA對象；另外也推進東進政策，積極進行跨區域結盟[4]與亞洲國家結盟，目前已與韓國、新加坡和越南簽署FTA，其中與日本、韓國及新加坡FTA已經生效，參與區域經濟整合，已成爲歐盟對外經貿政策主軸。

歐盟雖然不斷擴展FTA網絡，但內部重要成員英國卻因國內對參與歐盟之歧見，已於2016年6月通過脫歐公投，爲歐盟整合的一大挫敗。

（二）美國

美洲地區主要是以美國爲推手。1988年的美加自由貿易協定和1994年美加墨形成的北美自由貿易協定（North American Free Trade Agreement, NAFTA），均是以美國爲主軸進行整合。以往美國支持多邊主義，但隨著WTO多邊談判停滯、歐盟整合不斷深化等因素影響下，美國也開始積極投入區域經濟整合。美國FTA對象涵蓋各洲，共14個FTA生效。另外美國也推動跨太平洋夥伴協定（Trans-Pacific

---

4 Katada, Saori N., & Solis, Mireya eds., Cross Regional Trade Agreements: Understanding Permeated Regionalism in East Asia. Berlin: Springer, 2008.

Partnership Agreement, TPP）及其與歐盟之跨大西洋貿易與投資夥伴協定（Transatlantic Trade and Investment Partnership, TTIP）。TPP並在2016年2月完成簽署。

（三）亞洲

亞洲地區除了1992年成立東協自由貿易區（ASEAN Free Trade Area, AFTA）為歷史較久的FTA外，過去在區域整合進展較有限，但在WTO貿易自由化停滯、1997年金融風暴重創亞洲經濟以及其他區域整合程度不斷深化等影響下，近年來日本、中國大陸及韓國等國也開始投入區域整合，也有相當程度的進展。

其中日本在2002年之前並未對外簽署FTA，但在2002年與新加坡完成FTA後，迄今日本共已簽署17個FTA。中國大陸及韓國情形也與日本相似，中國大陸目前在世界各洲都有FTA布局，共生效14個FTA，並完成與東協、智利、新加坡、巴基斯坦等國之FTA升級協定；而韓國在2003年與智利簽署FTA後，便積極推動與全球主要國家簽署FTA，目前共生效16個FTA。韓國目前也是世界上唯一與中國大陸、美國、歐盟及東協均有FTA的國家，FTA網絡非常完整。

二、區域經濟整合新趨勢

區域經濟整合雖然促進參與國的經貿合作，但在市場開放下，也使得部分弱勢產業受到衝擊、失業問題惡化、貧富差距擴大等問題。導致近年反全球化聲浪高漲，陸續發生2016年6月英國公投決定脫歐、各國民粹主義政黨興起、川普在2016年11月贏得美國總統大選等，均可視爲反全球化表徵的代表，對全球經貿發展產生重大影響，也使區域經濟整合情勢有了以下新的變化。

（一）美國將以雙邊模式推動公平貿易

美國在川普當選總統後，對外經貿政策大幅轉變。川普認爲全球化下的經貿環境對於美國不公平，使美方利益受到損害，最主要的指標就是鉅額貿易赤字，而貿易赤字過高也是造成美國製造業工作機會流失，以及經濟表現不佳的主要原因。因此川普上任後立即宣布退出跨太平洋夥伴協定（TPP）、暫緩與歐盟進行跨大西洋貿易與投資夥伴協定（TTIP）之協商，同時也重新修訂美韓FTA及北美自由貿易協定（NAFTA），並透過強硬手段來制衡貿易夥伴不公平貿易行爲，以確保美國利益；其中以中國大陸爲主要目標，透過雙邊模式推動公平貿易已是美國經貿政策的主軸。

美國目前貿易協定談判方面，新NAFTA〔又名「美國—墨西哥—加拿大協定」（United States-Mexico-Canada Agreement, USMCA）〕已在2018年11月完成簽署，將在2020年7月1日生效；而新美韓FTA則於2019年1月1日生效。另外美日貿易協定也在2019年10月7日正式簽署，並在2020年1月1日生效。

其次，自2018年以來，川普爲實現降低鉅額貿易逆差，採取一連串的反制措施。首先在2018年1月依據1974年貿易法201條款，針對大型洗衣機及太陽能電池執行防衛措施。

而後美國也依據1962年貿易拓展法案232條款，認定進口鋼鐵及鋁材已威脅美國國家安全，阻礙美國國內產業發展，對全球進口的鋼鐵及鋁材，分別額外課徵25%及10%關稅。在此過程中，川普不斷批評中國大陸產能過剩是造成全球鋼鐵市場動盪的主因。

隨後針對中國大陸最直接的措施，即是依據1974年貿易法301條款的調查，調查中國大陸在技術移轉及智慧財產權政策是否有不合理，因而限制美國企業發展。在調查事實成立後，隨即展開一系列加課關稅，進口限制、出口管制及投資審核等措施。

美國一方面藉由執行國內法的手段，不依循WTO方式，快速反應對其他國家不公平貿易措施；另一方面也迫使各國上談判桌，以滿足美國需求。除了引發美中貿易戰，也影響到全球經濟成長動能。

（二）CPTPP在日本的主導下持續推進

自美國宣布退出TPP後，TPP的前景不明，但在日本積極推動下，11國於2017年11月APEC領袖會議期間，宣布將TPP更名爲跨太平洋夥伴全面進展協定（Comprehensive and Progressive Agreement for Trans-Pacific Partnership, CPTPP），並在2018年1月完成談判，在3月8日於智利簽署，而在2018年12月30日生效，未來會擴充新會員。

（三）區域經濟整合將以大型與雙邊FTA並行

由目前發展態勢來看，區域經濟整合不受反全球化浪潮興起影響，各國仍會持續進行整合，並朝雙邊與大型FTA並行模式[5]，主要

5 Dan Ciuriak, Jingliang Xiao, Ali Dadkhah, "Quantifying the Comprehensive and Progressive Agreement for Trans-Pacific Partnership," East Asian Economic Review 21(4), pp. 343-384, 2017. Rodrigo Polanco Lazo, Pierre Sauve, "The Treatment of

有以下兩個重點：

1. RCEP

在美國宣布退出TPP後，談判延宕多年的區域全面經濟夥伴協定（Regional Comprehensive Economic Partnership, RCEP）有所突破，印度因爲擔憂市場開放對國內產業衝擊過大而退出談判，但在其他15國的積極促成下，完成談判，預計在2020年11月正式簽署，成爲另一個大型的自由貿易協定。

此外，歐盟先後與日本、新加坡、南方共同市場（NERCOSUR）及越南簽署或完成FTA後，和澳大利亞、紐西蘭及東協等國也積極協商，充分顯現歐盟籌建另一個以歐盟標準爲核心貿易圈的企圖心。大型FTA的相繼形成，對於全球經濟影響也更爲深遠。

2. **亞洲國家持續推進FTA談判**

除了CPTPP、RCEP等巨型FTA持續推進外，東亞各國也不受美國經貿政策改變影響，仍持續推動雙邊FTA。其中日本扮演重要角色，主要將擴大CPTPP及推動中日韓FTA。中國大陸正在與既有之FTA夥伴，如東協、巴基斯坦、新加坡、紐西蘭、智利、秘魯等國進行升級談判，其中僅秘魯仍在進行協商，其餘皆已生效或完成談判；也參與中日韓FTA和RCEP談判，另外中國大陸也積極與一帶一路沿線國家建構FTA，以擴大其經貿影響力。韓國未來將以韓國—東協

Regulatory Convergence in Preferential Trade Agreements", World Trade Review, pp. 1-33, 2017. Rachel F. Fefer, "U.S. Trade in Services: Trends and Policy Issues," Congressional Research Service, R43291, 2018.

FTA與韓國—印度FTA升級版談判，並開啓與南方共同市場及墨西哥FTA協商等爲主。至於東協除了將完成RCEP簽署外，個別國家也積極推動FTA。

參、台灣參與區域經濟整合之歷程[6]

一、背景說明

相對於亞太其他主要國家，台灣投入區域整合的時間最晚。因爲在2002年台灣加入WTO之前，由於顧慮到簽署FTA會影響到台灣加入WTO的時程，所以是以儘速入會爲主要目標。在入會之後，台灣也開始積極地尋求與其他國家簽署FTA；推動自由貿易協定，成爲台灣經貿外交的主軸政策。台灣接觸的對象包括亞洲的日本、東協國家、美國，以及台灣的邦交國，涵蓋範圍非常廣泛。

對於台灣而言，簽署FTA除了經濟效益之外，也具有外交突破的作用，可說是有雙重的意義。但也正因爲FTA可以帶給台灣不小的政經效益，使得台灣在國際舞台上推動FTA困難重重。

台灣FTA進展有限的原因當然是中國的因素，由於中國經濟快速興起，再加上中國在2001年入會以後，也積極地投入區域經濟整合，觸角幾乎遍及全球，各國在著眼於中國市場開放的機會以及中國壓力下，自然會捨台灣而就中國，以中國爲洽簽FTA的首要目標。另外，在建構FTA的過程中，不可避免地會涉及到主權的因素，各國在顧忌

6 本部分之若干內容，係作者訪問當時參與談判的政府官員綜整而得。

中國的影響下，使得台灣推動FTA的成效受到限制。

由於台灣在簽署FTA受到來自中國莫大的阻力，爲了尋求突破，台灣洽簽對象很自然地轉向邦交國；而與邦交國簽署FTA，來自中國的干預自然較低。台灣的邦交國主要是集中在中南美洲、非洲及南太平洋島嶼國家，無論就經濟規模及制度完善性而言，中南美洲地區的邦交國較具有簽署FTA的條件，所以台灣FTA最新進展也集中在此地區。

在2008年以前，台灣建構FTA的成果，僅侷限於中美洲之邦交國巴拿馬、瓜地馬拉、尼加拉瓜、薩爾瓦多、宏都拉斯等國[7]，中國大陸因素是台灣進展有限的主要原因。由於中國大陸經濟快速崛起，且中國大陸在2001年加入WTO後，也開始積極投入區域經濟整合，與香港、澳門、東協、智利等建構FTA，使各國著眼於中國大陸市場開放機會及政經影響力下，自然會以中國大陸爲重，使台灣參與區域經濟整合處處受阻。

2008年是台灣參與區域經濟整合的分水嶺。隨著兩岸關係改善，台灣區域經濟整合空間變寬。[8]台灣與中國大陸於2009年開始就簽署「海峽兩岸經濟合作架構協議」（Cross-Straits Economic Cooperation Framework Agreement, ECFA）進行準備，經過多次協商後，ECFA

7　目前巴拿馬及薩爾瓦多已經與台灣斷交。

8　Chen, Tain-jy ed., “The Necessity of ECFA: Challenges of Regional Economic Integration in East Asia to Taiwan,” Taipei: Prospect Foundation, 2010. Chu, Cyrus C. Y. ed., “ECFA: Creating a Win-win Situation Across the Taiwan Strait”, Taipei: Prospect Foundation, 2009.

在2010年6月簽署，9月生效。在ECFA簽署生效後，其他國家見到台灣與中國大陸關係穩定，與台灣建構FTA的意願也提高，在2013年7月和11月台灣分別與2個非邦交國紐西蘭和新加坡簽署FTA[9]，陸續在2013年12月和2014年4月生效。

其中台紐FTA是台灣第一個與非邦交國，且又是已開發國家所簽署FTA，極具指標意義。另外值得說明的是，紐西蘭及新加坡都是在與中國大陸FTA生效後，才展開與台灣洽商FTA，顯示出其間的複雜性。

而在ECFA架構協定生效後，2012年8月兩岸又簽署投資及海關協議，並在2013年2月生效；2013年6月簽署服務業貿易協議，但因在立法院審查卡關，在社會也引發重大爭議，並引發太陽花學運，迄今仍未能解套。

2016年政黨再次輪替，兩岸關係再次陷入僵局，台灣FTA之路再次受阻。僅在2017年分別與2個邦交國史瓦帝尼及巴拉圭簽署FTA，目前均已生效。

綜合而言，各國由於忌憚中國大陸的壓力，對於與台灣建構FTA非常保守，使得台灣在FTA之路萬分艱難。由於全球FTA數目大幅成長，所以目前台灣所處的經貿競爭地位，尚不及2002年台灣加入

---

9 全名分別是「Agreement between New Zealand and the Separate Customs Territory of Taiwan, Penghu, Kinmen, and Matsu on Economic Cooperation」（ANZTEC）及「Agreement between Singapore and the Separate Customs Territory of Taiwan, Penghu, Kinmen and Matsu on Economic Partnership」（ASTEP）。

WTO與各國均適用最惠國（MFN）關稅，台灣所處的經貿環境可說是更爲不利。事實上，過去在台灣向其他國家探詢FTA可行性時，一些國家表明僅有在兩岸關係改善下，才考慮與台灣洽簽FTA。台灣與其他國家建構FTA要看中國大陸臉色，相信台灣沒有任何人願意接受此待遇，但這是國際現實，台灣必須務實地去克服。

肆、台灣經驗[10]

相較於其他國家，台灣參與建構FTA的時間較短，可以分爲以下幾個重點說明。

一、與邦交國之FTA進展順利

台灣在與邦交國建構FTA時，由於台灣邦交國經濟規模小，與台灣雙邊貿易值也低，所以談判進行順利，國內也較少討論，更沒有什麼雜音。而後在送立法院批准，朝野歧見不多，得以順利通過。不過雖然台灣與邦交國所簽署的FTA經濟效果不大，但FTA內容卻相對完整；主要是這些邦交國參與經濟整合歷史比台灣久，談判經驗也較豐富，當時協定文本主要是參考這些邦交國家過去FTA的架構，台灣參與談判的人員也從中累積不少經驗，有助於日後之談判。

10 本部分之內容許多是根據作者訪問當時參與談判的台灣政府官員，以及產學界人士彙整而得。

二、與紐西蘭及新加坡之FTA阻力亦不大

2010年在ECFA架構協定簽署之後，台灣又與紐西蘭跟新加坡在2013年完成自由貿易協定的簽署，當時朝野對於這兩個協定都是充分支持；而且台灣和此兩國雙邊貿易互補性高，所以並沒有引起太大的爭論。不過當時有針對可能受影響的產業進行溝通，例如台星FTA下的石化業及機械業，以及在台紐FTA下的農業，不過紐國農業出口項目不多，主要集中在羊肉、乳製品、鹿茸、奇異果等少數幾項，台灣仍可以承受，所以很快完成談判，立法院也順利批准。

三、ECFA談判之複雜性

相較於其他FTA的順利，與中國大陸推動ECFA則非常複雜，此可分爲以下幾個重點說明。

（一）ECFA名稱之確定

「與世界連結，參與全球區域經濟整合」爲馬英九競選總統對外經貿政策之主軸，而與中國大陸洽簽區域貿易協定是重要的一環。馬總統在上任後即開始推動與中國大陸洽簽綜合性經濟合作協議（Comprehensive Economic Cooperation Agreement, CECA）。

在馬總統擬出此議題之後，不論就CECA的程序、實質內容、主權認定以及其他問題，在台灣均引起了廣泛的討論。爲了使CECA避免與中國與香港及澳門所簽訂之更緊密經貿關係安排（Closer Economic Partnership Agreement, CEPA）混淆，而引起主權的爭議，馬總統在2009年2月27日宣布將CECA正名爲海峽兩岸經濟合作架構

協議（ECFA），並說明ECFA內容將包括關稅、非關稅措施、投資、智慧財產權等多項議題，將是一個涵蓋範圍廣泛的自由貿易協定。

馬總統進一步公開表示簽署ECFA有其急迫性，將規劃以5年分階段完成所有議題；但希望在2009年，最遲在2010年可以初步完成簽署架構協定[11]，此是馬總統首次說明推動ECFA之時程。

在中國大陸方面，對此議題則給予正面的評價與支持。例如2008年12月20日中共政協主席賈慶林在上海所舉行的「國共經貿論壇」指出，中國大陸支持CECA的構想，也願意認眞研究此議題，此是中國高層首次正式表態支持CECA。而後中國國家主席胡錦濤也在2009年元旦文告中支持CECA；特別是在2009年5月20日國共兩黨主席會面時，胡錦濤更明確指出，在有利兩岸經濟共同發展及建立具有兩岸特色的經濟合作機制前提下，ECFA可以在2009年下半年啓動談判。

綜合而言，FTA是區域貿易協定最普遍的類型。WTO生效後，FTA不但數量增加，在內容上也不斷擴充，傳統FTA仍是聚焦在關稅減讓，但新的FTA範圍不斷擴大。若干議題（例如勞工議題、環保議題）在WTO架構下推動遇到阻礙，有時也會納入FTA。除此之外，FTA也觸及服務業開放、投資、貿易便捷化、智慧財產權、電子商務、政府採購與技術合作等多個項目，並特別強調建立成員之間密切經貿合作關係，與傳統FTA明顯不同。

在FTA內容不斷廣化與深化下，有些國家開始以其他名詞取

11　馬總統在2009年5月20日於台北之「WTO的未來」研討會公開演講之說明。

代FTA，以彰顯其爲具有特色的FTA。目前較常見的名詞，大部分出現在亞太地區的FTA。「全面經濟合作協定」（Comprehensive Economic Cooperation Agreement, CECA）主要見於東協對外之「區域貿易協定」，例如東協與中國大陸、東協與韓國之FTA均是用CECA的名稱。日本對外之FTA則統以「經濟夥伴協定」（Economic Partnership Agreement, EPA）稱之。[12]另外，有些協定也會使用「更緊密經濟關係貿易協定」（Closer Economic Relations Trade Agreement），例如澳紐之協定即屬於此。不過目前仍有許多國家，例如美國仍然沿用FTA。然而ECFA名稱的確立，主要是爲了避開中國大陸與香港貿易協定之名稱，避免誤解台灣被矮化，也是屬於首見。

（二）分階段推動ECFA之構想

ECFA推動初期，台灣社會意見相當分歧；再加上兩岸貿易值高，若要一次完成談判，不但爭論更大，也可能耗日費時，所以衡量情況後，而有架構協定的構想。

基本上建構FTA的模式，大致分爲兩種，第一種是採取一次到位，也就是雙方就所有議題達成協議後才正式簽署，例如美國、歐盟及日本的FTA均是此種模式。第二種方式則是採取逐步到位的方式，先簽署「架構協定」（framework agreement），確定未來FTA的內

12 日本用EPA的另一主要動機是日本國內普遍認爲FTA就是要開放市場，對國內弱勢產業不利。爲了要舒緩市場開放的壓力，日本採用EPA，主張強化雙邊全面性的經貿合作與交流，而非單純地開放市場。

容，再分別簽定各項議題。[13]ECFA在本質上屬於「架構協定」，即先訂立架構後再談具體項目，所以也可視爲FTA的前置協定。

雖然ECFA爲一架構協定，但爲了要加速自由化，雙方又同意先選取部分產品及項目，先行開放市場以提前實施自由化，稱爲「早期收穫計畫」（early harvest plan）。早期收穫可以視爲FTA的「紅利」，不但可以減緩衝擊，更可以提前實現自由化的效益，此爲ECFA之一大特色。

「早期收穫計畫」雖然具備上述優點，不過在FTA實際談判中，由於必須在短期內達成共識，困難度很高，所以在FTA中並不常見。在過去世界各國FTA中，有「早期收穫計畫」的只有中國大陸—東協、中國大陸—巴基斯坦、泰國—印度，以及馬來西亞—巴基斯坦等4個FTA，涵蓋範圍則以農工產品爲主。

ECFA「早期收穫計畫」範圍涵蓋貨品及服務業，在貨品貿易部分，我方給予中國大陸267項產品，而中國大陸則給予我方539項產品提前自由化。自2011年起共分3年降稅，2013年已完成降稅。

2009年台灣539項「早收清單」項目，對中國大陸出口金額爲138.4億美元，占台灣對大陸出口之16.14%，平均面對的關稅爲9.5%。中國大陸「早收清單」項目則共計有267項，在2009年對台灣出口的金額爲28.6億美元，占台灣自大陸進口之10.53%，平均面對的

13 例如中國大陸—東協FTA即是採取此種模式，2002年先簽署了架構協定，陸續在2004年簽定商品貿易協定，2007年簽定服務業貿易協定。

關稅則爲4.2%。

總體而言，台灣「早期收穫計畫」項目以傳統產業爲主，高科技產業不多，主要是因爲大多數高科技產品已是零關稅。台灣「早期收穫計畫」項目基本上可以分成兩種類型，第一類是相對資本密集的傳統產業，如石化、機械、紡織等中上游產品，這些產業因爲競爭力不弱，對中國大陸的出口金額不小，但因遭受到其他FTA的威脅，因此列入「早期收穫計畫」可以幫助這些產品保持在中國大陸市場占有率，爲我方要求的主要項目。

另一類我方要求的則是相對勞力密集的傳統產業，這些產業在中國大陸高關稅障礙下，出口中國大陸不易，因此目前出口金額均不高，如自行車及其零組件、汽車零組件、鞋材、輪胎、小家電、電線電纜等。台灣在這些產品具有一定的技術優勢，但中國大陸關稅大都在10%以上，且中國大陸具有龐大的市場商機。因此利用ECFA「早收清單」降稅優勢，可以幫助廠商拓展大陸市場。

在服務業方面，我方開放中國大陸包括研發服務、資訊服務、空運服務、會議服務及電影等9項，而中國大陸則對台灣開放會計、研發服務、空運服務、會議服務及電影等11項。

綜合而言，在ECFA啓動之初，雙方均考量到基於兩岸經貿互動之密切及特殊性，有必要實施「早期收穫計畫」特別的設計。「早期收穫計畫」除包括農工業外，亦涵蓋服務業，此爲FTA所首見。我方所提項目及占出口比重，均高於對岸；而且「早期收穫計畫」項目對中國大陸出口占我對大陸總出口16%以上，更遠高於其他實施「早期收穫計畫」的FTA。

（三）避免損失 VS. 創造利益[14]

在推動ECFA架構協議時，政府主要是以「避免損失」作爲推動ECFA主要訴求[15]，以消除反對ECFA聲浪。當時在野黨反對ECFA最主要理由是ECFA會增加對中國大陸依賴，而使台灣失去經濟自主性。政府爲反駁此立場，主張若不與中國大陸推動ECFA，台灣對中國出口會被其他國家所取代，特別是當時中國大陸—東協FTA已大幅降稅，對產業形成不少壓力。

在ECFA談判之初，避免損失完全主導當時台灣談判策略之制定，也成爲政府推動ECFA的最大論點。政府主張ECFA只是台灣將所失去的市場找回來，很快得到產業界的支持，畢竟由產業角度而言，當然會支持有助於降低貿易成本的關稅調降。

而在之後服貿協議談判則情況不同，政府主要重點是創造利益，訴求大陸市場機會無窮，但卻不及避免損失具有說服力。理由是中國大陸即使對台灣開放服務業，台灣企業前進中國大陸布局需要時間，效益短期內不易實現，不如出口降關稅的效果。再加上國內服務業主管機關分散各部會，欠缺跨部會協調整合，政府準備不足，更缺少與

---

14 有關避免損失及創造利益的理論架構，請參考：Saori N. Katada & Mireya Solis, "Domestic Sources of Japanese Foreign Policy Activism: Loss Avoidance and Demand Coherence," International Relations of the Asia-Pacific, Vol. 10, No. 1, p. 129, January 2010.

15 連玉蘋，〈台灣簽署ECFA之政治經濟分析〉，《遠景基金會季刊》，2014年4月，第15卷第2期。

國內相關利害團體的溝通，以致引發社會反彈的聲浪。

ECFA架構協定及服務業貿易的歷程，除了驗證學理外，也顯示出對外經貿談判相關措施準備充分，是決定順利完成談判先決條件。

（四）貿易談判程序之建立

各國雖均積極投入建構FTA，但由於政治結構及體制的不同，所經歷的程序亦不相同。以台灣的情況而言，近年來經貿自由化受到挑戰與質疑，這些對於自由化的質疑，特別是對中國大陸的開放，固然是夾雜著政治語言。然而由於台灣社會大眾對於公共事務參與意識提高，未來避免ECFA服貿協議所引發的社會動盪再次發生，使得如何建構參與經貿談判的民主程序，變益發顯得重要。

台灣經歷FTA談判，綜合各國洽簽FTA的程序，可以歸納建構FTA的程序分為以下階段。

1. 評估階段

主要包括與國會進行溝通、進行產業公聽會以及公眾意見徵詢，同時進行影響評估。展開FTA談判前則無須取得國會授權，但要落實行政部門向國會進行事前報告之程序。

2. 談判階段

此階段行政部門應向國會報告談判進展，對產業及社會說明進展部分，並與所有利害關係人諮商。

3. 簽署及批准程序

在完成FTA之簽署後，應立即向國會報告其過程與內容。其後向國會請求同意批准時，應一併提出有關FTA影響評估結果、執行協定所需費用、國內產業救濟方案，以及國內法律配套修正方案。

4. 後續執行之落實

重點應放在FTA生效後的效果、針對受損害產業救濟之效果及改善方案，以及對方國家政府執行FTA情況等。

伍、結論

貿易是台灣經濟發展的血脈、成長的動能。自GATT（WTO前身）在1948年成立以來，台灣即是多邊體系主要受惠者；雖然台灣在2002年才正式成為WTO會員，但台灣利用西方主要國家在戰後大幅開放市場的機會，搭上自由化的順風車。

然而全球化浪潮正面臨區域主義興起巨大的挑戰，區域主義講求互惠，並超過WTO標準（所謂WTO plus）的市場開放，使無法參加的國家受到貿易歧視而使經濟成長受影響。唯一的因應辦法是設法參與。

由台灣建構自由貿易協定的過程，可以發現在第一階段與中美洲邦交國家談判FTA，由於這些國家經濟規模小，與台灣雙邊貿易值低，FTA主要是鞏固邦交，所以自由貿易協定談判進展快，爭議性小，台灣經貿部門在對外談判時，也不須全面性進行國內溝通，朝野大致均支持。

不過在和中國大陸洽談ECFA時，情況卻截然不同。首先國內對於加強對中國大陸經貿關係，本來就有很大的歧見；但是當時台灣約有40%出口到中國大陸，所以產業界則有不小的期待。

當時政府的構想是兩岸雙邊貿易值高，國內歧見多，不如採取先簽署架構協定，再進行貨品貿易、服務業貿易或是其他項目的談判，是採取循序漸進的方式。但爲了要早一點實現自由化的利益，雙方共同制定早期收穫清單，採取部分產品自由化的模式；這個方式雖非首創，但涵蓋的貿易值卻是歷來最高。

爲了要降低國內反對聲浪，當時政府成功動員企業，並說服大眾。政府是以避免損失的思維，宣稱如果沒有ECFA，台灣對大陸的出口會被與中國有FTA的國家所侵蝕；所以經由早期收穫計畫的設計，產業界可以低關稅出口到中國市場。最終成功地得到國內企業的支持，而在過程當中，國內溝通管道順利。但反觀服貿協議，由於政府主要是以創造利益爲訴求，效果不易立即實現，較不具說服力；再加上台灣服務業主管機關分散，較難進行溝通，政府準備不充分，因而引發社會強烈的反彈。

展望未來，全球已走向大型自由貿易協定，主要是RCEP、CPTPP及歐盟對外的FTA，與由美國主導的雙邊貿易協定，彼此競爭的雙軌模式。由於美國在CPTPP及RCEP雙雙缺席，短期內美國也不可能加入，所以美國會更加積極推動建構雙邊貿易協定，將會帶動全球區域經濟整合版圖的重整。

台灣在區域經濟整合已經明顯落後，對於出口導向的台灣不利，未來如何急起直追，除了需要克服政治因素外，也需完善國內經貿談判程序，並掌握國際區域經濟整合動態，才能發揮最大效益。

除了外在挑戰，台灣內部的準備亦刻不容緩。除了本文所建議談判各環節之落實外，最重要的還是談判人才的銜接及培育。當年參與台灣申請加入WTO的談判人才，目前幾乎早已不在崗位上。而後台灣和中美洲國家的FTA談判，有部分談判人才而後繼續參與ECFA、台紐及台星FTA，過去累積的談判經驗有實質的幫助。

但是之後台灣就幾乎沒有機會參與FTA談判，而且人事更迭下，過去參與FTA談判的人才，目前也大多數不在其位，現階段具有實戰經驗的人才可說是少之又少。但是台灣未來會面臨加入大型FTA，談判議題更加多元且複雜，面臨的挑戰會更加艱鉅，談判人才的整合及培育更是刻不容緩。

第十一章
洽簽雙邊經貿協定的經驗與省思——以台灣與新加坡及紐西蘭談判為例

黃兆揚

壹、引言

在美國川普總統就任以前的20年期間，全球區域經濟整合盛行，各國密集簽訂雙邊貿易協定。台灣自2002年元旦加入世界貿易組織（WTO）起，除積極進行多邊談判、形塑全球貿易規則外，亦努力參與區域經濟整合。除雙邊投資等較小範圍協定外，2003年至2007年間，台灣陸續與當時南美洲邦交國巴拿馬、尼加拉瓜、宏都拉斯、薩爾瓦多等簽署自由貿易協定（free trade agreement），2010年兩岸亦完成框架式的經濟合作架構協議（ECFA）。2011年至2013年期間，台灣與新加坡、紐西蘭分別完成雙邊自由貿易協定之談判與簽署[1]，至此可謂達到經濟整合的高峰。

「臺紐經濟合作協定」與「臺星經濟夥伴協定」具有幾項特色：1.此為台灣首次與非邦交國談判並完成簽署的貿易協定，談判過程中法律與政治議題交錯，挑戰性高；2.該協定自由化程度高，涵蓋面向包括WTO尚無之議題，諸如：投資爭端解決、貿易與勞工及環境之合作等章節，內容新穎且具未來性；3.新加坡與紐西蘭屬高度開發的英美法系國家，是國際社會要角，談判經驗豐富，紐西蘭是許多國際條約或公約的存放國，相關國際法作業，值得借鏡。

---

1 台灣與紐西蘭完成簽署「臺紐經濟合作協定」（Agreement between New Zealand and the Separate Customs Territory of Taiwan, Penghu, Kinmen and Matsu on Economic Cooperation, ANZTEC），與新加坡完成締結「臺星經濟夥伴協定」（Agreement between Singapore and the Separate Customs Territory of Taiwan, Penghu, Kinmen and Matsu on Economic Partnership, ASTEP）。

簽訂經貿協定，內國法規必受影響。談判國一方面必須調整國內法令實務，說服他方相信我方日後履行的意願與能力，另一方面若我方不願調整國內法，則必須說服他方降低或放棄高標準的協定規範，改依現行制度草擬協定內容。

無論如何，談判勢必涉及締約雙方對協定內容的期望、理解、堅持或讓步。談判人員必須與主管機關及外國談判團隊來回協商，或向第三方打聽情報，探索彼此的距離及空間。這背後涉及許多利益，產業、經濟、社會、政治、戰略、安全利益與福祉，必須和利害關係人充分諮商，整合立場，提出最適方案與最佳法律文字。這個繁複綿密、相當於進行一場經貿改革的談判締約過程，法律、外交或經貿因素不斷交錯。

本文藉由回顧與新加坡、紐西蘭洽簽貿易協定的過程，先簡介雙邊貿易協定一般採用的談判模式與程序步驟，在此談判程序下，逐步說明談判團隊必須做好的內外準備工作，尤其是如何與各行政機關或產業部門保持緊密的諮詢與協調，提出談判方立場，預為調整相關法規政策。本文另嘗試整理一些特殊的談判議題，雙方立場分歧時，談判團隊如何找尋解決方案。最後是結論與建議。

貳、談判模式與洽簽程序

經貿協定主要在整合締約國經貿法規，朝向自由化及撤除不必要管制，擴大彼此商品與服務之市場與商機，實際上達到相互擴張經濟領土。此項龐大的法律過程，多須歷經數年的談判協商，就各章節議題逐一獲取共識。以下說明這些談判締約過程是如何開始、進行與結束。

一、經貿協定基本結構

談判模式與談判內容息息相關，首先說明經貿協定的內容與基本結構。臺紐經濟合作協定或臺星經濟夥伴協定，或其他類似的區域經濟整合，均屬自由貿易協定（Free Trade Agreement, FTA），在各類條約中，屬篇幅章節最多之國際協定[2]。

經貿協定如同其他國際協定，基本結構包括：1.基本條款：內容包含協議之名稱、前言、目的、定位、範圍、定義、總則等，具通體適用（一般條款）或通體不適用（一般例外）性質；2.專業條款：涉及各實質經貿議題或商業規範，主要有商品與服務之市場開放、法規調和與相互承認、各項合作與推廣交流事項等，此類條款構成協定的主要部分；3.體制條款：涉及整份協定的行政運作與秘書事務、聯絡窗口，另含爭端解決、違約處理，協定的解釋或制定補充規則、協定的生效、修改及廢止程序等。以下分別詳述此三大基本結構。

---

2 以「臺紐經濟合作協定」爲例，整份協定除前言外，共計25章，議題涵蓋：貨品貿易、原產地規則、關務程序與合作、貿易救濟、食品安全檢驗與動植物防疫檢疫、技術性貿易障礙、競爭政策、電子商務、智慧財產權、政府採購、投資、跨境服務貿易、商務人士短期進入、空運服務、貿易與勞工、貿易與環境、影視共同製作、原住民合作、透明化、爭端解決、體制條款、一般條款、一般例外及終章條款。數百頁條文含各章節之附件、附錄，整份協定合計超過1,000頁。由此可知，經貿協定堪稱一種最龐大、完整且深入政府各部會施政層面的國際協定。

（一）基本條款

基本條款或基礎型條文包括協定的名稱、前言。名稱如同一部法律的名稱，前言係開頭宣言，說明締約緣由、精神及目標，對協定條款之解釋，具有指導或指引之功能。協定本文中，凡有關協定之目的、宗旨、目標之條款，協定之締約基礎、締約權源、國際法上定位、與其他或既有國際協定之適用順序關係，協定之基本範圍（scope）與各種例外（exception）、名詞定義、解釋原則與方法，及其他總則或總論性質的規定，均屬於協定之基本條款。

如將國際協定比喻成一間房子，基本條款猶如天、地、牆（天花板、地板、牆面）之功能，用以作爲本協定之基本架構，具有跨章節性（cross cutting）規範整份協定之功能與地位。

（二）專業條款

協定內關於各項經貿議題之條文，均屬專業實質條款，如貨品貿易、原產地規則、貿易救濟、食品安全檢驗與動植物防疫檢疫、技術性貿易障礙、政府採購、投資、跨境服務貿易、商務人士短期進入、空運服務，及相關附件與執行協議或附屬協議。簡言之，包括市場開放、法規調和、與合作性質之規範。專業條款構成協定的主要實質內容，是雙方之所以願意談判締約的主要目的，未來也經常是履約產生爭議之所在。

如以國際協定比喻成一間房子，各章節之專業條款，猶如建物內的各個房間，各具專門的用途與特定的功能，房間內應有如何的家具及擺設（條款內容），端賴各專業議題之所需。

（三）體制條款

國際協定（房子）蓋好後，目的在讓人使用，而非僅供觀賞。必須接通水、電、瓦斯，使房子正常運作，若日後老舊或不好使用，甚至需檢討翻修或乾脆重建。體制條款（institutional matters）就是接通水、電、瓦斯，讓締約國啓用房屋（國際協定）的行政配備條款。體制條款重點在設置整份協定之行政機構、定期檢討機制、紛爭解決程序，及協定之生效、修改或廢止程序。目的在確保好不容易談判完成而簽署之經貿協定，能夠確實上軌使用、正常運作、有效執行。

所謂行政運作機構，包括設置共同秘書單位、執行委員會、次級委員會、行政人員、各國聯繫窗口等；所謂定期檢討機制，是指締約雙方定期或不定期舉行規模不等之大小會議，協定設置的各級委員會負責監管相關議題，討論諸如：協定是否有效運作、是否發生何種問題、是否應共同作成補充決議或某條文之細部解釋，及是否應修改協定等；爭端解決程序，主要目的在透過一套程序，化解或消弭日後締約國彼此可能產生對協定之疑義或歧見，以及解決一方指控他方違約或不履行之爭執。唯有設置有效的爭端解決程序，才能確保締約國遵守協定，不至於使協定淪爲具文。所謂協定修正存廢機制，係指有關協定如何生效、修改及廢止之程序規定。

二、經貿協定談判模式與程序

經貿協定的談判締約，大致上歷經數個階段：1.評估是否展開談判；2.決定正式開啓談判；3.界定談判議題之範圍、架構、目標；4.規劃談判時程、地點，交換談判團隊成員名單、聯絡方式；5.籌備並逐步進行每回合的談判；6.完成談判，法律檢視；7.雙方簽署協定；8.完成條約生效程序。以下簡要分述之。

（一）評估與決定開啓談判

大型經貿協定之談判至締約生效，需投入許多人力、時間與經費，有無談判的實益，必須再三考量。一般在篩選談判夥伴時要考慮諸多因素。經濟因素包括：市場規模、商機潛力、貿易關係、經濟互補或產業關聯性、經濟發展程度、對外資之態度、資源取得的利益、關稅及非關稅障礙等。政治因素諸如：穩固邦誼、區域聯盟與外交合作、戰略利益及國際政治連鎖效應等。台灣與紐西蘭分處南北半球，農產品或產業互補性高，新加坡的服務業及台灣的製造業各有強項，又同處亞太區域，經貿合作價值高，是理想締約夥伴。

實務上，兩國爲了評估是否展開談判及談判締約可能帶來多少利益，多會先由兩國共同或各自進行簽訂經貿協定之可行性研究報告（feasibility study）[3]。可由政府指定之智庫或學術單位研究作成，供兩國政府評估未來若簽訂這份經貿協定的優、缺點及實益，包含：經濟影響評估（貿易、投資、商業利益）、法規影響評估（法制契合、修法幅度）、產業受衝擊評估（廠商轉型、就業、失業變化）、產業

[3] 台灣與紐西蘭係出具共同報告（joint study），詳載各項市場開放或簽訂協定可能帶來的商業利益或衝擊，以及研究團隊初步與產業諮詢的結果。

調整機制或救濟方案、其他等。

取得政府的許可授權後（有些國家或區域如歐盟，尚需經國會或議會或其他政治機構之同意授權），始能開啓談判。同意展開談判之決定，可能由兩國共同宣布或各自對外宣布，宣布之形式，可共同召開記者會爲之，也可各自爲之或逕公布於政府網站上。

（二）議定談判模式與規劃時程

在進入實質議題的談判以前，整體上，爲了確定雙方企圖心、基本想法相同，係基於共通的利益目標而談，且立足在同一個範圍架構下，也確認雙方對協定內容沒有誤會或明顯落差，實務上，雙方會先就協定的架構範圍、企圖目標或最高最低的限度（如關稅的降幅、服務業的開放程度）等「界線」事項，進行討論與確認。此階段可謂一種「事先言明、先期確認」之談判程序，可稱爲「範圍界定談判」（scoping exercise）或「模式談判」（modality）、「架構談判」（framework）等，目的是避免雙方投入了可觀的資源人力及時間，卻到了談判中後期始發現「這不是我要的」或「雙方想法竟然南轅北轍」等歧異。亦即，必須避免發生「早知如此，何必談判」造成騎虎難下的局面[4]。

雙方確認範圍架構可行後，即進入談判的行政規劃，諸如時程、地點、團隊成員、聯絡管道、保密措施等。詳言之，雙方必須商議確

---

4 協定的範圍架構，攸關任一方進行談判往下走之意願，重要性高，談判實務上經常會與是否展開啓談判一起評估，同時作成決定。

定：1.談判的時、地、談判國約定輪流擔任東道主等；2.雙方談判團隊的基本成員，包括團長、主談人、談判代表與其他成員及變動，雙方的主政機關（如經濟部或農業部）或政府授權委託進行談判之機構或團體；3.談判期間的聯絡模式或文件交換流程，例如：是否一律透過雙方駐地代表處聯絡？是否容許使用電子郵件傳遞資訊？或使用電子郵件的條件等；4.其他談判行政事項，如文書或資訊保密措施等。

（三）談判之進行、完成與收尾

經貿談判通常分成數個回合進行，每回合依雙方協調適當的間隔（如2至3個月），輪流至對方首府談判。每回合談判前，雙方先以書面交換談判立場與草案內容，同時就對方的草案立場提出我方的評論，預先聚焦歧異處，以增進現場會談的效率。

談判現場流程，以人數較多的回合爲例，3日的會議議程通常區分成「大會」與「小型會議」，第一天或最後一天各安排「大會」作爲開場與總結，談判成員全體到場，盤點各章節議題的進度與方向。其他會議時段，依專業議題區分，在不同會議室舉行「小型會議」，由各議題談判代表或主政官員進行會談。大會時，由團長或主談人主持；小型會議時，談判代表擔任主談人。依國際會議慣例，主談人開場後即進入實質議題。每個大小會談，均須製作會議紀錄由雙方簽名，作爲談判成果。

就個別談判官員的角度，在不同會議可能扮演不同的角色：在大會上，發言機會較少，應勤加記錄現場討論情形；在小型會議上，因擔任主談人或發言機會較多，應指定記錄人員，或人數不足時自己記錄重點。一般慣例，談判現場不能錄音，團長或主談人分身乏術，無法全程參與每個小型會議，因此會議記錄工作（無論係雙方的共同會議紀錄，或一方人員自己的筆記）非常重要。

所有草案條款內容均達成共識後，即屬談判完成。接下來，準備派締約代表進行簽署。雙方談判團隊中政府律師（法律人員）必須舉行會談，進行法律檢視與收尾。亦即，律師須將協定草案各章條文及所有附件附錄，從頭到尾（從封面第一個字，到末頁最後一個字）進行逐條檢視，統一法條文字、文法用語、標點符號、章節本文與附件附錄的連接順序與頁次，校正錯誤，經由雙方律師確認無誤後，將草案定稿，作爲雙方締約簽署的文本。

法律檢視會議，雖由政府律師主談，但政府律師僅能在不變更法條實質文義前提下，進行逐條檢視。許多時候某個文字用語（如連接詞）或甚至標點符號之採用決定，可能會影響條文解釋或適用邏輯，即變動實體文義，此時即逾越談判權限，政府律師必須適時回頭與主政機關協商確認，決定最終文字的處理方法。若不涉實體文義之變動，不影響談判結果，基於釐清條文的意義之目的，律師可以自行決定適當的文字語法。當然，其中灰色地帶或界線（何時涉及實體變動？何時只是釐清法條文義？）如何拿捏處理，即是法律人的挑戰。

（四）協定之簽署與生效施行

雙方締約代表（臺紐ANZTEC與臺星ASTEP係指派雙方的駐外代

表作爲締約代表）出席簽署儀式，在備妥的二本協定草約上簽名（包括協定本文、附件執行協議或附屬協議之末頁），各攜回一份簽名原本，由雙方各自完成國內關於條約協定之生效程序。內閣制國家係呈報內閣審議通過，由總理或權責官員頒布；我國條約案需由行政院院會決議送立法院審議，二讀通過，報請總統公布；各方依內國法完成生效程序後，雙方再換文，通知彼此已完成了國內法定生效程序，即可依協定末章之規定日期生效，或由雙方共同指定一日期，使該協定正式生效、施行。

參、談判團隊的組成與運作

經貿議題橫跨政府各部會，談判團隊必須協調整合我方立場，對外談判。台灣自2007年3月成立經濟部經貿談判代表辦公室（現爲行政院經貿談判辦公室，簡稱談判辦公室），係一任務編組，可謂狹義的專責談判團隊。廣義的談判團隊，成員包括各主管機關指派的談判人員一名或數名，主要係熟悉主管事務的資深官員（理論上亦可指派專家學者或產業代表，例如我國WTO入會談判時期），與談判辦公室人員共組個案團隊，進行談判。

談判團隊重視紀律與組織作戰能力。水平方面，講究專業任務議題之分工分派、部門橫向協調諮商、擬定目標及我方提案等；垂直方面，需注意部門上級的授權範圍，談判時接受團長及主談人的指揮，談判後對部門上級回報及簽報。就政府整體而言，必須完成：1.政府對外工作：包括公眾、媒體、專家溝通、產業（利害關係人）溝通、國會溝通等；2.政府內部工作：依法定程序取得上級授權，規劃談判團隊與分工，研擬提案目標，籌備行政與法規的調整工作。以下分述談判團隊的組成與運作。

一、談判團隊的組成

（一）談判團隊成員之背景

依經貿協定涵蓋「基本條款、專業條款、體制條款」的邏輯，談判團隊主要由三種人員組成，即：1.外交官、外交人員；2.經貿專業議題人員。協定涵蓋議題越廣，越多專業人員加入談判團隊；3.政府律師、法律人。

此談判團隊基本組合不限於貿易協定之談判，也常見於爭端解決或各類雙邊談判，因為「締約」本質上係國家行為，領域必涉及：1.國際政治、外交政策事務；2.實質專業問題，技術面知識；3.法律問題，含國際法、國內法、裁判先例及條文解釋法學方法等。

（二）團隊成員之個別角色

團隊內部由上而下具有數個角色：1.團長：地位相當於該項談判計畫之總代表。臺紐與臺星的經貿協定，由雙方駐外代表擔任團長，也擔任談判完成後的締約代表；2.主談人：即副總談判代表，係最熟悉談判事務及各領域議題的談判代表。在大型或重要回合的談判，主談人與團長均出席；在小回合的談判，團長未必出席，由主談人兼任團長；3.談判代表：各專業議題的負責人，大部分的意見交換及文件討論，係由談判代表或相關主管官員提出、發言、說明與討論。人數視談判議題的需求而定。議題談判代表負責進行小型會談，隨時向主談人報告請示；4.專業助理、行政秘書及當地派駐人員：團務秘書負責談判行政工作，承團長及主談人之命，安排行程場地、食宿或交通，擔任總聯絡人，製作會談紀錄，蒐集、彙整會議進度，準備回報首府。出國時，尚有當地我國駐外代表處協助，確保談判行程及會議順利進行。

團隊成員由權責機關簽報指派，依法律受政府監督。貿易法明定經濟部就經貿事務具有與外國政府談判締約之權限，因此，談判團隊由經濟部籌組，並與各機關聯繫洽請指派談判官員[5]。

二、談判團隊的運作

談判議題常涉及跨部會業務，例如：打擊網路交易詐欺，同時涉及內政部警政署、公平交易委員會、行政院消費者保護會等；又如：商務人士短期入境，同時涉及內政部移民署、勞動部、特定服務業之主管機關等。因此談判團隊成員如何進行分工，對內整合我方立場，對外則口徑一致，發揮戰力，實係談判成功的關鍵。

具體而言，1.在橫向諮商過程，談判團隊應尊重主管機關，主管

5　若係非經貿類之談判事務，如司法互助、警政、教育、衛生、科技、勞工或移民事務之合作交流協議或計畫，或地方政府與外國地方政府締結各項交流合作協議、舉辦各式活動或推動各項計畫等，則悉依相關法律簽報決定權責機關，再由權責機關會同有關機關組成談判團隊，依法律及與對方商定之共識進行談判。2015年6月立法院通過「條約締結法」，專門規範我國與外國政府締結條約協定之程序及法律依據。

機關應理解國家整體需求，共同擬具最佳提案；2.在垂直指揮方面，團隊成員需隨時注意取得上級授權，在談判現場，應隨時陳報談判進度或結果，同時向國內上級回報，避免知情不報或有所錯漏，而減損政府研析回應的品質；3.團隊紀律與工作紀律：每一團隊成員必須掌握自身角色、任務、權限與禁忌事項（詳下述），熟悉聯絡與文件交換方法，以及檔案管理技巧。公私分明，不容存有誤會、誤解或夾帶私人運作的空間。

舉例而言，假設某談判官員A係主管部會指派，與對手國某談判官員B是舊識，如今兩國進行談判，議題恰好涉及兩人熟悉的業務，試問：A可否自認與B私交好，跳過主談人與團長而直接與B聯繫、討論？答案，此乃禁忌！此種基於私交舊識而非依循談判架構下進行的接觸或意見交換，並未獲得授權，不能認爲有效，因此而獲得的資訊，不能證實係對手國正式的立場，但可作爲內部情資（小道消息）參考，供我方研判臆測。倘若欲作爲我方決策依據，A仍須按照談判雙方約定的聯絡窗口及文件交換管道，進行討論，所得的資訊成果，才能認爲有效，進而作爲決策依據。以免發生誤導、誤判、誤會或甚至不愉快，傷害兩國的信任友好關係。

三、政府律師與法律人的角色

經貿協定必含爭端防止與解決的機制。英美法系的新加坡、紐西蘭之文官體制設有政府律師，政府律師是談判團隊的當然成員。台灣文官體制並無招募律師擔任政府公職之傳統，許多資深談判代表與駐外官員，經歷過我國WTO入會談判，見過許多國家談判團隊的法律能力和運作方式，深知法律人參與談判的重要性，故2007年成立談判辦公室時，即設置內部的法律團隊，並借調檢察官以政府律師身分加入，協助各式各樣的經貿談判。

法律團隊在談判團隊裡扮演的角色，視議題性質如下：1.純法律條款如爭端解決或法規透明化等章節，法律團隊較能把握談判立場，可自行擬案呈請總談判代表核准，在必要時（如特殊細節，或我方受質疑事項）可會商法務部或司法院，確切提出我方立場；2.條約體制章節如總則、定義、行政機制、最終條款等，涉及外交部或中央銀行等機關之職權者，法律團隊須協同各主管機關擬定立場，再簽請核准作爲我方立場；3.經貿條款，如市場進入與行業管制（如電信、金融、網路、各服務業），法律與政策交織，談判團隊應與足以代表工商產業界等利害關係人之主管機關密切諮商，提出立場，再由法律團隊擬定最適切、精準的文字，對外談判。

縱使對某議題自認很專業、有把握，仍須依循正當決策流程提出我方立場。尤其在自由貿易協定談判中，撰寫市場開放條件，即附件不符合措施清單時（Non-Conforming Measures），法律團隊如何將主管機關提出的意見方案（有時主管機關只是提出現行法條，看不出想爭取的政策空間），恰到好處地轉成條約格式上我方承諾的文字，確保未來不會壓縮我方施政空間，是法律人的一大挑戰（詳下述）。

肆、特殊的談判議題與挑戰

一、市場開放的承諾與保留

自由貿易主要體現在市場開放（有稱市場准入）。締約國承諾儘量撤除對他國服務業及投資者進入本國市場的各項法令限制，讓他國的廠商享有平等待遇，公平參與市場競爭。但不是所有的服務或投資都能開放市場公平競爭，例如國防、電信業、核能、醫師業等。締約國欲保護敏感脆弱的產業，可於市場開放承諾表（通常構成經貿協定的附件、附表）塡寫保留不予市場開放的產業部門法令，此即市場開放清單之「不符合措施」（Non-Conforming Measures）[6]。

WTO多邊協定依最惠國待遇原則，本國給予他國優惠待遇時，原則上也應給予其他所有會員國，故入會談判承諾市場開放時多以正面表列方式，逐一塡寫出願意開放市場的服務行業，只有寫入承諾表者，始有市場開放。此時，談判者只要注意「有寫入，才有承諾，才有開放」。然在自由貿易協定之談判，服務及投資的市場開放程度高、自由化範圍大，國際間多採用負面表列方式撰寫市場開放清單。原則上所有服務業與投資項目，都應遵守公平市場開放義務，例外不予開放的產業部門，就必須逐一塡列「不符合措施」，此時，附件清

6 不符合措施附件又區分成二類附表，一是法規凍結（standstill）附表，效力爲現行法規對貿易的限制程度在協定生效時予以凍結（防止倒退），未來不能修訂更不利市場開放的法規。二是保留政策空間（policy space）附表，效力爲保留最敏感部門之法規政策，容許未來修正或制定更不利市場開放的法規（允許倒退）。

單「有寫入，始不承諾開放」，而談判者必須注意「未寫入者，即屬承諾開放」。

負面表列的市場開放清單之塡寫，帶給談判者極大壓力。一方面，服務或投資的產業行業類別何其多，本難以全盤掌握各別的競爭力，且未來還有新增業別的可能性（尤其是服務業並無統一稅則號列或國際分類，目前不存在的行業，不表示未來不會出現），一旦疏未塡寫保留項目，或塡寫範圍不足，則依負面表列的效力，視爲已承諾開放。談判者會擔憂我方是否承諾太多。

另一方面，有時國外行業類別與證照資格並非國人所熟悉（如：景觀師執照、樹醫師），在國內並無明確對應的行業與主管機關，談判者可能不知應找誰諮商討論是否開放市場。又如前述，有時某議題涉及眾多機關，但各局部管轄機關均消極「謙稱」自己並非主管機關，致難以形成一致立場。又或者，某一章節（如政府採購）於徵詢眾多主管機關提出意見後，或因諮商的數量與細膩度不足，或因受諮商對象缺乏經驗而函復「無意見」，致未提出特定事項的立場，仍會發生在談判現場，例如某特定商品或服務（如鎮暴器材）我方的自由化立場未徵明確。此時，談判人員最佳策略是：先提出最能確保我方政策空間的草案文字，事後補行諮商主管機關或領域專家，再簽報上級取得必要授權。

最後，我國多數法規在制定時，僅有內國思維，並未針對外國商業參與問題有所置喙。在法無明文下，究竟是可以或不可以，已非純粹法釋義學問題，必須仰賴充分的政策研析與實證說明。主管機關若不致力瞭解經貿協定市場開放的意義、利弊、行業管制重點及政策的取捨規劃，仍舊以照抄現行法條的方式提出承諾文字，很容易會發生「答非所問」（法條並未處理系爭議題）或「前門關緊、後門大開」等料想不到的結果。

二、法規制度的調整與革新

經貿協定像是兩國共同立法，依「條約必須履行」的國際法原則，及憲法尊重國際條約之明文，條約義務高於內國法律。爲維護國家信用與名譽，與協定有落差的內國法必須修改到位，否則將面臨違約控訴。另，對於我國希望加入的國際協定如跨太平洋夥伴全面進步協定（CPTPP），成員國對我國行使同意權之際，勢必要求我國市場開放，法令完全符合協定，始願支持我國加入。結果，無論是爲了履行協定義務，或爲了加入而展現改革決心，經貿協定談判均意味著國內法令必須修改。公務員日常運作必須及早調整、適應與轉型，以下分別舉例說明之。

（一）產地證明由廠商自行具證

決定進口商品來源之原產地證明，新加坡與紐西蘭向來係由出口商、製造商或供應商自行出具，由進口國海關自行查核或進口國請求出口國海關協助查核，若查核發現產地證明不實，由出具證明的廠商擔負法律責任。此種架構下，廠商自我具證、自我負責。然而台灣依貿易法與修正前「原產地證明書及加工證明書管理辦法」規定，原產地證明係由經濟部國際貿易局或該局委託其他機關或工商團體、農、漁會或產銷協會簽發，也就是由官方或官方委託的機構出具原產地證明，並未讓廠商得以自行具證。

對新加坡或紐西蘭而言，產品生產者比官方更接近產品來源，應最清楚產品來源之資訊，由廠商自行提證之貿易成本最低，可省去廠商申請官方發證之時程耗費或不確定性，亦可減省官方受理發證或官方授權民間團體發證之系列行政成本與公務負擔。新加坡或紐西蘭勢必不願配合我國採行官方發證，亦不願簽訂經貿協定後兩國持續做法不一、導致查核程序複雜（如：一方海關只要單純查核廠商，另一方海關卻要查核廠商及簽發機構，甚至他方政府）。因此，我方談判團隊與主管機關共商後，決定配合改採廠商自行出具原產地證明制度，並修正貿易法及相關執行辦法[7]。

（二）預先查核制度擴大實施

預先查核（advance rulings）是便捷貿易重要的制度。進出口貿易商若能事先明確知悉進口國海關將如何認定進口貨品的關稅分類、原產地資格與認定結果及可能核課的稅額或方法等相關資訊，必能大幅提高貿易商對進口國法律之可預測性，降低營運成本與風險。反之，廠商最怕法律不可預測或任意變動（如貨物裝船後於海上運送途中，進口國法規變更）。若進出口商均必須等到每批貨物運送至進口國海關通關查驗那一刻，始能得知海關針對這批貨物的相關決定結

7　貿易法於2013年11月6日增訂第20條之3：「依國際條約、協定、協議及國際組織規範，因輸出入貨品之需要，符合主管機關所定之資格者，得自行簽具原產地聲明書（第1項）。」並於第28條增訂違規或出具不實證明之罰則。

果，則一旦海關的決定與廠商原先的預期認知落差太大，廠商事先投入的成本便付諸東流，事後曠日爭訟也無濟於事。預先查核制度，容許廠商事先提出足夠的事實（如某商品的詳細產製資訊或樣品），讓主管機關得依據該事實，預先作成暫時、附條件而有拘束力的決定，事後若運送進口貨品的實情與該預先查核決定所本的事實相同，則逕依原決定辦理，若有事實上差異，主管機關不受原決定之拘束。當然，預先查核決定如係基於錯誤的事實、法規或不正確的資訊，或該決定所依據之重要事實或情形有所改變，主管機關得變更或撤回預先查核的結果。

行政程序法並無明文規範（亦無明文禁止）行政機關得在事實未眞正發生前預先作成某種暫時性而有拘束力的行政處分，或許對初次聽聞「預先查核」的公務員而言，可能會產生諸如「此與行政指導或行政函釋有何不同」之疑問，或感覺困難重重而認爲此做法「於法無據、礙難辦理」。我國關稅法原本採行的預先查核措施，僅限於稅則分類一事，不包括其他關務決定[8]。與新加坡、紐西蘭談判時，對方深知此制度對商務便捷，甚至一般行政效率之重要性，希望擴大預先查核機制的適用範圍。同時，WTO正進行貿易便捷化協定之談判，貿易自由化程度高的國家積極鼓吹預先查核機制，鼓勵各國盡可能擴大實施範圍。我方爲了積極與國際接軌，最後與新加坡、紐西蘭達成

8 1999年11月16日財政部頒布「進口貨物稅則預先歸列實施辦法」，2001年12月20日修改法規名稱爲「進口貨物稅則預先審核實施辦法」，僅針對貨物稅則一項提供預先審核。

合意，擴大我國預先查核實施範圍，新增納入原產地資格之認定與關稅估價協定事項之決定[9]，均容許貿易商申請預先查核。

（三）建立良好法規作業

經貿協定強調政府治理、透明化與良好法規作業，有關政府法令的修正變動，應遵循公開、透明與公眾參與之原則。具體表現在：1.法規之修正制定，應做好法規衝擊評估；2.提高公眾參與法規之修正制定過程，給予外界合理期間俾能對草案提出評論建議；3.加強主管機關對外界評論之回應與說理義務，提高法規進行檢討修正的品質；4.給予受法規影響的利害關係人在新法施行前足夠的調整適應期。整體上建立良好的法規訂定與檢討改進的標準程序。

國際經貿協定非常重視的良好法規作業之規範，依我國政府體制，並非法務部、司法院主管，而是由國家發展委員會（前身爲行政院經濟建設委員會）的法制協調中心負責主政。然由於經貿法規的範圍相當大，足以影響貿易與商業的任何規範，哪怕是看似不相關的刑法領域（尤其是行政刑罰）或國防法規，均可能存在著影響貿易之法令措施，而會受到經貿協定內體制章節有關透明化與良好法規作業之

---

9 詳「臺紐經濟合作協定」（ANZTEC）第四章（關務程序與合作）第6條（預先審核）、「臺星經濟夥伴協定」（ASTEP）第五章（關務程序）第5.9條（預先審核）。另WTO於2013年12月部長會議通過貿易便捷化協定（Agreement of Trade Facilitation, TFA）談判完成，此協定於2017年2月生效施行。爲能符合上述日增的國際協定之要求，財政部陸續於2016年11月修正關稅法第28條、2017年7月發布「進口貨物原產地預先審核實施辦法」，增列將「貨物原產地」亦納入實施預先查核。

規範，而必須與掌管行政法的法務部或主管全國法制標準作業之行政院詳加諮商，探求我國法制的落差及彌補接軌之道。

三、非經貿議題的談判處理

新加坡、紐西蘭均與台灣無邦交，如同大多數國家，在與我國洽簽法律性質上是國與國間的條約協定之談判過程，產生一些具政治意涵的問題，有待雙方克服歧異。大體上，與我斷交而與中國大陸建交的國家多採行「一個中國」政策，與我方談判時可能會私下聲明此一政策，作爲雙方密而不宣的原則。但各國政府對於所謂「一個中國」政策的具體理解與執行實務並不相同，因此，拿另一個國家的做法要求談判對手國比照或退讓，並不總是很有說服力，我方仍必須專注理解對方的政策實務。而縱使是同一國家，該國在不同時期對於所謂「一個中國」政策的執行方法，也可能因時因事或因人而有所調整變化，沒有一致標準答案，端賴談判者秉持互信、尊重原則，細心探究個別的處理方法。

當談判雙方對於具政治意涵問題（如條文用語、規格）的解決方案尚無共識時，法律人員扮演的角色特別重要。由於法律講究明確、可行及反映實際，是經貿協定利益的眞正擔保。從協定草案轉化到最終具體文字，必須透過法律技巧，明確界定各項權利義務，此協定始能確實爲雙方帶來經貿利益的果實。舉例而言，無論中國大陸在政治上對台灣具有如何的主張，在法律上，中國大陸對外簽署的任何雙邊經貿協定，可是一點也沒有辦法適用在台灣。實際上，中國大陸與對方各均無法、也不會願意將彼此費力談判達成的經貿協定成果（如關稅減讓、市場開放），免費奉送台灣享用。就此而言，法律的實際與政治的主張必然存有落差，這就是法律可以著力之處。

實務上，談判遇到具政治意涵的議題時，相關提案意見多係來自談判團隊背後屬於政治部門（如外交部）的官員，而非專業技術官僚或法律人員。而法律人彼此間具有相同的養成背景，對法學概念、法理習慣及國際法公認用語，認知相同。此時，雙方談判團隊法律人共商解決方案，再各自說服其談判團隊或主政機關，是可以嘗試的途徑。我方可以堅持使用國際上相約成俗、明確的法律用語，尤其是台灣已加入WTO多邊協定，以WTO法律文字較能確保協定帶來預期的經貿利益，使談判焦點從政治的顧慮轉向法律的保障，或許更有說服力。

伍、結論與建議

經貿談判是團隊作戰，基層有資訊而無權限，高層有權限但仰賴正確資訊，管理情報鏈與正當決策程序最爲重要。研析談判理論不如做好團隊分工，唯有不斷累積經驗，提升組織及個人的見識與判斷力，才能爭取國家利益。筆者觀察到新加坡談判團隊的世代更替速度快，且不時會安排實習生進入談判現場觀察學習，可見其對經驗傳承、培育人才之重視。地處偏遠的紐西蘭積極與世界連結，以重視自然環境與健康生活之永續價值爲主軸，作爲其簡單一貫的經貿外交政策與施政目標，具體落實在其談判立場與各項提案，令人印象深刻。

談判事務經緯萬端，變化無窮。國際情勢轉變，亦加速區域聯盟。筆者相信台灣未來面臨的經貿談判事務，將有增無減。秉持政府對外談判的宗旨，乃福國利民，創造下一代更好生活。本文藉由整理臺紐與臺星洽簽貿易協定的談判經歷，擴增經驗傳承，希望引發更多討論與比較，以精進未來我國洽談經貿協定的整體戰力。

第十二章
英國脫歐後的台英關係——展望台英自貿協定

Michael Reilly（麥瑞禮）、李俊毅、羅至美

壹、引言

在所有的東亞國家中，最積極期待與脫歐後的英國發展雙邊關係者，大概非台灣莫屬。身爲一個小型的開放經濟體，台灣的經濟發展仰賴貿易，而台灣的外交孤立使其在世界貿易組織（World Trade Organization, WTO）的成員身分顯得格外重要，因爲這是台灣唯一擁有完全會員資格的重要國際組織。透過世貿組織，台灣得以透過和其他國家的合作推動其貿易目標，同時彰顯其主權。[1]爰此，對台灣而言，過去15年來世界各國聚焦於雙邊及區域貿易協定更甚於多邊經貿協議，是一個值得擔憂的現象。這是因爲中國大陸每每透過對第三國的施壓，將台灣排除在雙邊與區域貿易之外，從而影響台灣的繁榮與主權。台灣反制此風險的其中一項做法，則是積極開啓與歐盟的自由貿易協定（Free Trade Agreement, FTA）談判，然而，十多年來的努力卻未有顯著的成果。以歐盟爲例，歐盟在此一時期依循其「全球議程」（Global Agenda）行動綱領，快速拓展與東亞區域的關係，包括戰略對話、夥伴關係以及合作協定等多種合作樣態，台灣卻幾乎完全被排除在外。

儘管台灣在歐盟層次的關係進展極爲有限，但在與歐盟某些個別會員國的雙邊合作上，卻有小幅進展，特別是英國。2002年，台、英

1 Michael I. Magcamit, Alexander C. Tan, “Crouching tiger, lurking dragon: understanding Taiwan’s sovereignty and trade linkages in the twenty-first century,” International Relations of the Asia-Pacific, Vol. 15, Issue 1, January 2015, pp. 81-112.

兩國簽訂了文化與教育合作以及避免雙重課稅協定；2009年，英國成爲西方第一個免除台灣短期觀光簽證的國家，此舉導致其餘歐盟成員國迅速跟進實施。從那時起，英國亦就航空運輸、打工度假與犯人引渡與台灣簽訂雙邊協定。對台灣來說，這是英國對實質主權的認同，而英國也是歐盟成員國之中，極少數公開支持歐盟與台灣展開洽簽自由貿易協定的國家。[2]這些發展或使台灣將英國視爲較其他歐盟成員國更能同情我國特殊之處境。

英國政府曾宣示將利用脫歐的機會追求一個開放的國際貿易環境。如前首相梅伊（Theresa May）所言，英國旨在「扮演世上最強而有力的商業、自由市場與自由貿易的提倡者」。在針對與歐盟未來的關稅協定之官方立場文件中，英國政府不斷重申此一立場，表明希望藉由尋求「具企圖心的新貿易安排以及全面性的貿易談判」，英國能與「老朋友及新夥伴」一起追求嶄新的貿易協定。[3]

就此而言，台灣可說與後脫歐時期的英國有共同立場：意即兩國都重視自由貿易，且英國已經在若干領域展現與台灣建立關係的意

---

2 時任英國貿易部長Gareth Thomas曾於2009年1月一場由歐盟在台商務協會（European Chamber of Commerce Taiwan）舉辦的午宴中，表達英國對歐盟與台灣自由貿易協定的支持。

3 Theresa May, "speech at Davos," World Economic Forum, 19 January 2017, https://www.weforum.org/ agenda/2017/01/theresa-may-at-davos-2017-her-speech-in-full/, last visited: 2017/8/23; British Government, "Future Customs Arrangements-A future partnership paper," 15 August 2017, https://assets.publishing.service.gov.uk/government/uploads/system/uploads/attachment_data/file/637748/Future_customs_arrangements_-_a_future_partnership_paper.pdf, last visited: 2017/8/22.

願。由此延伸，台灣可能致力於和脫歐後的英國洽簽雙邊自由貿易協定，並將之視為務實的策略與重大的成果。理論上而言，台英雙邊自由貿易協定應是順理成章且極為吸引人的構想：順理成章，乃因多數台英雙邊貿易即使並非完全零關稅，也都已採取極低之關稅稅率，因此洽簽雙邊自由貿易協定並不特別困難。它是極為吸引人的構想，乃是因為對台灣來說，與七大工業國（G7）其中一國簽訂協議，將可能促使其他國家也與台灣簽訂自由貿易協定，重現當年英國給予台灣免簽之擴散效應。對英國來說，其政府希望在後脫歐時代能快速展現洽簽新雙邊貿易協定的能力，與台灣談判也應是水到渠成之事。

然而，事實上，達成台英自貿協定的障礙遠大於潛在的相互利益，因此，短期內雙方洽簽自由貿易協定的可能性其實不如預期的高。此一障礙部分出於「現實政治」的因素：意即英國並不願觸怒中國，特別是在脫歐後，它正需要建立和其他國家的新關係之際；但最大的障礙，則可能是當台灣與英國在商議此類協定時，雙方的目標十分不同而難以調和。

由於目前尚無跡象顯示這些障礙可以被克服，本文因此認為，在當前的情勢下，台灣若將目標集中於和歐盟簽訂雙邊投資協定（Bilateral Investment Agreement, BIA），其成功的機會反而較大，相關進程也可能更快，並可望成為更大的贏家。

貳、追求自由貿易協定之路：台灣要的是貿易還是主權？

台灣是世界上高度倚賴貿易的經濟體之一，此乃因地理條件而注定要倚賴貿易。2014年台灣的貿易占國內生產毛額（GDP）的比率高達130.5%，僅次於香港和新加坡；貿易長期以來也是台灣蓬勃經濟成長率的主要推手。[4]因此，開放的國際貿易體系對於台灣來說具有根本的重要性，在未來多邊體系進一步自由化並不樂觀的情況下，台灣近年來乃積極尋求自己的雙邊協定。自2003年以來，歷任的台灣政府簽署了8個雙邊自由貿易協定，但其中只有2個是與主要貿易夥伴簽訂的，一個是新加坡，而另一個則是2010年與中國大陸簽訂的兩岸經濟合作架構協議（Economic Cooperation Framework Agreement, ECFA）。[5]

ECFA是一個極爲特殊的案例，而這不僅是因爲中國是台灣的最大貿易夥伴。表面上來看，這是一個極度有利台灣利益的一面倒（one-sided）協議，中國大陸提供予台灣的關稅優惠或市場准入的開放項目遠比它從台灣獲得的多；協議的早期經濟獲利估計大約是6比1，台灣明顯占上風。如果一如外界普遍所認知到的，中國大陸在任

---

4 "Trade/GDP ratios, 2012-2014," *World Trade Organization*, http://stat.wto.org/CountryProfile/WSDBCountryPFView.aspx?Language=E&Country=E28%2cTW, last visited: 2016/7/15.

5 第一個此類協定由台灣於2003年與巴拿馬簽訂。儘管巴拿馬於2017年與中國建交，此一自由貿易協定迄今仍然有效。

何其所參與的經貿協商中都擅於促進並保護自己的利益，那麼中國大陸簽訂ECFA的首要動機，無疑是政治性大於經濟考量，亦即讓台灣益發仰賴中國大陸的經濟，從而實現其取得台灣主權的長期策略。[6]

此一見解某一程度固然言之成理，但也或許低估了台灣民眾當時對於此一協議的支持程度。簽訂ECFA是2008年馬英九競選總統的政見之一，而他也獲得過半數選民在大選中的支持。這部分反映了當時台灣企業擔心將於2010年元月生效的「中國—東協自由貿易協定」會使它們的競爭力居於下風，而中國與韓國正考慮簽訂的自由貿易協定，更將使台灣的企業失去競爭力。更進一步言，台灣政府對於ECFA的協商，亦可說兼具策略性與防衛性考量。當時，中國大陸不僅杯葛台灣與其邦交國之外的其他國家簽訂雙邊自由貿易協定，也阻礙台灣參加日益增多的大型區域性貿易協定之協商。在此限制下，台灣可能期盼ECFA的簽署能消除中國大陸對於台灣與他國簽訂自由貿易協定的打壓，同時也能彌補「中國—東協自由貿易協定」對台灣企業所帶來的負面影響。[7]事後來看，此一策略確有其成效。在ECFA簽訂之後，時任中華人民共和國國務院台灣事務辦公室（簡稱國台辦）主任、現任外交部長王毅曾說，中國對於台灣與他國商議自由貿易協

---

6 Chris Hogg, “Taiwan and China sign landmark trade agreement,” BBC News, 29 June 2010, http://www.bbc.co.uk/news/10442557, last visited: 2017/8/23.

7 Michael I. Magcamit, Alexander C. Tan, “Crouching tiger, lurking dragon: understanding Taiwan’s sovereignty and trade linkages in the twenty-first century;” Netina Tan, “ECFA’s Regional Impact and the Taiwan-Singapore FTA Negotiations,” https://tinyurl.com/yxoavgjy, last visited: 2017/8/23.

定的行動，會「合情合理對待，務實妥善處理」。[8]

倘若中國大陸視ECFA爲逐步增強對台灣的影響力之手段，則台灣似乎以強化其主權之彰顯作爲回應，並具體體現在與新加坡及紐西蘭的自貿協定中，因爲台灣與這兩國都沒有正式邦交關係。由於台灣幾乎完全被排除在國際組織之外，同時欠缺外交關係，這些自由貿易協定的重要性便不應小覷。對台灣來說，任何國際協議都承載著超乎其直接效益的重要性，貿易協定格外能讓台灣突顯其實質獨立性，並作爲被吸納於「一個中國」勢力範圍下的防衛。由此觀點看來，一份協定的存在比其中的實質內容更加重要。外界或因此期待台灣在協商的立場上具有彈性或願意作出更大的讓步，以展現其簽署協定的期盼。

值此之際，歐盟對外的雙邊談判已經超越「傳統」與關稅至上的自由貿易協定，轉而追求「夥伴與合作協定」，強調市場准入限制的消弭、不同的勞力與環境標準等其他非傳統自貿協定的議題。美國亦轉向此類做法，在紐西蘭亦爲創始成員國之一的「跨太平洋夥伴協定」（Trans-Pacific Partnership, TPP）上，「承諾對於規範的信守……更甚於對市場准入的開放」。[9]在更晚近的例子，如《加拿大—歐盟全面性經濟與貿易協定》（Comprehensive Economic and Trade

8 "Taiwan to pursue FTAs with other Trade partners," The Straits Times, 3 July 2010.

9 Peter C.Y. Chow, "Pathways to a Free Trade Area of the Asia-Pacific: Problems and Prospects," in Peter C.Y. Chow, ed., The Trans-Pacific Partnership and the Path to Free Trade in the Asia-Pacific (Cheltenham: Edward Elgar, 2016), p. 11.

Agreement, CETA）以及現今已名存實亡的《跨大西洋貿易及投資夥伴協定》（Transatlantic Trade and Investment Partnership, TTIP）中，相關規範甚至延伸並納入跨國爭端解決機制，未來其效力甚至可能凌駕國內立法之上，這也是此類協定造成強烈民意反彈的原因之一。[10]

與台灣有特別相關的，是2011年生效的歐盟與韓國自由貿易協定。當時，這份協定因納入非關稅障礙的規範，特別是電子與汽車產業，而具有開創性意義。在這些領域上，韓國同意該國原本奉行的獨特國內標準將改以國際標準爲本、接受歐盟相容性檢驗等同其本國的檢驗，甚至容許強制檢驗可於歐盟內進行，而不必限定在韓國。[11]相較之下，台灣當時竭力促成的協定幾乎只著眼於關稅的降低或免除。此一做法其來有自，因爲對台灣的進口與出口而言，關稅都是貿易最大的障礙，在談判上自然將重心聚焦於關稅。[12]

舉例而言，在台灣與新加坡的協定中，台灣出口新加坡的所有關稅全免，新加坡出口至台灣的產品則有97%商品免關稅，並即時生效。雖然雙方政府都形容這項協定爲「全面性」，但實際上市場准入與投資的章節並未顯著超越雙方在WTO架構下的承諾與各自的國

---

10 例如由歐盟公民倡議提出的「Stop TTIP. European Initiative Against TTIP and CETA」訴求，可參https://stop-ttip.org/，最後瀏覽日：2016/10/5。

11 Directorate-General for Trade, European Commission, *The EU- Korea Free Trade Agreement in Practice* (Luxembourg: Publications Office of the European Union, 2011).

12 Margareta DrzeniekHanouz, Thierry Geiger, and Sean Doherty, eds., *Global Enabling Trade Report 2014* (Geneva: World Economic Forum, 2014), p. 294.

內法規。[13]同樣地，在與紐西蘭的協定中，紐西蘭以4年爲期豁免對台關稅，台灣對紐西蘭則以12年爲期，雙方政府雖也形容這項協定爲「全面性」，但協定中的其餘措施主要限定在航空運輸與教育，僅極有限的部分是針對海關事務方面的合作。[14]不過對紐西蘭來說，即使未能在開放市場上達成更多協議，作爲一個農產品出口大國，其在關稅與限額的降低上已有顯著獲利。

相較之下，依照歐盟執委會當前的主張，歐盟與台灣若要進入自由貿易協定的談判，僅聚焦在關稅項目並不具有說服力與吸引力，因爲目前雙邊貿易多數已經是低關稅或零關稅，所以任何以進一步降低關稅爲主要目標的協定，對於貿易的影響幾乎微乎其微。由此可推斷，假如歐盟執委會願意與台灣談判，則以仿效歐韓自貿協定爲範本，包含所有傳統與非傳統議題的全面性貿易協定爲談判標的，歐盟始可能有協商的意願。

多年以來，台灣經貿外交的首要目標就是加入TPP，即使川普總統決定使美國於2017年1月退出該協定。現被稱爲「跨太平洋夥伴全面進步協定」（Comprehensive and Progressive Agreement for Trans-

---

13 International Enterprise Singapore, "The Agreement between Singapore and the Separate Customs Territory of Taiwan, Penghu, Kinmen and Matsu on economic partnership (ASTEP)," 30 April 2014, https://www.iesingapore.gov.sg/-/media/IE-Singapore/Files/Trade-from-Singapore/ASTEP/ASTEP_30_04_2014_V8_final.ashx?la=en, last visited: 2017/8/23.

14 Department of Foreign Affairs and Trade, New Zealand, "About ANZTEC," https://www.nzcio.com/en/anztec/about-anztec/, last visited: 2017/8/23.

Pacific Partnership, CPTPP），TPP的原始精神與歐盟的「夥伴與合作協定」其契合程度更甚於台灣現行所有的雙邊自貿協定，特別是諸如勞工與環境標準的章節規範、國有企業活動的透明度、產品標籤、檢驗制度之個別產品附件等。此前執政的國民黨政府曾列出50個必須修改國內法規以符合TPP要求的領域。[15]惟台灣的民主政治亦不自外於當今全球日益興盛的反自貿協定簽署之民粹浪潮，導致台灣迄今在必要改革的落實上，行動仍極爲有限。美國在退出TPP之前，曾不斷強調台灣必須現展現改革或承諾開放市場的意願，其加入TPP的申請才能獲得考慮。其中最大的爭議，莫過於美國堅持台灣必須解除使用萊克多巴胺（Ractopamine）的禁令，此一要求在台灣造成大規模的示威抗議，台灣政府至今對此尚無任何作爲。[16]

歷史經驗與常理判斷均指向台灣終將對CPTPP成員國的要求作出讓步，並執行必要的改革，即使在美國退出TPP之後，這些要求已經不太可能是全面性的改革。台灣在2002年加入WTO之前，曾對其貿易措施進行大規模的變革，包括減少先前廣泛限制進口的品項、廢除

---

15 Sara Yi-ying Lin, "TPP from Taiwan's Vantage Point: Political, Trade and Strategic Considerations," *Project 2049 Institute*, 14 July 2015, https://project2049.net/2015/07/14/tpp-from-taiwans-vantage-point-political-trade-and-strategic-considerations/, last visited: 2017/8/23.

16 萊克多巴胺作爲一種肉品的添加劑，其使用受聯合國轄下之國際食品法典委員會（Codex Alimentarius Commission）有限度地允許。台灣禁止將之用在豬肉上，理由是台灣民眾大量食用豬肉。歐盟則禁止使用萊克多巴胺於任何肉類中。

貿易數量限制以及終止多元匯率體制。[17]即使不計入已非成員國的美國，CPTPP涵蓋的國家仍將使台灣對這些國家的貿易總額超過其對整體歐洲的貿易，因此，加入CPTPP對台灣的潛在利益遠大過付出的民主代價。這意味著，對台灣而言，對外貿易談判是有追求雙重目標的意義，採取相當程度的實用主義爲途徑：只要有機會，台灣會以貿易協定作爲宣稱其主權獨立的首要途徑，並爲其出口商品爭取減少關稅障礙的實益。同時，只要可預見的效益充分，台灣也會準備好付出國內改革或開放市場作爲加入自貿協定的代價。

以此一脈絡觀察，在英國脫歐後，如果台灣與英國進入自貿協定的談判，究竟哪一種模式會勝出？台灣是會聚焦於以傳統關稅爲主的協定，如同迄今已簽署的協定一般，抑或在英國要求的情況下，台灣也願意接受某些障礙的排除甚或開放市場更進階的協議內容？就經濟效益而言，一個類似與紐西蘭和新加坡協定的台英自貿協定將無法對台灣產生直接的經濟效益，因爲目前的雙邊貿易平衡對台灣有利，且大部分台灣對英國的出口已是免關稅。英國雖是台灣的重要貿易夥伴，不過其重要性屬於第二層：根據2019年1-8月的統計，它是台灣第13大出口市場；在歐盟內排名第3，僅次於德國和荷蘭；在台灣的進口來源地中排行第23。[18]在英國政府聲明追求自由貿易的前提下，

---

[17] Michael I. Magcamit, Alexander C. Tan, "Crouching tiger, lurking dragon: understanding Taiwan's sovereignty and trade linkages in the twenty-first century."

[18] 經濟部國貿局，「中華民國進出口貿易統計—國家名次表」，https://cus93.trade.gov.tw/FSC3040F/FSC3040F，最後瀏覽日：2019/9/10。

可以合理假設英國在脫離歐盟後，不會向世界其他國家豎立起關稅障礙。

另一方面，就政治效益而言，與英國簽署類似紐西蘭和新加坡的自由貿易協定，對台灣可望有龐大的政治效益。英國若成爲第一個與台灣簽署此類協定的G7國，這將可大大地提升台灣的主權。[19]台灣亦會期盼示範效應的產生，如同2009年英國是第一個賦予台灣免簽證待遇的歐美先進國，英國給予台灣免簽待遇後，歐盟其他成員國、加拿大、美國及其他國家亦於適當時機跟進。但此一類似紐西蘭與新加坡自貿協定的模式是否符合脫歐後的英國之目標與要求，則是以下將討論的焦點。

參、「拿回主導權」：後脫歐時期英國貿易政策的優先議題

英國長期以來致力於國際貿易的自由與開放。舉例而言，英國是歐盟28個會員國中，對於在WTO框架下賦予中國市場經濟地位採取支持的開放態度，並反對歐盟就中國鋼鐵的進口採取反傾銷措施，即使此舉可能導致其最大煉鋼廠的關閉。[20]批評者認爲英國採取此一立

---

19 台灣已於2011年與日本簽訂「台日投資協議」。

20 Michael Reilly, "The Burial of Thatcherism? The Impact of Brexit on the UK's Relations with North East Asia," in David W. F. Huang & Michael Reilly, eds., *The Implications of Brexit for East Asia,* Singapore: Palgrave Macmillan, 2018, pp. 49-66.

場可能不違反其利益，因爲實際上貿易對英國經濟的重要性不如一般認知來得重要，其出口占GDP的比例遠比多數歐盟國家來得小；相形之下，服務業貿易對英國比對其他歐盟國家更爲重要，占其GDP的80%與整體出口的45%，是G7成員國中比例最高的，也使英國成爲全球服務出口的第二大國。至今英國仍恪遵歐盟執委會在國際貿易談判中定出的優先目標，而這些目標顯然是爲了兼顧多數歐盟成員國的利益。在後脫歐時期，設若英國依照其政府的聲明而退出單一市場與關稅同盟，它將能自由按照其優先順序制定自己的貿易目標，而英國政府早已指出，服務業的貿易談判可能會居於優先項目。[21]

就現實面而言，英國政府在後脫歐時期的貿易優先目標，仍是優先確保英國與歐盟貿易關係的持續，因爲歐盟至今仍是英國的最大貿易夥伴，單僅僅是地理因素就可解釋此一貿易緊密關係的現況。英國政府同時也認知到，現代製造業仰賴跨國供應鏈的程度，以及維持此一關係並使其持續發展的必要性。因此，脫歐後的英國政府將尋求現有貿易與投資關係的延續，「包括歐盟自由貿易協定或其他歐盟優惠貿易協定」。[22]

在重申維持現有貿易模式與協定的決心時，英國政府也同時表明增進與新夥伴的貿易關係之意願。這將開啓台英自由貿易協定的契機

[21] Michael Reilly, "The Burial of Thatcherism? The Impact of Brexit on the UK's Relations with North East Asia;" British Government, "Future Customs Arrangements- A future partnership paper."

[22] British Government, "Future Customs Arrangements- A future partnership paper."

嗎？乍看之下，這樣的協定似乎充滿吸引力。如前所述，如果僅聚焦於關稅，則因爲雙邊貿易的關稅均已偏低並限定在少數領域，台英自貿協議應可輕鬆地達成。對英國而言，這是一個初步成效，使其在貿易談判上能夠展現脫歐後自身的主權地位，並且給予新任貿易談判代表寶貴的初體驗。同樣地，如前所述，台灣自然會十分歡迎這樣的協定達成。

不過，英國在貿易談判上也需要展現可持續的信任度，特別是考量其國內因素。一個合理的假設是任何協議都必須禁得起檢驗，證明其符合英國官方訂定之未來關稅安排的目標，同時也要兼顧英國企業的利益，至少要足以與歐盟談判所得的協議之利益相稱。在對台灣的案例中，歐盟執委會有關市場准入的資料庫目前僅列出3個貿易障礙或阻礙的領域。[23]其中，台灣以狂牛症爲由禁止歐盟牛肉的進口，此一規範攸關英國酪農的利益。此外，市場准入的障礙仍然存在於諸多領域，汽車工業就是一個最佳例子。此一部門課徵平均17.5%的關稅，是台灣對製造業商品中所課關稅最高的；且進口商品還須接受雙重測試與當地認證標準，進一步影響其在台灣市場的競爭力。台灣的目的是保護國內汽車工業，但汽車工業從全球標準來看是毫無效益且規模甚小；台灣7個工廠一年產出的總產量，猶不及英國最大的一個

---

23 "Trade Barriers: Taiwan," Market access database, European Commission, https://madb.europa.eu/madb/barriers_result.htm?isSps=false&countries=TW, last visited: 2019/9/14.

工廠。[24]英國的汽車工業因此將會合理期待在未來任何的談判中，看到台灣提供更大的市場開放空間。

對英國而言，一個較大挑戰可能來自於其所設定之服務業貿易的目標。以英國在服務業出口的優勢競爭力而言，英國企業必然樂見台灣在降低服務業貿易障礙方面有所進展，特別是在歐盟曾經特別指明存有種種法規限制與障礙的金融服務部門（此爲英國企業之強項）。此一部門目前仍是國有機構主導，至今台灣政府對於其自由化仍無積極作爲。

簡言之，台英雙方可能對於雙邊貿易協定各自有十分不同的目標。對台灣而言，首要是提升其主權，惟至今仍抗拒進行國內改革，除非改革能夠保證換取進入多邊貿易協商。如果僅是雙邊協定，台灣進行實質改革的可能性應會降低，尤其是在面對第二層級，如英國的貿易夥伴，且台灣對英國的出口並無對等障礙的情況，改革的急迫性並不明顯。就英國而言，因爲有在貿易談判上展現可信度的需要，英國政府將不願與台灣進入僅止於關稅的磋商。同時，脫歐後的英國本身在談判上缺乏像歐盟、美國或日本的槓桿，而任何開放市場的措施都須經台灣政府的評估，特別是對於國內產業或特定利益團體的衝擊。台灣與英國似乎都不準備接受對方要求的讓步或條件，因此即便開啓談判，也可能因雙方迥異的目標和要求而失敗。

---

24 Michael Reilly, Towards an EU-Taiwan Investment Agreement, Prospects and Pitfalls (Cham: Palgrave Pivot, 2018).

在實際層面上，英國還面臨其他考驗，可能使前述討論變得更為抽象的學術思辨。英國已經重申希望維持現有歐盟與第三方之間的貿易協定。假設所有第三方國家都同意也願意在無重大修正的前提下與英國簽署新的雙邊協定，英國仍有44個協議有待簽署，而這尚不包括目前仍在談判階段者。前首相梅伊曾期盼歐盟與日本正在談判的協定能成為英日類似協定的基礎，而內閣一位官員曾說，美國與英國同意在英國脫歐後「儘速」進行雙邊貿易協商。[25]這些都將加諸巨大考驗於新的貿易談判團隊身上；英國必須召募團隊，並且需要時間逐步實現目標。

就台灣簽訂其他自由貿易協定的目標來說，台灣遭遇最大的絆腳石大概就是中國大陸，或者說英國認知裡的中國立場。若從台英雙邊關係近年的歷程觀之，台灣或許認為英國會有別於其他國家。但是英國在拓展對台關係的同時，近年來也大動作對中國示好，包括2015年秋天高規格接待中國國家主席習近平進行國是訪問，期望迎接兩國雙邊關係「黃金時代」的到來。英國親中的積極作為引發了歐洲主要智庫的猛烈批評，認為英國只顧追求自己狹隘的利益，而犧牲歐洲整體的做法，「在與北京交往時，選擇了商業利益高過價值觀」。[26]中國

[25] Anushka Asthana, "Trump expects trade deal with UK to be completed 'very, very quickly'," *The Guardian*, 8 July 2017, https://www.theguardian.com/world/2017/jul/08/theresa-may-in-bid-to-boost-post-brexit-trade-with-g20-meetings, last visited: 2017/8/23.

[26] European Council on Foreign Relations, *Foreign Policy Scorecard 2016*, London: European Council on Foreign Relations, 2016, http://www.ecfr.eu/scorecard/2016, last visited: 2017/8/24.

大陸也是英國政府在後脫歐時代，未來關稅協議對象上唯一點名提到的國家，這也暗示中國是英國對外自貿協定簽訂的優先考量。有鑑於英國對中國大陸的雙邊貿易遠大於與台灣的雙邊貿易，且英國服務業特別期盼確保中國大陸的市場准入，則英國先和台灣展開自貿協議磋商的可能性極低。迄今，中國大陸僅在他國先行與之簽訂協議的前提下，方同意這些國家與台灣磋商；紐西蘭與新加坡的案例就是如此，這也是中國大陸加入WTO的基礎。[27]英國迫切地想開啓對中的貿易談判—這與歐盟的做法大相逕庭，儘管英國政府也預期日後與台灣展開談判的可能性。惟基於前述因素，此一前景不太可能於數年內實現。

肆、台歐盟雙邊投資協定的前景

基於台灣與英國在後者脫歐初期短期內簽訂貿易協定可能性不高的預期下，對台灣有利的做法應是致力於與歐盟的貿易協定。歐盟在英國脫歐後將採取的貿易政策方向至今尚未明朗。它有可能信守其對自由貿易的承諾，亦可能因種種內外因素轉向保護主義。美國在川普總統的帶領下與多邊主義漸行漸遠，歐盟因此可能成爲多邊主義的主要推手與領導者，但亦有可能跟隨美國的步伐。面對此一不確定性，台灣應把握任何貿易自由化的機會。由於美國對多邊貿易漸失興趣，台灣被排除在新協定之外的風險也逐漸升高。在此一情勢下，台灣與歐盟的協定是值得嘗試的。

27　中國於2001年12月11日加入WTO，而台灣於2002年1月1日加入。

2018年，歐盟是台灣的全球第5大貿易夥伴，並且是外國直接投資的一個主要來源地，雙方之間的貿易就占了台灣全部貿易總額的9.2%，台灣對歐盟的出口占台灣總出口的8.8%，台灣從歐盟的進口占台灣總進口的9.8%；同時，就歐盟貿易夥伴而言，台灣排行第15，並且是歐盟在亞洲的第6大貿易夥伴。[28]在此一背景之下，台灣近十年來積極尋求與歐盟的雙邊自由貿易協定。儘管歐盟有意願，甚至積極開啓與越南等亞太國家的磋商，台灣亦符合歐盟執委會開啓談判的標準—歐盟於2006年公布的協商標準包括市場潛力以及對歐盟出口的保護主義或障礙[29]，但並無實質進展。台灣想當然耳地假設歐盟因顧慮中國因素而不願採取行動。其後，2013年10月，歐洲議會就台歐盟貿易關係做成決議，敦促歐盟執委會就投資保護協定以及市場准入展開與台灣的磋商。歐盟執委會在其2015年的報告回應，指歐盟「將以與中國協議的投資規範爲基礎，尋求開啓與香港及台灣投資談判的機會」。[30]

由於此一正向的聲明以及台灣缺乏與其他大型區域經濟體簽訂自

---

28 歐盟經貿辦事處，《歐盟—台灣雙邊關係概況》，台北：歐盟經貿辦事處，2019年，頁8、16。

29 European Commission, "Global Europe: Competing in the World," Commission Communication, Brussels, 4.10.2006 COM (2006) 567 final 2006, https://eur-lex.europa.eu/LexUriServ/LexUriServ.do?uri=COM:2006:0567:FIN:en:PDF, last visited: 2019/9/15.

30 European Commission, *Trade for All: Towards a More Responsible Trade and Investment Policy,* Luxembourg: Publications Office of the European Union, 2015, p. 31.

貿協定機會的政治現實，與歐盟締結BIA就成了台灣理應尋求的政策工具。此一協定以「投資」爲名並不精確，因爲它意味著協議的重點將置於投資保障，從而不若自由貿易協定般地涵蓋更多的領域。這個相對狹義的BIA具體展現於台灣於2011年與日本簽訂的協定，因爲它幾乎完全聚焦於相互投資保障措施，並有若干保留措施。[31]不過隨著近年來自由貿易協定涵蓋的範圍不斷擴張，BIA的內涵也發生變化，例如目前歐盟與中國正在進行的「高標準與新世代之雙邊投資協定」（high standard [and] new generation BIA），其包含的議題幾乎等同自由貿易協定。[32]近年來，歐盟內部分裂爲反全球化的民粹主義與自由貿易的捍衛者，前者體現於對「加拿大—歐盟全面性經濟與貿易協定」與「跨大西洋貿易投資夥伴協議」的抗爭，後者則反映在英國脫歐公投結果出爐後催促進一步自由化的壓力。在此情況下，BIA可被視爲謹慎與低調的中間路線。它一方面可以展現歐盟對全球化與自由貿易的決心，另一方面它不需牽涉諸如市場開放、政府採購、競爭政策、國營企業角色、環境保護或勞動基準等敏感的議題，因而顯得更爲低調、也更不具爭議性。

---

31 《亞東關係協會與財團法人交流協會有關投資自由化、促進及保護合作協議》（台日投資協議），經濟部國貿局，https://www.dois.moea.gov.tw/Home/relation1_1_2，最後瀏覽日：2019/9/15。

32 Chen Xin, “The EU’s Dilemma with China: Free Trade or BilateralInvestment?” *The Parliament Magazine*, 18 March 2014, https://www. theparliamentmagazine.eu/articles/feature/eus-dilemma-china-free-trade-or-bilateral-investment, last visited: 2017/4/22.

面對中國大陸反對的可能，這種低調的協定也很適合台灣。台灣政府對歐盟的聲明皆表示歡迎，不論是在國民黨馬英九政府時期，或是2016年後的民進黨蔡英文政府時期。蔡英文總統在2017年4月20日接見歐洲議會成員時，即表達她對歐洲議會推動台灣與歐盟經貿關係並爲BIA奠定基礎的感謝。[33]

台灣與歐盟之間要達成BIA存在著若干障礙。其中主要的政治障礙依然是涉及歐盟的「一個中國政策」，以及缺乏與台灣的正式外交關係。歐盟執委會的立場是，歐盟與香港及台灣的投資談判只能在其與中國的（數度）談判之後，幾近採取「中國優先，台港次之」的途徑，而這與前述關於中國對第三方國家與台灣簽署自由貿易協定的立場一致。歐盟與台灣之間的談判是否能夠單獨進行，或將受到歐中談判進程的牽制，仍有待觀察。

中國的態度存在一個更大的問題。中國之所以對第三國與台灣的協議採取相對容忍的態度一也就是「先與中國達成協定，然後與台灣磋商但知會中國」的立場，其背景是在兩岸關係自1949年以來最和緩的時期。隨著蔡英文總統於2016年勝選，北京的發言與態度趨於強硬。歐盟執委會是否願意在兩岸關係趨於冷淡，且中國再度壓縮台灣國際空間之際，與台灣展開協商，仍在未定之天。[34]惟中國的強硬態

33 鍾麗華，〈蔡英文：台歐只要願意合作就有無限可能〉，《自由時報》，2017年4月20日，https://news.ltn.com.tw/news/politics/breakingnews/2042222，最後瀏覽日：2019/9/15。

34 Cf. Chien-Huei Wu, "Toward an EU-Taiwan Bilateral Investment Treaty: A Roadmap," in JulienChaisse, ed., *China-European Union Investment Relationships:*

度卻亦有可能弔詭地使歐盟的立場更加堅定，歐盟部長理事會在2016年7月針對中國戰略的回顧，表明對歐中關係應是互惠關係的期盼，也強調對人權與法治的高度關切。尤有甚者，最高決策機構的歐盟理事會更明白表達對台灣及其與歐盟共享價值的支持。[35]台灣應抓住此類時機，特別是在加入CPTPP充滿變數之際。

在政治障礙之外，潛在的實際困難亦同時存在。舉例而言，一個法律的障礙是欠缺爭端解決機制。典型的BIA包含兩項核心要素，一是投資保護的實質標準，用以保障投資人及其投資，另一個則是程序機制，用以處理投資人與地主國爭端的解決（Investor-State Disputes Settlement, ISDS）。ISDS是一個具高度爭議性的議題，招致了諸如仲裁者偏袒投資方、程序欠缺透明度，以及仲裁結果使國家在公共利益的保護上出現「管制寒蟬效應」（regulatory chill）等批評。[36]2015年歐盟提議建立作爲ISDS改良版的「投資法院機制」（Investment Court System, ICS），並擬將其納入所有現行與未來的協定談判。[37]

Towards a New Leadership in Global Investment Governance, Cheltenham: Edward Elgar, 2018, pp. 206-224.

35 General Secretariat of the Council, "Council conclusions EU Strategy on China," 11252/16, 18 July 2016, https://eeas.europa.eu/sites/eeas/files/council_conclusions_eu_strategy_on_china.pdf, last visited: 2019/9/15.

36 Cf. Pia Eberhardt and Cecilia Olivet, *Profiting from Injustice: How Law Firms, Arbitrators and Financiers Are Fuelling an Investment Arbitration Boom,* Brussels: Corporate Europe Observatory and the Transnational Institute, 2012.

37 European Commission, "Commission Proposes New Investment Court System for TTIP and other EU Trade and Investment Negotiations," 16 September 2015, http://europa.eu/rapid/press-release_IP-15-5651_ en.htm, last visited: 2016/10/25.

此一倡議是否或如何進入台灣與歐盟的談判議程，將是個重大的議題。

然而，台灣不應聚焦於困難面，而應致力於爭取機會。不管BIA的限制爲何，這是目前台灣可與第三方協商具實質意義的貿易協定之機會。有鑑於歐盟在追求「全面性」協定上的彈性，台灣宜爭取和歐盟協商一個可堪和CPTPP比擬的BIA。若台灣加入CPTPP進程有實質進展，則可同時和歐盟協商一個類似的協定；若無，則可利用加入CPTPP所需承諾的改革，作爲與歐盟談判的基準。

在本文撰寫之際，英國已於2020年1月31日正式退出歐盟。就目前局勢來看，英國與歐盟的分手將歷經一段過渡期，惟亦有可能兩者最後是以更緊密的關係收場。無論如何，台灣都應嘗試和歐盟洽簽BIA。英國已脫離歐盟，如果台灣與歐盟的BIA談判有所進展，則在英國政府有意延續已經生效的協定之情況下，台灣與歐盟的BIA便可能成爲其後台英雙邊談判的架構基礎。

伍、結論

英國脫歐的倡議者或許樂見公投結果使英國可以「拿回主導權」，並在沒有歐盟制約的情況下開創新的國際貿易關係。然而，當自我陶醉退去，現實層面浮現時，英國終將意識到即使僅就地理因素來說，它最重要的關係仍繫於其歐洲鄰國。公投結果逆轉或被推翻仍是有可能的，這種情況以前曾發生在法國、丹麥、荷蘭和愛爾蘭針對歐盟議題的公投。然而，英國脫離歐盟後，其首要課題將是重建法律與管制架構以因應脫歐後的新局勢。唯有完成這項課題後，英國才能考量新的與更廣泛的貿易議題。而當英國權衡這些新的貿易議題時，它將全盤由國內利益出發，亦即展現出務實與重商主義的色彩。依此觀之，單從減少調整與談判成本來看，英國在新的雙邊協定中，會希望盡可能保留歐盟現行的協議。英國只有在與主要貿易夥伴重新談判並簽訂新的規範後，才會有自信與能力向外擴展。這些須花上數年的時間。

與此同時，歐盟應可望維持其對貿易自由化的承諾，雖然在「加拿大—歐盟全面性經濟與貿易協定」與「跨大西洋貿易投資夥伴協議」的經驗顯示，開放經濟與自由貿易並不是必然的發展方向，而是需要不斷地被提倡與被保護。也許令人感到諷刺的是，川普總統對歐盟與自由貿易的厭惡，導致歐洲民意對川普總統的反感，反而可能促使歐洲強化對多邊自由貿易的支持。

面對不確定的情勢及充滿敵意且日益強勢的中國，台灣應強化與歐盟的關係，並將台灣與歐盟關係的優先性置於台英新貿易協定之前。這意味著與歐盟的BIA乃是台灣應採取的政策選項。在歐盟持續推動自由貿易，且BIA的政治敏感性與可能引起的反彈皆低於廣泛性的自由貿易協定的情況下，BIA確實適合台灣的地緣政治處境。歐盟已有和台灣簽訂BIA的意願與可能，而台灣與英國的任何新協定仍需數年之久—如果脫歐後的英國在忙於對外貿易關係的巨幅調整仍有餘裕與台灣談判的話。當台灣與英國協商的契機出現時，台灣與歐盟的BIA應可望已為其奠定堅固的基礎。

第十三章
打贏每一場沒有烽火煙硝的戰爭——結論*

陳彥豪

* 筆者很榮幸也很感謝國立臺北大學研發處智庫中心邀請本人撰寫全書結論。

本書所投入的所有章節的作者，都是外交界與國際談判理論與實務兼顧的學界資深且重量級的人士，我拜讀之後，不但學習到很多在過去教了快三十年的「談判技巧」與「國際談判」的課程以來，在象牙塔裡不一定接觸得到的眞實外交與國際談判的案例，本書各章節內容也刺激了我一些在外交與國際談判這兩個領域，或者嚴格說來，是可以整合爲一個息息相關的專業領域，成功的外交需要成功的國際談判的過程與結果（process and outcome）來促成，成功的國際談判也必須要有一流的專業外交官在充滿險峻的國際舞台上，尤其是在今天我國對外處境的艱困環境中，運用藝術與智慧，以及比起其他國家外交官更要多付出好幾倍的心力才能把國際談判的策略與技巧（strategy and tactics）施展開來，達成既定的互惠互利的談判目標，無論是對於「分配型的談判」（Distributive Bargaining）或是「整合型的談判」（Integrative Negotiation）而言（Lewicki, et. al., 2015）。前者重「競爭」（competition）與「零和賽局」（Zero-Sum Game）；後者重「合作」（cooperation）與「雙贏」（Win-win），兩者在國際談判的外交場域來看，似乎未必是互相對立的（confrontational），它們也可以是依照先後順序的（sequential）。例如在本書中不少作者提出的外交談判的個案，幾乎都是先分配再整合，雖然很多情況，尤其是國際談判中的多邊談判與團隊結盟（coalition）的合縱連橫之複雜性與權力結構的平衡及其來源的基礎面向，似乎都是分配較易整合難成的態勢。以最近世界衛生組織秘書長譚德賽（WHO Director Adhanom Ghebreyesus，2020/4/8記者會，瑞士日內瓦）攻擊台灣爲例，如果我國外交部一方面要爭取加入世衛，一方面又要對抗種族歧視的指控，這樣的外交與國際談判要予以整合就會相當困難，甚至於零和都很難。因爲世衛夾在美中兩個強權之間，挑了台灣來當「替代方案」（alternative），挑出種族歧視（racist attacks）這個不能談判的議題訴諸媒體，是既不明智又不道德的策略與技巧。因此，我國衛生福利部的對外交涉就得觀察整個與COVID-19疫情有關的各項因素來制定分配型與整合型談判的對立及順序先後的關係。談判專業知識和經驗的累積才能導致於外交與國際談判的藝術與智慧。

其次，筆者將從下列幾項具體的選單面向（menu dimension）來做這本書的結論。

一、準備

東西方學者對於外交、國際關係，或是國際談判在談判交涉方面要分成幾個階段（stage or phase）容或有不同的看法，但是都一致認爲準備階段仍然是外交與國際談判最重要的階段。「凡事豫則立，不豫則廢。」（禮記・中庸），應用於外交與國際談判上更形重要。從學理上來看，準備階段得先從外交與談判的定義與根本的本質層面來著手。根據英國劍橋辭典（Cambridge Dictionary）對於「外交」的定義是「國家與國家之間關係的管理」（Diplomacy is the management of relationships between countries）或是「跟人們打交道時不會冒犯對方或使得對方覺得難過或煩惱的技巧」（Diplomacy is the skill in dealing with people without offending or upsetting them）因此，外交是國與國之間、人與人之間的管理與技巧，從理論的學習到實務的運作，外交是一段從知識到經驗到累積成爲智慧的過程。在本書中，王樂生大使所提出的中華民國外交官應具備的九項知能與人格特質就是因應這兩個外交定義最好的寫照。它包含了專業學識、應變能力、團隊、高度熱忱、文化適應力、良好親和力、人際溝通能力、積極開朗、強烈求知慾、對外代表國家、國際禮儀掌控，具有豐富之學識等之能力與人格特質。筆者覺得當一位外交官能具備並且落實這些特質以後，他／她已經將外交帶入藝術與智慧的境界了。至於「談判」的定義，牛津學習辭典（Oxford Learner's Dictionary）的解釋是「在人們之間爲了取得協議的正式討論」（formal discussion between people who are trying to reach an agreement）；而維基百科（Wikipedia）的定義是「兩個或兩個以上的人民或團體企圖在一個或兩個以上具有衝突的議題上取得有利結果的對話」（Negotiation is a dialogue between two or more people of parties intended to reach a beneficial outcome over one or more issues where a conflict exists with a respect to at least one of these issues）；西方學者對於談判的定義卻是從它的特質來切入，談判應該包括了：1.兩個或兩個以上的談判團體；2.談判團體之間有衝突有待解決，不是訴求暴力（例如國際之間的戰爭）而是訴求有選擇性的方案（options of choice）；3.有給予也有獲得（give-and-take）的過程；4.尋求解決衝突的管理過程；5.管理有型的（tangibles）因素，例如協定條款中的價格，以及無形的（intangibles）因素，例如要贏、要公平、要對等、要有原則、要建立尊嚴與談判後的信任感與關係等等；6.相互依賴性（interdependence）與相互調整性（mutual adjustment）；7.價值的要求（value claiming）與價值的創造（value creation）等等特質（Lewicki, et. al., 2015）。綜合以上的定義，當我們從外交與國際談判的本質的基本思維（fundamental mindset）來準備好談判個案時，專業的外交官與國際談判者就必須從內在的心理健全做好準備到談判時爭取互惠互利的實質利益作爲使命的達成。在本書的章節中，一共有三篇主要針對外交、六篇針對國際談判、兩篇針對爭端解決機制，作者們都在進行實際交涉個案或談判與衝突管理的理論研析之前的準備，從「目標、資訊、讓步、測略和行動」（Benson, et. al., 1994）都是從外交與國際談判的本質上去準備，才能在談判時應對自如，按照各個不同的談判階段中有效地運用準備好的談判策略與技巧。

此外，在準備階段中，還有更關鍵的項目是要準備「公平合理性」（legitimacy）的外在標準（External Standards）或是「客觀的評量標準」（Objective Criteria）（Fisher & Ury, 1981）。用外在的客觀標準，可以避免外交與國際談判的進行落入「立場的交易」（positional bargaining）以及「意志力的對抗」（will confrontation），而違反了「利益擺中間，立場擺兩旁」的談判基本原則，因爲利益可以談判，立場不能談判。外在的客觀標準也可以讓交涉的雙方或多方〔例如王冠雄教授在本書「國際漁業環境變遷與談判——以我國參與IATTC爲例」所提到的「締約方」（parties）—

國家（the States）、區域經濟整合組織（regional economic integration organization），以及個別關稅領域（separate customs territories）等三個部分〕，不能讓步或妥協或誰是誰非時有所依據，達到讓各締約方都覺得公平合理，彼此都能覺得信服，才能重新回到談判桌上，最後完成談判，達成協議。這些客觀標準包括了：1.法律條文；2.前例與慣例；3.市場行情、同業價格；4.第三方的介入；5.專家學者的證言。從管理層面（managerial perspective）的談判實務來看，這五項客觀標準會從「準備階段、辯論階段、暗示階段、提議階段、配套階段、議價階段」一直到「結束及簽署階段」（Benson, et. al., 1994）爲止，跟著談判各方形影不離，隨時隨地都會應用得到。先就法律條文來說，本書中所有的作者都探討也執行了各種不同的外交與國際談判的議題的各式協議、協定、條約、公約、瞭解備忘錄、機制等等法律框架作爲外交與國際談判的客觀依據，可以說沒有法律就沒有外交，沒有法律就沒有國際談判，因此是最重要的外在客觀標準。不過依照筆者的觀察，這項外在標準的困難與挑戰在於各種以國際法爲主要支柱的協定，不但是外交官與國際談判者必須熟稔的，而且在執行上必須盱衡世局所牽涉到的國際情勢內外環境架構的其他因素等等。例如本書作者黃兆揚檢察官在他的文章「洽簽雙邊經貿協定的經驗與省思——以台灣與新加坡及紐西蘭談判爲例」就提到這是我國政府首次與非邦交國家洽簽自由貿易協定，國際經貿談判協定實際上係「締約國間不同法規與政策立場之調和與相互靠近的過程」。我國與新加坡及紐西蘭沒有正式邦交，所以「法律與政治議題交錯」，我國採取的國際經貿談判策略與技巧就必須顧及兩國跟中國有正式邦交的政治情勢，在經貿擺第一，政治擺兩旁的原則上，於各項條款上評估可能有的「非法律因素的阻撓」來展開談判。進一步的思考是當我國與新紐談判時，從過程到協定之簽署而生效施行，是否會有即使是法律條文作爲最重要的外在客觀的標準卻讓締約國無法依循來解決爭端，讓各方談判者及利害關係人能夠信服，進而完成雙贏的互惠互利的談判。黃檢察官提及的「法律人參與談判的重要性」以及在我國在成立談判辦公室時，「設置內部的法律團隊」，加上非經貿易議題例如新紐採行「一個中國政策」下，「必須專注理解對方的政策實務」，讓「法律人的角色」強調並執行「法律講究明確、可行及反映實際，是經貿利益的眞正擔保」，都是非常好的論點來解決非經貿的政治意涵問題，也可以藉由法律人來確保法律條文能不受任何非談判的因素干擾，眞正發揮法律條文成爲最重要而且能夠讓各個締約方完全有能力與立場來執行的外在客觀標準以趨於公平合理性的訴求。這也是法律人在談判的準備階段時必須列入的議程項目之一，而這也適用於其他國際談判的準備階段的案例。

接下來的客觀標準因素包括了前例慣例（Precedent and Practice）、市場行情同業價格（Market Price）、第三方的介入（The Third-party Intervention）以及專家學者的證言（Professional Testimony）等因素，筆者先針對第三方的介入有所回應。對於外交與正式的國際談判的過程與結果而言，第三方介入的模式，指的是三種基本類型：1.仲裁（Arbitration）；2.調解（Mediation）；3.過程諮詢（Process Consultation）。仲裁跟調解的主要區別是在客觀公正的介入談判各方當中，前者有裁量的建議與定奪，針對單一議題或融合多個議題向談判者提出解決方法做出仲裁，而後者提出調停的建議，並不會對談判各方定奪，也有學者說這是「仲裁的前奏」，可以「藉著談判過程本身，來創造或強化雙方可望獲得獲重視的價値」（Bush, 1996）。過程諮詢主要在於緩和衝突所造成的情緒反應並改善雙方的溝通。在本書的文章當中，第三方的介入，例如在河凡植教授的文章「南韓在北韓核武戰略威脅下之外交應對——中美角力變數及其影響」中，所牽涉到的四個國家（南韓、北韓、中國、美國）的核武談判議題的外交應對，要比上述三個介入的基本模式來要複雜得多。文在寅政府的「中介外交」提出以和平解決北韓核武問題，取代了朴槿惠政府推動的北韓無核化爲優先，強化韓美軍事同盟的政策，在以「南韓外交政策的考量主要以促進安全與發展（國家）的利益」的著眼點之下，文在寅不但本身既是南北韓的相互對話者以外，更以第三方的「調解」與「諮商過程」中介入美朝的對話與協商，解除南北韓軍事性的衝突的因素，營造經濟合作的環境，使得朝鮮半島轉爲緩和與穩定，也如同河凡植教授所觀察的南韓「擺脫夾在中美之間的外交困境，擴大南韓的外交空間」的結果態勢。這樣的「第三方介入」已經混合了不僅只是客觀公正的介入（南韓並不完全寄望於美中兩大強權的介入仲裁與調解）而且也帶入了主觀維護其國家利益的彈性多元方法與手段的戰略總和的外交政策。這樣既主觀切入又客觀介入的「第三方」爭端解決策略已經衝擊了在外交與國際談判上的傳統思維。換句話說，河教授這篇文章突破了所謂客觀公正切入的第三方的理論與實務，而是以國家生存利益爲第一優先的外交應對而不必拘泥於或被框架在被動的消極的由第三方強行介入（例如來自美中兩大強權的強行仲裁與調解）。事實上，以今天的世界局勢來看，無論是國與國之間或是國際組織之間（例如WTO、G20、WHO等），眞正能達到客觀公正第三方介入的仲裁與調解並不容易做到。相信南韓文在寅政府已經在這個中介外交的運用有了最周全的事前準備與沙盤推演，也是後來南北韓和解對話成功完成的基礎所在。相形之下，申佩璜教授的文章「我國漁船廣大興28號遭菲律賓海巡署槍擊案談判交涉經過——探討本案成功經驗中各項相關因素」中，台菲雙方在談判交涉中洽獲美國同意介入斡旋，美國成爲第三方的介入以突破台菲雙方的談判瓶頸，讓談判能繼續交涉下去，也讓台方要求已全部獲得實現的案例來看，除了申教授分析的其他成功因素之外，「談判成功因素之三一美國介入協助我方對菲交涉」，是屬於比較符合此處的第三方客觀介入的仲裁與調解的框架。當然美國本身在協調此案當中，促進菲方儘早承擔責任，打破台菲關係的談判僵局，也符合了美國推動全盤亞太戰略的目標。因此，對於研究外交與國際談判學者而言，探討在第三方的客觀介入是否也有助於其政治經貿利益上的考量，同時保持中立不偏袒的立場而又能「三贏」的課題是外來第三方介入的研究重點所在。有結盟（coalition）力量的第三方介入，如同申教授所指出的，在廣大興案中，美國總統歐巴馬推動亞太再平衡（Rebalance to Asia）以聯合亞洲友邦圍堵中國大陸，也是很値得研究的課題之一。這兩項課題，筆者認爲也可以結合「替代性爭端解決機制」（ADR System: Alternative Dispute Resolution System）做通盤性的研究，因爲此一機制的六項分類，亦即：1.預防型；2.協商型；3.斡旋型；4.實情調查型；5.調查型；6.加強型等ADR機制的運作也適用於外交與國際談判第三方介入的實務研究。總之，準備是「談判前的談判」（Pre-negotiation Negotiation）不可不完備。

二、國際談判的架構

對於外交與國際談判的互動情境，策略的制定與技巧的設計，不能不在其過程與結果中瞭解分析「國際談判的架構」（The Contexts of International Negotiations），進而全方位進行實踐談判各個階段的需求與達成階段性的目標。國際談判的架構包括了「環境架構」（Environmental Context）與「立即架構」（Immediate Context）（Phatak & Habib, 1996）。前者指的是任何外交官與國際談判者都無法完全控制其對交涉及談判有所影響的環境力量，包括了法律多元性、政治多元性、貨幣波動與國際匯兌，外國政府控制與官僚體系、非穩定性與政變、意識形態的差異、文化的差異、外在的利害關係者等因素；而後者指的是外交官與國際談判者可以稍微掌控的因素，包括了談判者的相對談判權力與依賴的性質、在潛在談判中的衝突層次、在談判之前與談判進行期間談判者之間的關係、希望得到的談判結果、立即的利害關係者等因素。綜觀本書中所有作者們文章所提出的外交與國際談判的案例探討研析中，幾乎都跟上述的環境架構與立即架構的各項因素確實有著十分密切的關係，只是在程度與比重、質性與量化上會有所差異。外交官與國際談判者在因應這些因素上，也就必須盡全力將不能完全掌控的環境架構的因素對於談判的影響，尤其是不利於達成各方雙贏談判結果的影響降到最低，也要盡全力將可以稍微掌控的立即架構的因素對於談判的影響，尤其是有利於達成各方建立共識，完成互利互惠，簽屬協議的影響提升到最高。亦即在國際談判架構的各項因素匯集之核心聚焦（Convergence）的「談判過程與結果」（Negotiation Process and Outcomes）上面，將傷害降低到最小（to minimize the damage），將利益提升到最大（to maximize the interests）。例如，在本書作者張銘忠大使的文章「消失的國度——九〇年代設立冠國號代表機構得失之檢討」中，張大使提到他從事外交的對象多半是非洲國家且多半是「經濟困頓、政治動盪的國家」，張大使看見了「莫布杜政權瓦解，改朝換代，薩伊消失於世的演變」，這些牽涉到了環境架構裡面的「外國政府控制與官僚體系」以及「非穩定性與政變」兩項談判交涉不能完全掌控的因素，但是張大使仍然秉其專業外交官的敬業精神，全力降低立即架構中的「在潛在談判中的衝突層次」以及「立即的利害關係者」兩項因素，在「遠處市區傳來子彈劃空而過的聲音」中，進行國際撤僑行動，不但援助了我國旅薩僑民及台商本眷，而且也基於人道主義，「順帶解救大陸僑民」，同時在文章結論檢討了在非洲設立冠國號代表機構經驗，建議我國未來的外交在「周旋大國之間，應有智慧與勇氣不起釁端，沉著穩健，以創造性思考，走出一條自己的路。」筆者十分敬佩張大使及外交部同仁為「鞏固爲「鞏固我與邦交國外交關係」的殫思極慮、使命必達。而正如張大使所指出，今後我國「外交政策」必須「隨著國際情勢調整」，我們學界這裡能做的應該是幫助外交政策結合研析當前的國際談判架構所有因素，使其更周全而完備。另外在作者王震宇教授的文章「跨國投資爭端之談判與求償機制研究——以越南排華暴動案爲例」中，我們也可以看出新一代投資保障協定中，爭端解決機制的三種模式：「1.私人間投資爭端解決；2.投資人與地主國政府間爭端解決；3.政府與政府間爭端解決」都有「不同實體及程序法律適用」以及「訴諸法律途徑解決」，以「政治（外交）協商管道談判」等所涵蓋的過程與結果，彰顯於2014年越南排華事件所引發之投資爭議中，也同樣牽涉到環境架構中的法律多元性（越南之法律規範；ISPS、FTA、台越雙邊投資保障協議等）、政治多元性（越南與中國大陸、寮國、柬埔寨接鄰，與日本、美國、韓國前有投資保障協議）、外國政府與官僚體系、外在的利害關係者（我國政府）、意識形態與文化的差異（越南受法國殖民的影響、反中情緒、對台商也不滿），至於立即架構的相對談判權力與依賴的性質（本案係由台商個別或聯合就排華暴動之損失與越南政府談判協商），談判之前與進行談判期間談判之間的關係（台越雙邊談判與諮商）；先進行「友好商議解決」（Settled amicably through negotiation），以及希望得到的談判結果（台商獲得暴動中的直接損失，約1.5億到5億美元之間，及間接損失，約10億美元）等因素在內。如同王教授在文章結論的四項十分務實的建議當中：1.政府與政府談判；2.受損外資企業聯合向越南政府談判並依據雙邊投保協定之最惠國待遇條款索賠；3.以完整的事前投資保障預防機制替代投資爭端解決；4.成爲亞洲基礎建設銀行（AIIB）正式成員，參與亞洲基礎建設之投資及事前投資保障之規劃等等，也都必須將國際談判架構的所有因素做一通盤研析之後再落實這四項建議的實踐。這樣的架構與實際的國際投資談判策略與技巧會更周全完備。

三、關係與結盟／聯盟

從事外交與國際談判，無論是在雙邊或多邊的分配型或整合型的過程與結果中，必定會牽涉到談判各方之間的關係的建立與結盟的形成。西方研究學者對關係（relationships）的定義是「由兩個人或兩個以上個人對他們的相關性或共存性所賦予的意義」（Greenhalgh, 2001），因此要建立與鞏固彼此的關係，以個人而言，外交官彼此之間要能以吸引力，融洽和睦、堅固結合、源遠流長的特質等面相來經營相關性與共存性；以國家而言，國際談判者就要能在「共有共享的關係下談判」（Negotiation in Communal Relationships）（Lewiki, et. al., 2015, Chapter 10），強調樂於合作，擬定品質高、內容周延的協議，發展出準則或規範，用間接的溝通處理衝突問題並發展獨特，針對談判議題的衝突解決機制，採用妥協或解決問題的策略進行談判，進而達到國際談判的目標。另外在外交與國際談判的交涉過程中，有三項關鍵要素，亦即：1.名聲／名譽（reputation）；2.信任（trust）；3.公正（justice）三項要素也是在關係之中要管理應付的（Lewiki, et. al., 2015, p. 307）「名聲」是長期累積出來的「金字招牌」，良好的成就表現及形象特點；「信任」是相信他人的言行並且願意遵守採取行動，對他人有信任感；「公正」一直是人際行爲與組織行爲所研究的議題，我們對待別人或別的國際組織是否因爲性別、年齡、種族、少數民族、不同文化背景、政治因素而有所差異〔例如最近「世界衛生組織」（WHO），2020年4月15日在日內瓦召開例行記者招待會上以「一個中國」的原則拒絕台灣以觀察員身分參與「世界衛生大會」（WHA），讓政治凌駕公衛就是台灣因爲中國的阻擋所受到的不平等對待，以及程序公正（Procedural Justice）等因素所遭受到的不公平的待遇〕。三者在國際談判上息息相關，交錯影響。正向談判過程影響正向談判結果是無容置疑的。因此每位外交官及國際談判者都有義務與責任在談判交涉前的準備、談判交涉進行時、談判交涉後一直持續不斷建立與鞏固好人與人之間、組織之間、國與國之間的良好關係。在上述的國際談判「立即架構」中的關係項目中就是針對也映證了這裡的關係的研究議題。本書中幾乎所有的作者也都在各自親身體驗，外交政策分析、各類談判議題與跨國爭端解決機制中闡明了關係在外交與國際談判上的關鍵力量。關係破裂（例如英美兩大強國在這次新冠病毒疫情的嚴重傷亡重挫經濟中指責中國是「罪魁禍首」已經讓中英與中美雙邊關係「回不去了」，更不用說後續的外交與國際談判了），就是外交與國際談判的破裂。

結盟（coalitions）／聯盟指的是「一群人集合起來，一同出力，集中資源來追求共同或部分相同的目標」（Lewiki, et. al., Chapter 12）而成立的團體，藉由「談判賽局」（Bargaining Games），或「投票行爲」（Voting Behavior）、「複雜組織」（Complex Organizations）等研究過程，有著「支配聯盟」（Dominant Coalition）作爲領導管理的一群人。它的定義也包括了是人群互動的個體、結構嚴謹與議題導向、正式或非正式結構、著重聯盟外部的目標，要求聯盟內部成員團結一致等特質。結盟還有一個現象就是成員都會努力追求結盟的利益，而非追求結盟內部大團體的利益（Polzer, Mannix, and Neale, 1998）。如果以上述「關係」中的三個要素「信任」（trust）來觀察，當結盟中由信任與「協議」（agreement）的高低互動所形成的五種角色與其在結盟中如何建立關係的行動策略來衡量，會對我們制定外交與國際談判的策略饒富旨趣（Peter Block, 1998）。這五種角色是：1.枕邊人（Bedfellows），協議程度高、信任程度低，所謂的同床異夢人；2.同盟者（Allies），協議程度高、信任程度高，所謂的眞同志、眞朋友；3.對立者（Opponents），協議程度低、信任程度高，所謂的處不來，但是彼此依賴的忠誠反對黨的人；4.敵對者（Adversaries），協議程度低、信任程度低，所謂的「老死不相往來」的敵人；5.騎牆者（Fence Sitters），協議程度不高、信任程度不高的中立者，所謂的觀望不選邊站的人。這五種人在結盟中，我們以外交官或國際談判者的身分就必須要有不同的行動策略來與其交往。本書作者Michael Reilly（麥瑞禮）研究員、李俊毅研究員以及羅至美教授的精闢文章「英國脫歐後的台英關係——展望台英自貿協定」，可以作爲本文以關係與結盟／聯盟角度觀察外交與國際談判的案例來研析。此篇文章旨在「探討台灣與英國在後脫歐時期簽署自貿協定的可能性」，但是由於「短期內達成台英自貿協定的障礙遠大於潛在利益的驅動」，台灣與英國容或有著同樣重視自由貿易的立場，有著「共有共享的關係」來經營相關性與共存性的談判潛在力量，也可以成爲國際經貿談判夥伴關係的「同盟者」，而且由於脫歐後（註：英國已於2020年1月31日正式脫歐，到2020年12月31日爲止是過渡期）英國在「拿回主導權」以後會以歐盟（European Union）作爲洽簽經貿關係的首要談判對象，該文建議「台灣應先與歐盟洽簽一涵蓋面相廣泛的投資保障協定，較具可行性。」筆者完全同意該文的觀點，同時也建議作者群進一步研究如何與歐盟的27個成員國，依照《里斯本條約》運作的方式，先將27個成員國以結盟內的五個角色來分類，譬如說「瑞典、芬蘭、愛爾蘭、奧地利、馬爾他」等五個成員國在國際上均爲「永久中立國」，類似結盟的「騎牆者」制定設計來往的行動策略，再簽訂台歐盟投保協定，然後如同該文的建議，在成功簽訂完台歐盟投保協定之後，「可作爲台英自貿協定的基礎」。只是在2020年台灣蔡英文總統又連任了以後，中國大陸對台的態度轉趨更加強硬，中國大陸教育部甚至於2020年4月港澳台辦決定暫停2020年大陸各地各學歷層級畢業生赴台升讀、工作，已經又爲海峽兩岸的嚴峻關係雪上加霜，歐盟是否要在這種兩岸的情勢之下簽訂台歐盟投保協定，尤其是該文指出的「雙邊投資協定」（BIA）的選項呢？另外，本書作者劉大年主任的文章「台灣區域經濟整合之路」中所提出的案例，對於台灣推動《海峽兩岸經濟合作架構與協議》（Cross-Straits Economic Cooperation Framework Agreement,

ECFA）以及對於歐盟、美國、亞洲等全球區域貿易協定的概況分析，都有極爲詳實的探討與見解。如果以本文前述的關係與結盟的要素觀之，台灣參與區域經濟整合之歷程主要還是在於兩岸的政治主權與經貿議題的相互糾結，造成了ECFA的複雜性。劉主任從：1.ECFA名稱之約定；2.分階推動ECFA構想；3.避免損失vs.創造利益；4.貿易談判程序之建立等四個重點來探討。筆者以爲其間所牽涉到更深一層的探討爲，在制定海峽兩岸的經貿談判策略時，究竟台灣與中國大陸是要建立什麼樣的「共有共享的關係」？兩岸的結盟關係又是彼此扮演什麼樣的角色？在統獨的爭議下，彼此作爲「同盟者」似乎不可能，在目前中國大陸仍然是台灣經貿利益的主要夥伴，是血緣上優於東協、歐盟、美國與英國的情勢下，作「敵對者」尤其不智。那麼如何強化不受政治干擾的關係下的同盟者與避免成爲擦槍走火的敵對者，應該是研究交涉與談判的學者及研究機構的主要議題，亦即二十一世紀海峽兩岸僵局的BATNA（Best Alternative to a Negotiated Agreement：最佳談判協議替代方案）究竟在哪裡，對於台灣，如同劉主任文章所言「台灣在區域整合已經明顯落後」、「如何急起直追」、「克服政治因素外，也需完善國內經貿談判程序，並掌握國際區域經濟整合動態，才能發揮最大效益。」筆者不但完全同意，而且也完全支持劉主任在結論的呼籲，爲因應「台灣未來會面臨加入大型FTA、談判議題更加多元且複雜，面臨的挑戰會更加艱鉅，談判人才的整合及培育更是刻不容緩。」這絕對是我們在大學或研究所必須負起的重責大任。

四、跨文化衝突管理

在理論與實務上，外交與國際談判的藝術與智慧是建立在明智清晰而得體的跨文化衝突管理（Cross-Cultural Conflict Management）之上。跨文化溝通學者Judith Martin與Thomas Nakayama（2018）在他們的書中指出，有六種跨文化溝通的對應要素（Imperative），亦即：1.自我意識的對應要素（The Self-Awareness Imperative）；2.人口特徵的對應要素（The Demographic Imperative）；3.經濟的對應要素（The Economic Imperative）；4.科技的對應要素（The Technological Imperative）；5.和平的對應要素（The Peace Imperative）；6.倫理的對應要素（The Ethical Imperative）。這六種對應要素所必然產生的衝突在外交與國際談判上，需要有投入而有效的衝突管理策略與技巧。具體而言，就是跨文化的爭端解決機制（Dispute Settlement Mechanism）。本書中大部分的文章比較接近的議題是有關經濟（貿易）的與和平的對應要素以及相關的爭端解決機制。探討研究的議題也比較偏向跨國的而非跨文化的經貿談判案例的爭端解決的實際具體運作之過程與結果。例如作者洪德欽副所長的文章「韓國禁止進口日本核輻射漁產品爭端之研究」，該文分析嚴謹周全，是「從法律觀點進行WTO個案研究，討論韓國禁止進口日本核輻射漁產品之措施所引發的貿易爭端，及對日本與WTO的影響。」其結論也突顯了該案具有「高度法律複雜性、政治敏感性及經貿性。」該文所提及的「WTO爭端解決機構」（Dispute Settlement Body, DSB）依據「爭端解決規則與程序瞭解書」（Dispute Settlement Understanding,

DSU），成立了「爭端解決小組」（Panel）審理該案的機制，是屬於第三方介入的衝突管理中的爭端解決機制。換言之，當日本與韓國對於此案的交涉與談判的爭端解決訴求並不在於彼此直接面對韓國對日本實施核輻射漁產品進口禁令及額外測試要求的衝突，而是讓Panel來做客觀公正的裁決，裁決結果會影響到日本漁產品的出口利益。該文的結論是Panel判定韓國未盡符合SPS協定之義務，上訴機構卻裁決「核災區食品，必須考量其特殊地域風險，不得以產品風險作爲評估日本與其他國家是否具有相同或類似情況的唯一條件。因此，韓國可以繼續實施其管制措施，而無立即調整之壓力。」因此，如同該文經由爭端解決機制的處理後，反映「韓國在適用及解釋SPS協定的邏輯性，展現了圓融的辯證能力及談判藝術，透過爭端案件，爭取到最大『國家利益』，並大幅提高韓國的『國家形象』。」筆者以爲從該文的結論的確讓我國政府在對外交涉與談判中學習到如何運用第三方的介入，如本案的DSB、Panel以及上訴機構，爭取「維護國人健康，食品安全及國家尊嚴」，爾後如果我國外交官與國際經貿談判人員遇到相同一類似案例的時候，如何訓練外交官與國際談判者圓融的談判能力及談判藝術，必透過第三方的仲介機制解決國際衝突與爭端，也是讓我們在此一學術領域教學、研究，與實踐上的重要課題。

此外，在本書文章中也有不少作者提到「自由貿易」與「保護主義」的衝突、「反全球化」與「推行自貿協定」的衝突，以及「民粹主義」（populism）與「國際合作」的衝突等。嚴格來說，有形的爭端解決（例如經貿談判的實質利益，數字可以呈現的高低指標，比較可以經由第三方的爭端解決機制予以裁決），但是無形的爭端解決，或是眼前一時還看不到的價値觀的效應（例如跨文化溝通中的「自我意識的」、「和平的」，以及「倫理的」對應要素），這些不能談判的議題所造成的外交與國際談判的議題才是爭端解決機制比較難以解決的項目。法律可以規範、專家的專業知識可以釋疑、判例可以依循，但是沒有共識的人道精神與正向價値觀的取向，上述的保護主義、反全球化、民粹主義的盛行都是外交與國際談判的障礙。例如本書作者陳在方教授的文章「WTO爭端解決機制下第三國之參與以及我國之實踐」提到的是第三國參與爭端解決小組程序，以及我國擔任第三國參與爭端解決程序之狀況。陳教授專業分析的「第三國」與前面在國際談判各方邀請客觀公正的第三方進行調解、仲裁、諮商過程容或不盡相同，然而這個「係WTO爭端解決機制下重要的設計，屬於WTO會員國參與個別爭端解決程序的重要管道，得以具體影響對於該國而言具備重要性之案件之進行」，其宗旨是第三國以比較專業的「書面意見書」提出「較爲特殊的觀察或論點，致使（爭端解決）小組或上訴機構探討與第三國所提意見書，有較爲詳盡的處理」「……產生具體影響之指標」，進而使第三國展現了「於其所參與爭端解決程序影響力」等等論述，也可以歸納爲國際談判透過爭端解決機制爭取獲得實質利益的第三方介入。這樣的第三方介入，尤其是經由經貿法律爲支柱的專業論證（Professional Testimony）的第三方介入，也是我國爾後參與外交與國際談判上的重要管道與機制的借鏡。誠如陳教授所言，「國際經貿的談判與爭端解決仍爲我國最重要的國際參與空間」，因此強化人力，「提出更具備深度與新意的第三方意見書方式，具體參與程序」。筆者以為在今天我國大學相關系所的國際談判與爭端解決的課程設計中就必須將此納入深化教學的範疇。

五、建議

正如同本書編輯委員會的序言所提出的「以智取勝，非以利取勝」者在前述的結論所觀察到的心得，筆者對於「外交與國際談判的藝術與智慧」本書之主題做出以下幾點建議：

（一）繼續強化國際談判人才的培育與訓練，讓大專院校學生成為我國未來的全球外交尖兵與一流的國際談判者，在政治、經貿、環保、公共衛生醫療、區域整合、數位科技資訊安全、爭端解決機制等議題上，敦請跨領域的學者專家及現任與退休的資深外交官等，包括在外交實務、國際法、國際關係、跨文化溝通、外國語言，以及衝突管理的領域的人才作為師資擔任講座，從基礎訓練到高階專案研究分析應用作為課程教材。課程設計若能夠越國際化、多元化，就越能夠真正理解探討，進而面對國際情勢的複雜性與多元性。學生若能來自不同國家，經由跨國及跨文化的同儕切磋當會更有利於未來外交人才與國際談判人才的磨練與養成教育。二十一世紀的外交與國際事務的縱橫捭闔人才應該由二十一世紀的國際青年學子們來擔綱。

（二）海峽兩岸的交涉與談判的專案研究與實務議題，必須是另外一項單獨的核心議題。本書文章大都提出今天各種外交與國貿經濟談判，主要的利益糾葛、國家主權糾葛，以及來往於各種國際組織的糾葛，例如WTO、WHO、EU及還必須維持的ECFA，還有待加入的RCEP、CPTPP等，台灣的主要對外交涉與國際談判的主要絆腳石，自從我國在1971年聯合國第2758號決議通過退出聯合國後，一直到現在蔡政府領導下的抗中聯美親日的外交政策之下，一直都是中國大陸的「打壓」。問題是要中國大陸不打壓，要中國，如同某些主張台獨的人士，以兄弟之邦讓台灣獨立，彼此以善意對待，讓台灣加入聯合國等議題，有可能在中國所謂的「民族大義」，一項不能談判的議題之下，達成目標嗎？除了「一中政策」、「九二共識」、「非統即獨」、「一國兩制」等選項，還有別的「BATNA」嗎？兩岸關係的位階高於國際關係的位階是值得繼續探討的議題。

（三）再多研究更成熟的第三方介入的中介爭端解決機制（The Third-Party Intermediaries），更客觀公正不受政治政權（如中美兩國的干預）的行使調解（mediation）與仲裁（arbitration）與諮商過程（process consultation），讓包括台灣在內的各個國際社區的成員，無論土地面積或人口多寡，都能在各項國際談判議題不能談成遇到僵局時的訴求管道。

（四）再多言就筆者在國際談判的環境架構與立即架構所提出的內外各項因素之間整合與辯證之間的聯繫或排斥的關係，目前對於各項因素（如國際經濟、文化的影響、外在與內在的關係者等）的研究還不少，但是相互之間正反合的交錯影響的研究似乎還不多。

（五）再多加研究「反全球化的民粹主義」與「支持全球自由貿易」之間的衝突根源究竟在哪裡。外交與國際談判一直追求的最基本的平等互惠與國際合作的主旨與實踐似乎被這次2020年新冠肺炎疫情之肆虐打回倒退到以民族主義、國內利益為主的情勢。雙邊與多邊的經貿合作還有可能實踐嗎？新的「各自為政」的意識形態已經超越了傳統的跨文化因素的利己思維，那又如何應對呢？再加上無形的（intangible）的談判因素，所謂筆者提出的關係的三個基本要素，「名聲、信任、公正」，是否也已經不在上個世紀外交談判上必須要放進去的議程（agenda）項目上了呢？這些也值得列入創新的議題來研究探討。

（六）就技術層面而言，臺北大學智庫中心除了對內成立「外交與國際事務研究群」之外，對校外，乃至於對國際也必須要「結盟」（coalition）類似的智庫中心，進行前瞻性的議題研究，舉辦論壇、出版專書、發表評論等活動。以台灣為主軸，以中華民國仍然存在為核心，突顯也擺脫蔡總統所說的被國際所排斥或孤立的孤島。筆者淺見，「口罩外交」在中國的國際現實壓力之下，各國或國際組織未必可以以公平信實對待我國，但是「學術外交」，是盡知識分子的專業與良知，是最後外交與國際談判的藝術與智慧的來源與利器。以這個視角來盱衡，臺北大學智庫中心從過去到現在到未來，都絕不可缺席！

國家圖書館出版品預行編目資料

外交與國際談判的藝術與智慧／徐慧怡等著. -- 初版. -- 臺北市：五南，2020.07
面； 公分.
ISBN 978-986-522-104-1（平裝）

1.國際關係 2.外交政策 3.談判
4.文集

578.07 109009099

1PUH

外交與國際談判的藝術與智慧

作　　者— 徐慧怡、申佩璜、張銘忠、王樂生、王冠雄、河凡植、洪德欽、陳在方、王震宇（7.6）、劉大年、黃兆揚、麥瑞禮、羅至美、李俊毅、陳彥豪
發 行 人— 楊榮川
總 經 理— 楊士清
總 編 輯— 楊秀麗
副總編輯— 劉靜芬
責任編輯— 林佳瑩、呂伊真
封面設計— 姚孝慈
出 版 者— 五南圖書出版股份有限公司
地　　址：106台北市大安區和平東路二段339號4樓
電　　話：(02)2705-5066　　傳　真：(02)2706-6
網　　址：http://www.wunan.com.tw
電子郵件：wunan@wunan.com.tw
劃撥帳號：01068953
戶　　名：五南圖書出版股份有限公司

法律顧問　林勝安律師事務所　林勝安律師

出版日期　2020年7月初版一刷
定　　價　新臺幣400元

經典永恆·名著常在

五十週年的獻禮——經典名著文庫

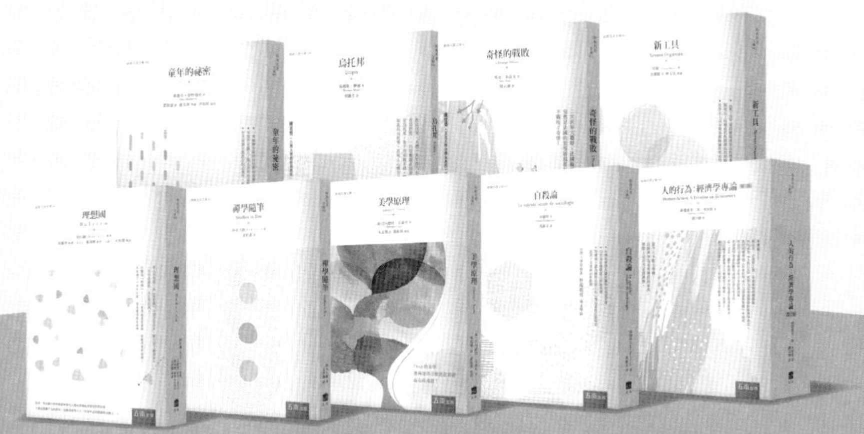

五南，五十年了，半個世紀，人生旅程的一大半，走過來了。
思索著，邁向百年的未來歷程，能為知識界、文化學術界作些什麼？
在速食文化的生態下，有什麼值得讓人雋永品味的？

歷代經典·當今名著，經過時間的洗禮，千錘百鍊，流傳至今，光芒耀人；
不僅使我們能領悟前人的智慧，同時也增深加廣我們思考的深度與視野。
我們決心投入巨資，有計畫的系統梳選，成立「經典名著文庫」，
希望收入古今中外思想性的、充滿睿智與獨見的經典、名著。
這是一項理想性的、永續性的巨大出版工程。
不在意讀者的眾寡，只考慮它的學術價值，力求完整展現先哲思想的軌跡；
為知識界開啟一片智慧之窗，營造一座百花綻放的世界文明公園，
任君遨遊、取菁吸蜜、嘉惠學子！